Elternbeteiligung und Gewaltprävention in kommunalen Bildungs- und Erziehungslandschaften

Anne Grossart · Liv-Berit Koch
Vera Lanzen · Hans-Josef Lembeck
Tilman Lutz · Victoria Schwenzer
Sabine Behn · Heinz Müller

Elternbeteiligung und Gewaltprävention in kommunalen Bildungs- und Erziehungslandschaften

Modelle und Instrumente für die Praxis

Liv-Berit Koch,
Victoria Schwenzer,
Sabine Behn,
Camino – Werkstatt für Fortbildung,
Praxisbegleitung und Forschung
im sozialen Bereich gGmbH
Berlin, Deutschland

Hans Josef Lembeck,
Dr. Tilman Lutz,
Institut für Soziale Praxis (isp)
der Evangelischen Hochschule
für Soziale Arbeit & Diakonie
Hamburg, Deutschland

Anne Grossart,
Vera Lanzen,
Heinz Müller,
Institut für Sozialpädagogische Forschung
Mainz e.V. (ism), Deutschland

ISBN 978-3-531-19748-7   ISBN 978-3-531-19749-4 (eBook)
DOI 10.1007/978-3-531-19749-4

Die Deutsche Nationalbibliothek verzeichnet diese Publikation in der Deutschen Nationalbibliografie; detaillierte bibliografische Daten sind im Internet über http://dnb.d-nb.de abrufbar.

Springer VS
© VS Verlag für Sozialwissenschaften | Springer Fachmedien Wiesbaden 2012
Das Werk einschließlich aller seiner Teile ist urheberrechtlich geschützt. Jede Verwertung, die nicht ausdrücklich vom Urheberrechtsgesetz zugelassen ist, bedarf der vorherigen Zustimmung des Verlags. Das gilt insbesondere für Vervielfältigungen, Bearbeitungen, Übersetzungen, Mikroverfilmungen und die Einspeicherung und Verarbeitung in elektronischen Systemen.

Die Wiedergabe von Gebrauchsnamen, Handelsnamen, Warenbezeichnungen usw. in diesem Werk berechtigt auch ohne besondere Kennzeichnung nicht zu der Annahme, dass solche Namen im Sinne der Warenzeichen- und Markenschutz-Gesetzgebung als frei zu betrachten wären und daher von jedermann benutzt werden dürften.

Einbandentwurf: KünkelLopka GmbH, Heidelberg

Gedruckt auf säurefreiem und chlorfrei gebleichtem Papier

Springer VS ist eine Marke von Springer DE. Springer DE ist Teil der Fachverlagsgruppe Springer Science+Business Media
www.springer-vs.de

Inhalt

1. Einleitung 7

2. Das Projekt 9

2.1 Modellstandort Bad Friedrichshall 13
2.2 Modellstandort Berlin-Neukölln 14
2.3 Modellstandort Gladbeck 15
2.4 Modellstandort Ludwigshafen-Gartenstadt 18
2.5 Modellstandort Saalfeld/Saale 19
2.6 Modellstandort Itzehoe 21

3. Grundlagen und Ausgangspunkte 23

3.1 Bildungsverständnis 25
3.2 Vernetzung, Kooperation und Steuerung 27
3.3 Zusammenspiel von Schule und Jugendhilfe 31
3.4 Elternbeteiligung 34
3.5 Gewaltprävention 38

4. Prinzipien und Handlungsorientierungen 45

4.1 Politische Legitimation 45
4.2 Steuerung von Elternbeteiligung und Gewaltprävention 50
4.3 Erreichung und Beteiligung von Eltern 61

5. Instrumente und Modelle 75

5.1 Elternwerkstätten 75

5.2	Runde Tische für Eltern und Professionelle	80
5.3	Aushandlungsrunden	84
5.4	Startworkshops mit Eltern	91
5.5	Bildungslandkarte	96
5.6	Vier-Phasen-Modell	102
5.7	Projektwerkstätten	109
5.8	Der „kleine Max"	116
5.9	Stadtteilbildungskonferenzen	119
5.10	Qualitätsentwicklung für gewaltpräventive Maßnahmen	125
5.11	Migrantische Schlüsselpersonen als Mittler/innen	133
5.12	Mobile Bildungsberatung	140
5.13	Gesamtmodell der Gewaltprävention und Elternarbeit	144
5.14	Curriculum „Moderator/innen für Elternbeteiligung"	155
5.15	Das „ideale" Elterncafé	168
6.	**Fazit und Perspektiven**	**173**
6.1	Partizipation als konstitutives Element	174
6.2	Elternbeteiligung und Gewaltprävention als Querschnittsthemen	175
6.3	Neue Einbettung von Gewaltprävention und Elternbeteiligung	176

Literatur **179**

Anhang **185**

Elternwerkstätten – Elternfragebogen 185
Bildungslandkarte – Bestandsaufnahme 188
Stadtteilbildungskonferenzen – Einladungsschreiben 190
Qualitätsentwicklung für gewaltpräventive Maßnahmen – Leitfaden 192
„Moderator/innen für Elternbeteiligung" – Leitfaden Praxisprojekte 195
„Moderator/innen für Elternbeteiligung" – Planungs- und Bewertungsraster 197

1. Einleitung

Das bundesweite Praxisforschungsprojekt „Elternbeteiligung und Gewaltprävention in kommunalen Bildungs- und Erziehungslandschaften – Neue Formen im Zusammenspiel zwischen Jugendhilfe, Schule, jungen Menschen und Eltern" wurde im Auftrag des Bundesministeriums für Familie, Senioren, Frauen und Jugend durchgeführt und versteht sich als ein Projekt, das an der Schnittstelle von Wissenschaft und Praxis angesiedelt ist. Mit der Durchführung des Kooperationsprojektes wurden drei sozialwissenschaftliche Institute beauftragt: Camino – Werkstatt für Fortbildung, Praxisbegleitung und Forschung im sozialen Bereich gGmbH, das Institut für Sozialpädagogische Forschung Mainz e.V. (ism) und das Institut für Soziale Praxis (*isp*) der Ev. Hochschule für Soziale Arbeit & Diakonie. Das Projekt hatte eine Laufzeit von insgesamt drei Jahren und wurde zwischen Januar 2009 und Dezember 2011 durchgeführt.

Mit den Modellen und Instrumenten werden die Ergebnisse des Praxisforschungsprojektes vorgelegt. Ausgehend von einer Darstellung des Projektes in Kap. 2, d. h. des Feldzugangs, der spezifischen Fragestellungen, der Schwerpunkte und Ziele sowie der sechs begleiteten und evaluierten Modellstandorte mit ihren Entwicklungsvorhaben und -schritten, erfolgt in Kap. 3 eine Auseinandersetzung mit den grundlegenden Fragen und Herausforderungen, die sich insbesondere in Bezug auf die (Weiter-)Entwicklung von Elternbeteiligung und Gewaltprävention im Rahmen von kommunalen Bildungs- und Erziehungslandschaften stellen. In Kap. 4 werden Prinzipien und Handlungsorientierungen diskutiert, die auch für die Umsetzung der genannten Schwerpunktthemen von Bedeutung sind.

Kernstück des Buches ist das Kap. 5. Hier werden die Ergebnisse von jeweils knapp zweijährigen Begleit-, Beratungs- und Evaluationsprozessen an den Modellstandorten dokumentiert, die sich die (Weiter-)Entwicklung der Schwerpunktthemen Elternbeteiligung und Gewaltprävention zur Aufgabe gemacht haben bzw. in denen die Schwerpunktthemen in der (Weiter-)Entwicklung der Bildungs- und Erziehungslandschaft eine besondere Berücksichtigung erfahren haben. Diese Ergebnisdarstellung erfolgt in Form einer praxisorientierten und auf Transfer zielenden Darstellung von ausgewählten Modellen und Instrumenten, deren Anwendung an den Modellstandorten a) zur Umsetzung definierter Entwicklungsvorhaben beigetragen hat und denen b) ein Übertragungspotenzial im Sinne einer „Good-practice" attestiert werden kann. Dabei wird weitgehend auf die ausführliche Darstellung, Bewertung und Reflexion von Einzelprozessen an den jeweiligen Modellstandorten verzichtet.

Im abschließenden Kap. 6 erfolgt ein zusammenfassender Blick auf die Möglichkeiten und Grenzen von Elternbeteiligung und Gewaltprävention in Bildungs- und Erziehungslandschaften sowie auf die innovative Kraft dieser Schwerpunktthemen im Hinblick auf Entwicklungsprozesse in Bildungs- und Erziehungslandschaften.

Unser besonderer Dank gilt der zuständigen Referentin im BMFSFJ, den Mitgliedern des Fachbeirats sowie insbesondere den Akteur/innen an den Modellstandorten für die konstruktive Zusammenarbeit und Unterstützung.

2. Das Projekt

Im Rahmen der Praxisforschung des Projektes, in dem der Diskurs über einen zu behandelnden Gegenstand – d. h. Ergebnisse wissenschaftlicher Untersuchungen, theoretische Ansätze, berufliches Wissen von Praktiker/innen und Alltagswissen verschiedener Beteiligter – eine zentrale Rolle spielt, stand die Bearbeitung folgender Fragen im Mittelpunkt: Wie gestalten sich kommunale Bildungs- und Erziehungslandschaften[1] insbesondere im Zusammenspiel zwischen Jugendhilfe, Schule und Familien? Und welche innovativen Formen der Beteiligung von Eltern und der Gewaltprävention entstehen durch das Zusammenwirken der institutionellen und individuellen Akteure der Bildung, Erziehung und Betreuung? Ausgangspunkt für die Frage nach der Beteiligung von Eltern im Kontext kommunaler Bildungs- und Erziehungslandschaften ist die bedeutende Rolle von Eltern bzw. Familien innerhalb der Bildungs- und Entwicklungsprozesse von Kindern und Jugendlichen. Daran schließt sich die weithin geteilte Auffassung an, dass Gewalt im Kindes- und Jugendalter vorrangig durch Erziehung, Lernen und Kompetenzerwerb bewältigt werden kann und die Bewältigung von Gewalt eine Aufgabe der Familie, der Kindertagesbetreuung und der Schulen, der Jugendarbeit, der Familienbildung und der Hilfen zur Erziehung ist.[2] Daher richtete sich der Blick des Praxisforschungsprojektes vor allem auf die Analyse von Kooperationsprozessen und ihrer Umsetzung. Die Verschränkung der beiden Themenschwerpunkte „Elternbeteiligung" und „Gewaltprävention" des Projektes knüpft an das Anliegen von kommunalen Bildungs- und Erziehungslandschaften an, Kinder und Jugendliche durch vernetzte Angebote möglichst früh und optimal zu fördern.

Demzufolge sollte mit den wissenschaftlichen Aktivitäten des Projektes aufgezeigt werden, wie kommunale Bildungs- und Erziehungslandschaften im Rahmen ihrer Arbeit die Möglichkeit bieten, Elternbeteiligung und Gewaltprävention als wichtige Themen zu profilieren. Darüber hinaus war es ein wichtiges Anliegen des Projektes, bereits existierende Good-practice-Modelle in diesen

---

[1] Auf die Begriffe „Kommunale Bildungs- und Erziehungslandschaften", „Elternbeteiligung" und „Gewaltprävention" wird im dritten Kapitel der Handreichung ausführlicher eingegangen.
[2] Vgl. Arbeitsstelle Kinder- und Jugendkriminalitätsprävention des DJI 2007, S. 281-284.

Bereichen zu identifizieren bzw. auch neue anzuschieben und dieses Erfahrungswissen für die Praxis zugänglich zu machen.

Als Ziele des Projektes können folgende genannt werden:

- Abbildung von Möglichkeiten, Grenzen und notwendigen Rahmenbedingungen zur Schaffung von Bildungs- und Erziehungslandschaften;
- Stärkung der Elternperspektive und ihrer Beteiligung bei der Entwicklung von Bildungs- und Erziehungslandschaften;
- modellhafte Unterstützung bei der (Weiter-)Entwicklung innovativer Formen des Zusammenspiels von Jugendhilfe, Schule und Eltern zur Förderung und Unterstützung junger Menschen im kommunalen Raum und Bewertung dieser neuen Modelle;
- Beratung bei der Entwicklung und Erprobung neuer Konzepte und Formen der Arbeit mit Eltern in Erziehungs- und Bildungseinrichtungen;
- Entwicklung von Modellen, bei denen herausgearbeitet werden soll, inwieweit kommunale Bildungs- und Erziehungslandschaften auch indirekt und/oder direkt zur Gewaltprävention beitragen können.

Entlang der formulierten Ziele erfolgte die Durchführung des Praxisforschungsprojektes in mehreren aufeinander aufbauenden Schritten:

- qualitative Befragung von Expert/innen in allen 16 Bundesländern zu den Möglichkeiten, Grenzen und notwendigen Rahmenbedingungen von Bildungs- und Erziehungslandschaften;
- Darstellung der Ergebnisse aus den 16 Bundesländern in Form von drei regionalen Bestandsaufnahmen[3];
- Durchführung von sechs Regionalforen zur Rückkoppelung und Diskussion der Befragungsergebnisse an die Praxis;
- Zusammenführung der Ergebnisse der drei regionalen Bestandsaufnahmen sowie deren Einbettung in den Fachdiskurs in Form eines Zwischenberichtes[4];
- Beratung, Begleitung und Evaluation der (Weiter-)Entwicklung von Bildungs- und Erziehungslandschaften an sechs Modellstandorten in Bezug auf die Themenschwerpunkte „Elternbeteiligung" und „Gewaltprävention";

---

[3] Die drei regionalen Bestandsaufnahmen können als Online-Publikationen auf der Projekthomepage http://www.kommunale-bildungslandschaften.de/ heruntergeladen werden.
[4] Der Zwischenbericht kann als Online-Publikation auf der Projekthomepage http://www.kommunale-bildungslandschaften.de/ heruntergeladen werden.

Das Projekt 11

- Ergebnistransfer in die Praxis im Rahmen von Bilanzveranstaltungen an den Modellstandorten, einer bundesweiten Abschlusstagung und einer Handreichung für die Praxis.

Das Praxisforschungsprojekt wurde von einem Fachbeirat mit Mitgliedern aus Wissenschaft und Praxis begleitet. Unter anderem waren Hoch-/Schulen, Arbeitsstellen für Kinder- und Jugendkriminalitätsprävention, Jugendhilfe, Eltern- und kommunale Verbände vertreten.

Für die modellhafte (Weiter-)Entwicklung der Bildungs- und Erziehungslandschaften und der Projektthemen „Elternbeteiligung" und „Gewaltprävention" wurden auf Basis der Ergebnisse der regionalen Bestandsaufnahmen nachfolgende sechs Modellstandorte in Deutschland ausgewählt: Bad Friedrichshall in Baden-Württemberg, Ludwigshafen-Gartenstadt in Rheinland-Pfalz, Saalfeld/Saale in Thüringen, Reuterkiez in Berlin-Neukölln, Itzehoe in Schleswig-Holstein und Gladbeck in Nordrhein-Westfalen. Die Arbeit an den Modellstandorten dauerte von Mai 2010 bis Ende Dezember 2011.

Im Folgenden werden die Bildungs- und Erziehungslandschaften sowie deren Aktivitäten, die von den drei beauftragten Instituten begleitet und/oder evaluiert worden sind, detaillierter dargestellt.

12 Das Projekt

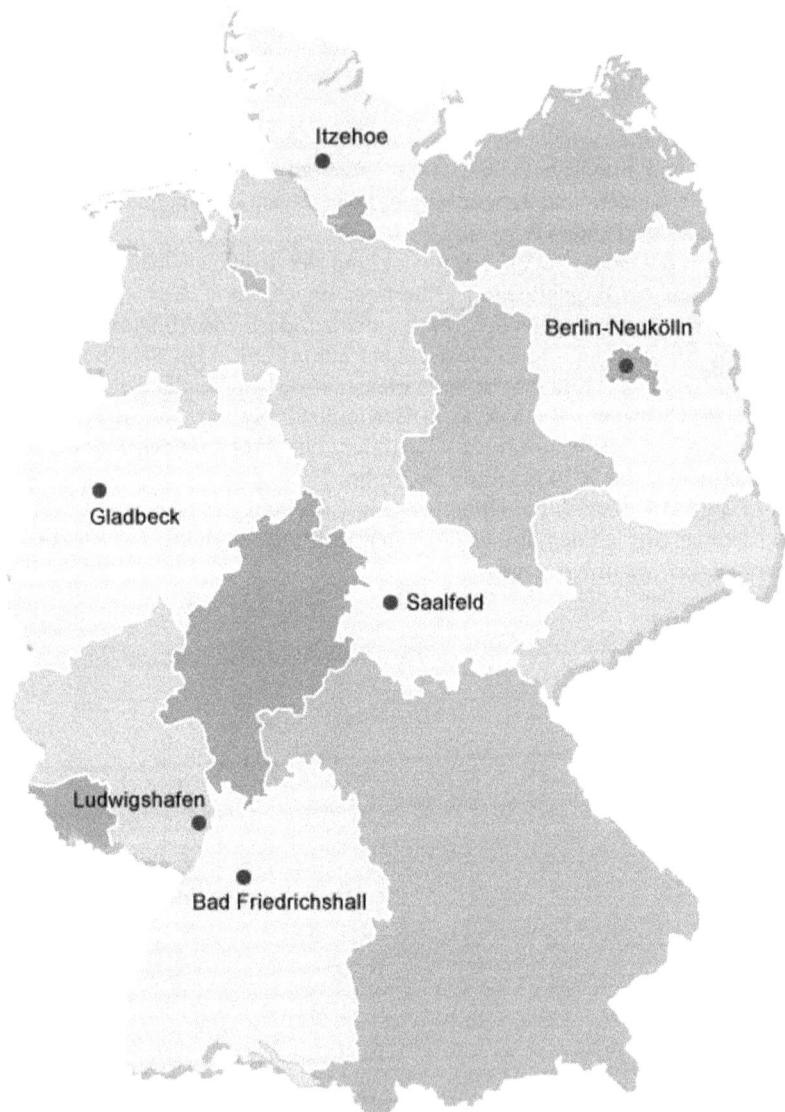

Abbildung 1: Die sechs Modellstandorte des Projektes

2.1 Modellstandort Bad Friedrichshall

Bad Friedrichshall, Modellstandort des ism, ist eine kreisangehörige Stadt im Landkreis Heilbronn in Baden-Württemberg. Die Stadt hat ca. 18.800 Einwohner/innen, davon 3.900 Kinder und Jugendliche unter 18 Jahren (ca. 20,7 %). Zu den formalen Erziehungs- und Bildungsorten in Bad Friedrichshall gehören 15 Kindertagesstätten, sechs Grundschulen, eine Werkrealschule, eine Realschule sowie ein Gymnasium. Größter Träger von Maßnahmen der Jugendhilfe ist die Kindersolbad gGmbH, eine Einrichtung, die stationäre, ambulante und teilstationäre Hilfen sowie Schulsozialarbeit anbietet.

Im Jahr 2006 haben sich verschiedene Akteure der Erziehung und Bildung aus Bad Friedrichshall auf den Weg gemacht, ein Konzept der kommunalen Kinder- und Jugendförderung zu entwickeln. Im Rahmen dieses Prozesses wurden ein Jugendbeirat gebildet sowie eine Koordinationsstelle für Kinder- und Jugendförderung in Bad Friedrichshall eingerichtet. Die Koordination liegt bei der Kindersolbad gGmbH, deren Träger der Verein Jugendhilfe Bad Friedrichshall e. V. ist. Im Jahr 2009 wurde diese Koordinationsstelle zu einer Gebietskoordination für Jugendarbeit, Schulsozialarbeit und JuLe (Jugendhilfe im Lebensfeld) weiterentwickelt. Darüber hinaus wurde im Jahr 2009 eine Steuerungsgruppe eingerichtet.

Der Jugendbeirat, der sich aus Vertreter/innen der Stadt, der Gemeinderatsfraktionen, Kirchen, sport- und kulturtreibenden Vereine und Polizei, des Landkreises, des Kindersolbads, der Gebietskoordination und der JuLe-Koordination[5] sowie gewählten Jugendlichen aus den Jugendtreffs der Stadt zusammensetzt, fungiert als fachpolitische Interessenvertretung für die Belange junger Menschen in Bad Friedrichshall.

Aufgrund dieser Entwicklungen existieren in Bad Friedrichshall bereits seit längerem Arbeitsstrukturen und Gremien einer kommunalen Bildungs- und Erziehungslandschaft, welche einen guten Ansatzpunkt für die Begleitung als Modellstandort darstellten.

Im Rahmen der wissenschaftlichen Begleitung wurden die Aufgaben der Gremien konkret herausgearbeitet sowie deren Zusammensetzung und Schnittstellen genauer in den Blick genommen. Dabei stand die Frage nach der stärkeren Beteiligung von Eltern sowie jungen Menschen im Vordergrund. In der Begleitung wurden die Gremien in der Beschäftigung mit Themen wie aktuellen gesellschaftlichen Herausforderungen für junge Menschen (demografischer Wandel, Armut, Bildungsbedingungen etc.) sowie Gewaltphänomenen und Präventionsangeboten vor Ort unterstützt. Ein Fachtag zum Thema „Gutes Auf-

---

[5] JuLe bedeutet „Jugendhilfe im Lebensfeld" und ist eine ambulante Erziehungshilfe, die verschiedene Hilfen kombiniert und sozialräumlich anbietet.

wachsen in Bad Friedrichshall" brachte Akteure der Bildung, Betreuung und Erziehung aus Bad Friedrichshall zusammen und schaffte Anknüpfpunkte, um Angebote über den Lebenslauf und im Tagesverlauf junger Menschen besser zu verzahnen und Eltern/Familien dabei mehr mit einzubeziehen.

Daneben wurde exemplarisch an einer Schule erprobt, wie die Zusammenarbeit zwischen Eltern und Institutionen initiiert werden kann. Ziel des Vorgehens waren mehr Austausch mit Eltern und eine stärkere Einbeziehung dieser in die Bildungsprozesse ihrer Kinder, um deren Bildungsbedingungen verbessern zu können. Zu diesem Zweck hat sich eine Arbeitsgruppe aus Schulleitung, Lehrkräften, Fachkräften der Schulsozialarbeit, Gebietskoordination sowie Elternvertretung gebildet, mit der in sogenannten Startworkshops zur Zusammenarbeit Ansatzpunkte der Kooperation entwickelt wurden, die Umsetzung begleitet und ausgewertet wurde.

2.2 Modellstandort Berlin-Neukölln

Der Lokale Bildungsverbund (LBV) Reuterquartier, Modellstandort von Camino, liegt im äußersten Nordosten des Bezirks Neukölln von Berlin. Der LBV umfasst die Gebiete Reuterkiez und Donaustraße-Nord, die zwei aktive Quartiersmanagementgebiete (QM) von insgesamt 34 mit „besonderem Entwicklungsbedarf" innerhalb Berlins darstellen (Stand: 02/2010). Seit 2002 ist der Reuterkiez Modellgebiet der „Sozialen Stadt". Seit Juni 2009 gibt es das QM-Gebiet Donaustraße-Nord. In beiden Quartieren zusammen leben mehr als 26.000 Einwohner/innen, davon über 50 % mit Migrationshintergrund.

Das Handlungsfeld Bildung ist aufgrund der problematischen Situation ein Handlungsschwerpunkt der QM-Gebiete: So leben beispielsweise im Reuterkiez 65 % der Kinder in Familien mit Bezug von Existenzsicherungsleistungen und 70 % der Schüler/innen haben keinen oder nur einen Hauptschulabschluss. Für die Steuerung aller Bildungsmaßnahmen an Schulen wurde im Herbst 2005 im Reuterkiez eine Schulsteuerungsrunde gebildet. Im September 2007 hat das QM Reuterkiez mit zahlreichen lokalen Akteuren und Vertreter/innen der Politik den LBV Reuterquartier gegründet. Er hat die Aufgabe, mit allen beteiligten Akteuren wie Schulen, Kindertagesstätten, Jugendhilfeträgern, Migrantenvereinen/-selbstorganisationen, Eltern und Verwaltung ein abgestimmtes Bildungskonzept für den Reuterkiez zu erstellen. Im Jahr 2009 wurde die Kooperationsvereinbarung des LBV Reuterquartier unterzeichnet. Nach der Auftaktveranstaltung des LBV hat sich die bisherige Schulsteuerungsrunde zu einer Steuerungsrunde des lokalen Bildungsverbundes entwickelt, die mit Vertreter/innen des Jugend- und Schulamtes, der Schulaufsicht, des Quartiersmanagements, der Schulen und

Kindertagesstätten, der Freien Träger und mit Elternvertreter/innen besetzt ist. Sie ist verantwortlich für übergeordnete Entscheidungen und Zielrichtungen. Mit dem Träger „Jugendwohnen im Kiez Jugendhilfe gGmbH" existiert seit 2008 eine Koordinatorenstelle für die Arbeit des LBV, die aus Mitteln der „Sozialen Stadt" und vom Deutschen Paritätischen Wohlfahrtsverband finanziert wird.

Neben gemeinsamen Projekten und Veranstaltungen arbeiten die Mitglieder des Verbundes in verschiedenen Arbeitsgemeinschaften entlang der wichtigen Themen des Bildungsverbundes zusammen. So wird das Thema Gewaltprävention in einer Arbeitsgemeinschaft des LBV behandelt und Schritt für Schritt Bausteine der Gewaltprävention entwickelt und von den Verbundeinrichtungen umgesetzt. Im Juni 2010 konnte die AG Gewaltprävention den Beschluss der Steuerungsrunde des LBV herbeiführen, dass die „Elternorientierte Gewaltprävention" einen Arbeitsschwerpunkt des Verbundes für die Jahre 2010 und 2011 darstellt und der LBV zu diesem Zweck mit dem Praxisforschungsprojekt zusammenarbeitet. Schwerpunkt der Zusammenarbeit war die wissenschaftliche Evaluation und Begleitung des Standortes. Diese umfasste die systematische Untersuchung und Weiterentwicklung der elternorientierten Gewaltprävention im LBV Reuterquartier mit nachfolgenden Zielen: 1. die Darstellung des LBV als konzeptionellen Rahmen für die Zusammenarbeit im Quartier am Thema Gewaltprävention, 2. die Herausarbeitung von einzelnen Good-practice-Modellen der elternorientierten Gewaltprävention, 3. die Entwicklung und Erprobung eines Qualitätsentwicklungsinstruments zur Selbstevaluation gewaltpräventiver Maßnahmen in den Verbundeinrichtungen, 4. die Initiierung eines Dialoges zwischen Eltern und pädagogischen Fachkräften zum Thema Gewaltprävention im Kiez und 5. die Öffentlichkeitsarbeit und der Ergebnistransfer bezüglich der gewaltpräventiven Maßnahmen im Verbund, um die Übertragbarkeit von erfolgreich erprobten Modellen auf weitere Institutionen im Reuterquartier zu befördern. Vor diesem Hintergrund fand u. a. an einer Neuköllner Schule ein Selbstbewertungsworkshop, ein Workshop für Eltern und Fachkräfte im Reuterkiez sowie ein Praxistag des LBV statt, an dem die Evaluationsergebnisse erstmals veröffentlicht wurden und sich die Verbundmitglieder über gute und bewährte Praxis austauschen konnten.

2.3 Modellstandort Gladbeck

Die Stadt Gladbeck, Modellstandort des *isp*, liegt in Nordrhein-Westfalen (Regierungsbezirk Münster, Kreis Recklinghausen), hat ca. 75.000 Einwohner/innen und gliedert sich in neun Stadtteile.

Bereits Mitte 2005 wurde das „Gladbecker Bündnis für Familie – Erziehung, Bildung, Zukunft" initiiert, das einen Zusammenschluss aller gesellschaftlich beteiligten Kräfte zum Ziel hat und die Lebensbedingungen und die Lebensqualität der Familien in der Stadt verbessern soll. In dieser Verbindung wurden unterschiedliche Maßnahmen und Projekte in Gladbeck initiiert, u. a. Maßnahmen zur Sprachförderung und zur Gewaltprävention.

Im Zuge der Arbeit des Praxisforschungsprojektes haben sich unterschiedliche Bildungsakteure – wie die Leitung des Amtes Bildung und Erziehung, die Abteilungsleitung „Kommunale Bildungslandschaften und Beteiligung", die Stabsstelle Jugendhilfeplanung im Amt für Jugend und Familie, die Bereichskoordination Bildungsberatung, das Bildungsbüro und das Bildungshaus – zum Ziel gesetzt, die Themen Elternbeteiligung und Gewaltprävention zu integralen Bestandteilen der kommunalen Bildungs- und Erziehungslandschaft weiter zu entwickeln. Vor dem Hintergrund des bereits fortgeschrittenen Gestaltungsprozesses der Bildungs- und Erziehungslandschaft in Gladbeck lag der Schwerpunkt der Beratung, Begleitung und Evaluation auf der operativen Ebene beim Bildungsbüro (als zentrale Anlaufstelle für alle Bürger/innen der Stadt) und dem Bildungshaus (als Anlaufstelle in einem der neun Stadtteile).

Das Bildungsbüro der Stadt Gladbeck hat die konzeptionelle Weiterentwicklung der Schwerpunktthemen mit folgenden Angeboten und Maßnahmen betrieben:

1. Kooperation aller bestehenden Angebote der Gewaltprävention mit dem Ziel zu thematisieren, wie Beteiligung von Eltern an diesen Angeboten aussehen kann, um entsprechende Formen zu entwickeln. Ausgangspunkt war hier ein im Frühstadium der Prozessbegleitung durchgeführtes Herbstplenum mit acht (explizit und/oder implizit) gewaltpräventiven Angeboten der Stadt. Oberthema des Plenums waren die „Bündnisangebote unter dem Aspekt der Elternbeteiligung und deren Relevanz und Wichtigkeit für die Gewaltprävention". Im weiteren Prozess wurden die Initiierung und Vertiefung der Kooperationsbeziehungen im Hinblick auf elternbeteiligende Schwerpunkte konkretisiert, Handlungsfelder generiert und Workshops zur Verknüpfung von Elternbeteiligung und Gewaltprävention durchgeführt.
2. Nutzung der und Kooperation mit vor Ort bestehenden Angeboten durch die aufsuchende „Mobile Bildungsberatung". Mobile Bildungsberatung soll einen zentralen und direkten Zugang zu sogenannten schwer erreichbaren Eltern herstellen, um diese u. a. an bestehenden bzw. neu zu entwickelnden gewaltpräventiven Angeboten in ausgesuchten Stadtteilen zu beteiligen. Hier werden „schwer erreichbare" Eltern in ausgewählten Stadtteilen aufge-

Modellstandort Gladbeck

sucht. Der Zugang wird über die Kooperation mit vor Ort bestehenden Angeboten hergestellt (z. B. Elterncafés).
3. Darüber hinaus wurde intensiv versucht, durch die Kooperation mit einem bereits erfolgreich implementierten Angebot („Kinder im Blick") ein gemeinsames Konzept zu erarbeiten, das die Umsetzung von Elternbeteiligung von Beginn an zum Gegenstand hat. Grenzen dieses Vorhabens waren u. a. Verwaltungsmechanismen, begrenzte Steuerungsmöglichkeiten, unterschiedliche konzeptionelle Leitlinien und operative Selbstverständnisse der Kooperationspartner/innen.

Das Bildungshaus in einem der neun Stadtteile hat seine Angebotsentwicklung im Hinblick auf die Schwerpunktthemen auf folgenden Ebenen vorangebracht:

1. Einrichtung von zwei modellhaften Elterncafés: a) ein perspektivisch von und für Eltern der Kinder einer Schule und einer Kindertagesstätte ehrenamtlich als offener Treffpunkt gestaltetes Café; sowie b) ein niedrigschwellig und als offener Treff von Professionellen gestaltetes „Elterncafé" für den gesamten Stadtteil, das sich zu einem Ort beteiligungsorientierter Beratungsprozesse entwickeln und insbesondere auf die Zielgruppe der so genannten schwer erreichbaren Eltern abzielen soll. Insbesondere im Rahmen des niedrigschwelligen und offenen Treffs werden Grundlagen (Kontakte zu Professionellen ermöglichen, Vertrauen schaffen) für die Thematisierung sensibler Fragestellungen und Probleme gelegt (siehe dazu auch Kap. 5.15).
2. Initiierung eines „Runden Tisches Fachkräfte und Schlüsselpersonen" (siehe auch Kap. 5.2), in dem Fragen der Elternbeteiligung und Gewaltprävention in ihrer Bedeutung für den Stadtteil aus der Perspektive institutioneller Akteure (Schule, Jugendarbeit, Kindertagesstätten, Polizei, Vereine etc.) thematisiert und konkretisiert werden können.
3. Initiierung eines „Runden Tisches Eltern", in dem Eltern die Möglichkeit erhalten, sich als Akteursgruppe im Stadtteil mit ihren spezifischen Anliegen zu konstituieren und zu festigen. Mit professioneller Unterstützung werden sie dazu eingeladen, ihre Themen, Fragen und Sichtweisen darzustellen und zu konkretisieren. Hier findet direkte und indirekte Elternbeteiligung (durch die Multiplikator/innenfunktion der teilnehmenden Eltern) statt.

2.4 Modellstandort Ludwigshafen-Gartenstadt

Die Stadt Ludwigshafen am Rhein, Modellstandort des ism, ist eine kreisfreie Stadt mit 167.510 Einwohner/innen. Sie ist damit die zweitgrößte Stadt in Rheinland-Pfalz. Das Bild im öffentlichen Raum ist geprägt von Menschen unterschiedlicher Herkunft, dies in sozialer wie kultureller und nationaler Hinsicht. Bereits jedes zweite in Ludwigshafen geborene Kind verfügt über eine doppelte Staatsbürgerschaft. Daraus ergibt sich für Ludwigshafen stärker als für andere Städte die Herausforderung, soziale und Bildungsbenachteiligungen abzubauen und insbesondere für Kinder und Jugendliche mit Migrationshintergrund und aus sozial benachteiligten Familien geeignete Bildungsbedingungen zu schaffen. Im Hinblick auf Gewalt und Kriminalität von jungen Menschen wurde im Jahr 2005 das Haus des Jugendrechts (JuReLu) eröffnet, ein Kooperationsmodell von Jugendamt, Polizei, Staatsanwaltschaft und einem freien Träger der Jugendhilfe mit dem Ziel der Schaffung einer behördenübergreifenden Gesamtstrategie im Bereich der Jugendkriminalität.

Im Fokus der wissenschaftlichen Begleitung stand der Stadtteil Gartenstadt, in welchem beispielhaft für die Gesamtstadt und aufbauend auf bereits bestehenden Strukturen eine Bildungs- und Erziehungslandschaft ausgebaut und weiterentwickelt wurde. Dieser Prozess ist durch einen Beschluss des Stadtvorstands gestützt und wird mittels einer Koordinationsstelle gestaltet.

Die Gartenstadt ist mit 17.517 Einwohner/innen der viertgrößte Stadtteil Ludwigshafens. Einige Gebiete des Stadtteils gelten als sozio-strukturell belastete Wohngebiete, da hier viele Familien in wirtschaftlich prekärer Lage und viele Alleinerziehende wohnen, wodurch insgesamt ein vergleichsweise hoher Anteil von Bezieher/innen staatlicher Transferleistungen sowie von Inanspruchnahmen von Hilfen zur Erziehung vorhanden ist. Im Gegensatz zu diesen eher belastenden Faktoren bietet die Gartenstadt eine Vielzahl von Institutionen und Akteuren, die zum Aufbau einer Bildungs- und Erziehungslandschaft bedeutsam sind: Kindertagesstätten in unterschiedlicher Trägerschaft, Grundschulen, eine integrative Realschule plus, eine Integrierte Gesamtschule, eine evangelische Jugendfreizeitstätte sowie einen Standort des Sozialen Dienstes und das Ludwigshafener Zentrum für individuelle Erziehungshilfen (LuZiE) sowie diverse Vereine, Verbände und Initiativen.

Für die Bildungs- und Erziehungslandschaft wurden die zwischen den vorhandenen Institutionen bestehenden Kooperationen gestärkt und ausgebaut sowie weitere Akteure (z. B. Elternvertretungen, Stadtteilinitiativen, Wohnungsbaugesellschaft, JuReLu u. a.) einbezogen. Dazu wurde im Rahmen von Institutionenbesuchen sowie eines Fachtags eine Bestandsaufnahme zu Ansätzen und Entwicklungsideen durchgeführt. Anknüpfend an diese wurde eine Reihe von Mi-

Modellstandort Saalfeld/Saale 19

kroprojekten entwickelt, welche in Kooperation der verschiedenen Einrichtungen im Stadtteil umgesetzt werden. So wurden etwa Krabbelgruppen initiiert, Ferienprogramme mit Angeboten für Kinder, Jugendliche und Eltern entworfen oder ein Wiedergutmachungs-Projekt für jugendliche Straftäter in Kooperation mit dem JuReLu, den Stadtteilkoordinator/innen, einer Schule und dem Grünflächenamt aufgelegt. Die Mikroprojekte wurden von einem Koordinationsteam begleitet und hinsichtlich der verschiedenen Beteiligungsmöglichkeiten und -formen für Eltern überprüft. Die stärkere Einbindung von Eltern und das Angebot verschiedener Stufen der Partizipation (Mitwirkung, Mitbestimmung, Selbstorganisation) waren dabei Leitmotive für die Ausgestaltung der Projekte.

2.5 Modellstandort Saalfeld/Saale

Die Stadt Saalfeld/Saale, Modellstandort von Camino, ist die Kreisstadt des Landkreises Saalfeld-Rudolstadt im Süden von Thüringen und hat annähernd 27.500 Einwohner/innen.

In Saalfeld werden bereits seit Anfang der 1990er Jahre Partizipationsprozesse im Bereich der Jugendarbeit umgesetzt. 2004 wurde Saalfeld als eine Modellkommune der Initiative „mitWirkung" der Bertelsmann Stiftung ausgewählt, wodurch ein ganzheitliches Beteiligungskonzept für die Kommune entwickelt werden konnte. In diesem Zusammenhang wurden 60 Fachkräfte in Saalfeld aus den Bereichen Schule, Jugendarbeit, Verwaltung, Berufsbildung, Kindertagesstätten und Ehrenamtliche zu Prozessmoderator/innen für Kinder- und Jugendpartizipation ausgebildet. Dadurch konnten die Beteiligung von Kindern und Jugendlichen und das bürgerschaftliche Engagement in der Stadt gestärkt werden. Der Saalfelder Stadtrat hat daran anknüpfend im Juli 2007 die nachhaltige Implementierung von Kinder- und Jugendpartizipation und bürgerschaftlichem Engagement beschlossen und somit die Vorhaben für die nächsten Jahre politisch abgesichert. Die Mitwirkung am „Thüringer Bildungsmodell – Neue Lernkultur in Kommunen" nelecom (2008 – 2014) hat die Ausweitung von Partizipationsprozessen auf Kindertagesstätten, alle Schularten und das Gemeinwesen zum Ziel und stärkt die bereits begonnene Entwicklung einer Neuen Lernkultur in Saalfeld.

Die Koordination dieser komplexen Entwicklungsprozesse ist beim Amt für Jugendarbeit/Sport/Soziales der Stadtverwaltung Saalfeld angesiedelt. Die Entwicklung von Strategien, Zielstellungen und Empfehlungen, die Schaffung und Sicherung der Rahmenbedingungen für die Umsetzung und die Gewährleistung des Informationsflusses zwischen den einzelnen beteiligten Akteuren obliegt der Steuerungsgruppe der Stadt Saalfeld. Die Mitglieder der Steuerungsgruppe sind der Bürgermeister und der 1. Beigeordnete der Stadt Saalfeld, Vertreter/innen des Stadtrats, Träger der Jugendarbeit und Kindertagesstätten, des Schulamtes, des Regionalen Übergangsmanagements, des Landratsamtes und der Stadtverwaltung Saalfeld. In Form von regelmäßigen Treffen der Netzwerkverantwortlichen aus Schule (eine benannte Vertretung jeder Schule), Jugendarbeit und Verwaltung werden die Informationsweitergabe gesichert, gemeinsame Planungen vorgenommen und Möglichkeiten der Kooperation und Unterstützung ausgehandelt. Die Aufgaben der Jugendarbeit, der Jugendhilfeplanung und die Trägerschaft über die Grund- und Regelschulen[6] sind seit mehreren Jahren in städtischer Hand.

Die Aktivitäten des Praxisforschungsprojektes führten dazu, dass seit Mai 2010 – und mit Beschluss der Steuerungsgruppe – die nelecom-Kommune Saalfeld anstrebt, die vorhandenen kommunalen Beteiligungsstrukturen für Kinder- und Jugendpartizipation auf die Zielgruppe der Eltern auszuweiten. Ziel der Begleitung des Modellstandortes Saalfeld war demnach die strategische Förderung der Elternbeteiligung durch die Entwicklung eines Gesamtkonzeptes. Im Mittelpunkt standen die Bedürfnisse der Eltern sowie deren Beteiligung an der Entwicklung einer Neuen Lernkultur in Saalfeld, die Stärkung ihrer Erziehungskompetenzen und die Sensibilisierung in Bezug auf das Thema Gewaltprävention. Zu diesem Zweck wurde in vier Stufen eine umfassende Elternbeteiligungsstrategie in der Kommune implementiert, die die Elternperspektive stärkt und gewaltpräventiv ausgerichtet ist: 1. durch die Durchführung von Elternwerkstätten mit dem Ziel der Bedarfserhebung und Aktivierung von Saalfelder Eltern, 2. durch die curriculare Entwicklung und Umsetzung einer Fortbildung für pädagogische Fachkräfte zu Moderator/innen für Elternbeteiligung, die an bereits vorhandene Beteiligungsstrukturen der Kommune anknüpft, 3. durch die Initiierung von Praxisprojekten der Elternbeteiligung und/oder Gewaltprävention an Saalfelder Bildungseinrichtungen wie Kindertagesstätten, Schulen, Jugend- und Begegnungszentren und 4. durch Beratung der Praxisprojekte an den einzelnen Einrichtungen und zur Gesamtstrategieentwicklung auf städtischer Ebene.

Im Zuge der Projektarbeit ist Elternbeteiligung Teil der Gesamtstrategie der Stadt Saalfeld geworden und wird auch nach Abschluss des Praxisforschungsprojektes weiter vorangetrieben, z. B. über den Lokalen Aktionsplan (LAP), der im Rahmen des Bundesprogramms „TOLERANZ FÖRDERN – KOMPETENZEN STÄRKEN" (2011 – 2013) gefördert wird. Im Rahmen dessen ist in Saalfeld eine neue Moderator/innenausbildung geplant, die Module zur Kinder-, Jugend- und Elternbeteiligung umfasst.

---

[6] Die Regelschule ist eine weiterführende Schulform im Freistaat Thüringen. Sie wurde mit Beginn des Schuljahres 1991/92 eingeführt. Hier werden die nach dem Hamburger Abkommen von 1964 definierten Schulformen der Haupt- und der Realschule unter einem Dach geführt.

2.6 Modellstandort Itzehoe

Die Stadt Itzehoe, Modellstandort des *isp*, ist Kreisstadt des Kreises Steinburg in Schleswig-Holstein, hat ca. 32.000 Einwohner/innen und ist in neun Stadtteile und drei Jugendarbeitsbezirke gegliedert.

Die Arbeit am Modellstandtort Itzehoe knüpfte an das Ziel dreier Bildungsakteure (Schule, Kinder- und Jugendbüro sowie Elternvertreter/innen) an, die Bildungs- und Erziehungslandschaft in Itzehoe auf Stadtteilebene weiter zu entwickeln. Ausgehend von diesem Ziel wurde zunächst die stadtteilbezogene Arbeit am Modellstandort fokussiert. Dieser anfängliche Plan wurde, auch vor dem Hintergrund der gesammelten Erfahrungen und Erkenntnisse im Rahmen des durchgeführten Regionalforums, zugunsten gesamtstädtischer Überlegungen verworfen. Einvernehmlich wurde beschlossen, sich mit der Gestaltung der kommunalen Bildungs- und Erziehungslandschaft der ganzen Stadt zu befassen. Den Akteuren vor Ort ging es im Schwerpunkt um die Beteiligung möglichst vieler Bildungsakteure an den Gestaltungsprozessen, insbesondere von Eltern, während das Thema Gewaltprävention für einen Teil der am Planungsprozess Beteiligten ein Querschnittsthema über alle bestehenden bzw. zu initiierenden Angebote der Stadt hinweg darstellte und nicht explizit mit der Weiterentwicklung der Bildungs- und Erziehungslandschaft verbunden war. Diese Ausgangssituation entsprach weitgehend den Ergebnissen der im Praxisforschungsprojekt durchgeführten regionalen Bestandsaufnahmen. Demzufolge ging es im Beratungs- und Evaluationsprozess vor allem darum, das Schwerpunktthema Gewaltprävention im Zuge der Weiterentwicklung der Bildungs- und Erziehungslandschaft zu stärken.

Um dem Anspruch einer möglichst umfassenden Partizipation der Bewohner/innen an den zu gestaltenden Entwicklungsprozessen der Bildungs- und Erziehungslandschaft gerecht zu werden, die auch an den Lebenswelten „schwer erreichbarer" Familien anknüpfen sollte, wurde in Itzehoe ein doppelter Zugang verfolgt: Zum einen wurden viele Menschen über kleinräumige Settings mit niedrigschwelligen Angeboten erreicht, z. B. über Stadtteilbildungskonferenzen (siehe Kap. 5.9) in den drei Jugendarbeitsbezirken Nordwest, Süd und City-Ost. Hier wurden u. a. Projektwerkstätten (siehe Kap. 5.7) zu unterschiedlichen Handlungsfeldern vor Ort angebahnt. Zum anderen wurde auf der gesamtstädtischen Ebene mithilfe einer Befragung von ausgewählten Akteuren (insbesondere Gremien, Institutionen, Eltern, Jugendliche) zur Elternbeteiligung, zur Gewaltprävention und zu weiteren Themen der Bildungs- und Erziehungslandschaft, relevante Interessengruppen erreicht. Dabei standen neben anderen Anliegen, die in der Projektgruppe (Vertreter/innen der genannten drei Bildungsakteure) formuliert wurden, auch die Schwerpunktthemen Elternbeteiligung und Gewaltprävention im Zentrum.

Darüber hinaus ging es in der Arbeit am Modellstandort Itzehoe darum, auf der strukturellen Ebene die bestehenden Angebote und Kooperationsbeziehungen der formalen und non-formalen Bildungsangebote in Form einer Netzwerkkarte für die gesamte Itzehoer Bildungs- und Erziehungslandschaft zu erfassen (siehe Kap. 5.5). Hier lag der Fokus auf den bereits vorhandenen Beteiligungsstrukturen (wer wird beteiligt und wie) und der elternorientierten Gewaltprävention.

Die beschriebenen Aktivitäten auf stadtteil- und gesamtstädtischer Ebene bildeten schließlich die Basis für die durchgeführte stadtweite Bildungs- und Erziehungskonferenz. Ergebnis war hier die Konstituierung von Projektwerkstätten zur Bearbeitung der generierten Handlungsfelder (wie z. B. Elternbeteiligung und Gewaltprävention), um den Prozess in sichtbare, konkrete und nachhaltige Handlungsformen zu überführen. Im weiteren Verlauf wurden Netzwerktreffen konstituiert, um eine Überprüfung der formulierten Ziele und der laufenden Prozesse zu gewährleisten.

3. Grundlagen und Ausgangspunkte

Bildungs- und Erziehungslandschaften stellen einen neuen Rahmen für die Kooperation von Institutionen der Bildung, Erziehung und Betreuung auf lokaler bzw. kommunaler Ebene dar und werden seit einigen Jahren in der Bundesrepublik intensiv diskutiert und entwickelt. Neben dem 12. Kinder- und Jugendbericht[7] und den Positionspapieren des Deutschen Vereins[8], die konkret die Bedeutung von Bildungslandschaften hervorheben, wird gerade auf der kommunalen Ebene Bildung als „Top-Thema" verhandelt. Mit Blick auf ein erweitertes Bildungsverständnis sind die Kommunen mit zentralen Aufgaben – von der Kinderbetreuung über die Schulträgerschaft bis zur Jugendhilfe, den Volkshochschulen usw. – für die Gestaltung von Bildung verantwortlich bzw. maßgeblich involviert.[9] Das Praxisforschungsprojekt konzentriert sich auf Bildungs- und Erziehungslandschaften im Sinne der „Gesamtheit aller auf kommunaler Ebene vertretenen Institutionen und Organisationen der Bildung, Erziehung und Betreuung, eingefügt in ein Gesamtkonzept der individuellen und institutionellen Bildungsförderung in Federführung eines kommunalen Verantwortungsträgers".[10]

Das so verstandene Konzept der „Kommunalen Bildungs- und Erziehungslandschaft" begegnet grundlegenden Schwächen bisheriger Modelle, insbesondere der Abhängigkeit der beteiligten und kooperierenden Projekte von zeitlich begrenzten Fördermitteln sowie ihrer Verankerung außerhalb von Strukturen politischer Verantwortung.[11] Die kommunale Bildungs- und Erziehungslandschaft betont demgegenüber die kommunalpolitische Bildungsverantwortung und liefert einen neuen Rahmen für Kooperationen von institutionellen und individuellen Akteuren der Bildung, Erziehung und Betreuung auf der Ebene der

---

[7] Bundesministerium für Familie, Senioren Frauen und Jugend 2005.
[8] Deutscher Verein für Öffentliche und Private Fürsorge e.V. 2007 und 2009.
[9] Vgl. Luthe 2009.
[10] Deutscher Verein für Öffentliche und private Fürsorge e.V. 2007. Gleichwohl wurden bei den Modellstandorten auch ein sozialräumlich orientiertes Konzept einbezogen – der Lokale Bildungsverbund Reuterkiez. Dieser verfügt über langjährige Erfahrung in den Schwerpunkten des Praxisforschungsprojektes, Elternbeteiligung und Gewaltprävention.
[11] Vgl. Luthe 2009.

Gebietskörperschaft als räumliche Einheit und Planungsgröße[12] und ist damit „...ein Referenzrahmen für die gezielte Steuerung, Ausgestaltung und Weiterentwicklung der Bildungsangebote auf örtlicher Ebene".[13] Damit wird die Bedeutung der kommunalpolitischen Ausrichtung und Verortung (siehe ausführlich Kap. 4.1) von Bildungs- und Erziehungslandschaft zum Ausdruck gebracht, die auch in § 1 SGB VIII begründet ist, der den Kommunen eine besondere Verantwortung für die Förderung der Entwicklung junger Menschen sowie der Erziehung zu einer eigenverantwortlichen und gemeinschaftsfähigen Persönlichkeit zuweist.

Entsprechend dem Konzept des Deutschen Vereins und der Aachener Erklärung des Deutschen Städtetages[14] fokussieren kommunale Bildungs- und Erziehungslandschaften Kinder und Jugendliche bzw. Institutionen, die mit den Sozialisationsprozessen von Kindern, Jugendlichen und Familien zu tun haben. Das betrifft insbesondere die Institutionen Schule und Jugendhilfe.[15]

Darüber hinaus betont neben anderen Deinet, dass Bildungslandschaften sich nicht nur auf die Vernetzung von Bildungsinstitutionen beziehen können oder gar darauf reduziert werden sollten. Die Einbeziehung weiterer – insbesondere informeller – Bildungsorte im öffentlichen Raum macht eine interdisziplinäre Sichtweise erforderlich.[16] Im Anschluss an Michael Winkler bezieht das Praxisforschungsprojekt deshalb bereits im Titel „Erziehung" als systematische Voraussetzung bzw. als Komplement für Bildungsprozesse ein.[17] Nicht nur aus diesem Grund bilden Eltern als wichtige Sozialisations-, Erziehungs- und Bildungsinstanz und deren Beteiligung in kommunalen Bildungs- und Erziehungslandschaften einen der beiden Schwerpunkte.

Bevor die Schwerpunkte, Elternbeteiligung und Gewaltprävention, begründet und dargelegt werden, wird der Rahmen, kommunale Bildungs- und Erziehungslandschaft, zusammenfassend definiert:

Kommunale Bildungs- und Erziehungslandschaften sind langfristige, professionell gestaltete, auf gemeinsames, planvolles Handeln abzielende, kommu-

---

[12] Eine kritische raumtheoretische Betrachtung von Bildungslandschaften und die Notwendigkeit eines Plädoyers für eine mehrdimensionale Betrachtung von Orten, Räumen und Landschaften liefert Reutlinger 2010.
[13] Vgl. Deutscher Verein für Öffentliche und private Fürsorge e.V. 2009.
[14] Vgl. Aachener Erklärung des Deutschen Städtetages 2007.
[15] Daher wird im Folgenden auf diese beiden Bildungsakteure gesondert eingegangen. Für eine ausführlichere Analyse des Zusammenspiels von Jugendhilfe und Schule in kommunalen Bildungs- und Erziehungslandschaften wird auf den Zwischenbericht dieses Forschungsprojektes (Zwischenbericht 2010, S. 140-148) sowie auf Henschel u. a. (2009) verwiesen.
[16] Vgl. Deinet 2010.
[17] Vgl. Winkler 2006, S. 187.

Bildungsverständnis

nalpolitisch gewollte und gesteuerte Netzwerkverbünde zum Thema Bildung. Sie bestehen aus individuellen und institutionellen Bildungsakteuren, die – ausgehend von der Perspektive der lernenden Subjekte, insbesondere Kindern und Jugendlichen – formale, non-formale und informelle Bildungsorte und Lebenswelten miteinander verknüpfen und sich auf einen definierten Raum (Stadtteil, Stadt, Gemeinde, Landkreis oder Planungsregion) beziehen. Auf der Grundlage eines erweiterten Bildungsverständnisses stehen die Systeme Schule und Jugendhilfe sowie deren Kooperation in besonderer Verantwortung, wobei auch weitere für Bildung zuständige Akteure einzubinden sind, etwa aus den Bereichen Kultur, Sport und Wirtschaft. Eltern sind die zentralen Partner, wenn es um die Bildung und Erziehung junger Menschen geht. Bildungsbenachteiligte Zielgruppen finden eine besondere Berücksichtigung.[18]

In dieser Definition werden die grundlegenden Themen der kommunalen Bildungs- und Erziehungslandschaft deutlich: das Bildungsverständnis, die Kooperation und Steuerung sowie das Zusammenspiel von unterschiedlichen institutionellen und individuellen Akteuren.[19]

3.1 Bildungsverständnis

Die Erweiterung des Bildungsverständnisses über formale Bildungsprozesse hinaus auf non-formale und informelle[20], die mit dem 12. Kinder- und Jugendbericht prominent wurde[21], kann als ein Grundstein der kommunalen Bildungs- und Erziehungslandschaften bewertet werden.

Dabei sind die formalen, also geplanten und curricular organisierten, Bildungsprozesse, die non-formalen, sprich organisierten aber freiwilligen sowie die informellen, also die ungeplanten und beiläufigen, Lernprozesse für die Entwicklung von Kindern und Jugendlichen gleichermaßen bedeutsam und gleichwertig. So spielen non-formale Lernwelten wie Familie, Peers und Medien, also Orte, die nicht für Bildungszwecke eingerichtet sind, eine ähnlich wichtige Rolle wie die formalen Bildungsorte Schule, Ausbildungssystem und Hochschule. Auch in Institutionen der Kinder- und Jugendhilfe finden eine Vielzahl non-formaler und informeller Lernprozesse statt – in Kindertagesstätten, Horten, Einrichtungen der Kinder- und Jugendarbeit etc. Familien bzw. Eltern sind in

---

[18] In Anlehnung an Bleckmann/Durdel 2009, S. 12-13 sowie die Landeskooperationsstelle Schule – Jugendhilfe 2009.
[19] Zu diesen Themen finden sich im Zwischenbericht (2010) ausführliche Aufsätze.
[20] Reutlinger 2010 spricht mit Bezug auf Böhnisch und Schröer darüber hinaus von „wilder Bildung".
[21] Vgl. Bundesministerium für Familie, Senioren Frauen und Jugend 2005, S. 36f.

diesem Zusammenhang zum einen als wichtiger Bildungspartner und zum anderen als zentraler Lernort anzuerkennen, an dem alle Arten von Bildungsprozessen ablaufen – von der Erledigung der schulischen Hausaufgaben über gemeinsames Spielen oder Lesen, Museums- oder Theaterbesuche bis hin zur Beteiligung von Kindern und Jugendlichen an den Entscheidungen im familiären Alltag etc.

Auf der Grundlage dieses erweiterten Bildungsverständnisses geht es nicht nur um die Vernetzung von formaler, non-formaler und informeller Bildung und den entsprechenden Bildungsorten und Bildungsinstitutionen, sondern auch um ein lebensphasenübergreifendes Verständnis. Dieses zeigt sich in der Praxis in unterschiedlicher Akzentuierung. Als Ergebnis des Praxisforschungsprojektes lassen sich in einer ersten Differenzierung drei Verständnisse unterscheiden, die ausgehend von einem erweiterten Bildungsverständnis spezifische Aspekte von Bildungsprozessen in den Mittelpunkt stellen und sich in der Tendenz bestimmten Akteuren zuordnen lassen:

1. subjektorientierte Bildung,
2. gesellschaftsorientierte Bildung,
3. qualifikationsorientierte Bildung.

Die *subjektorientierte Bildung*: In dieser Akzentuierung gilt Bildung als sinnstiftend und wird als Selbst-, Persönlichkeits- und Lebensbildung verstanden. Dieses Verständnis entspricht der Lebensbildung, die Thiersch so beschreibt: „Im Lauf seines Lebens erwirbt [der Mensch, Anmerkung d. Verf.] sich seine Geschichte und darin sein Bild von der Welt und sich selbst".[22] Ein solches Verständnis von Bildung wird vor allem in den Handlungsfeldern der Kinder- und Jugendhilfe vertreten und spricht Bildung eine emanzipatorische Funktion zu.

Die *gesellschaftsorientierte Bildung*: hier wird Bildung als zentrale Voraussetzung für Demokratie begriffen. In dieser Akzentuierung stehen Partizipationsprozesse und die Einübung und Ermöglichung gesellschaftlicher Teilhabe im Zentrum. Bildung dient neben der Ausbildung von mündigen Bürger/innen, die zur „politische[n] Willensbildung, Interessenartikulation und Entscheidungsfindung"[23] befähigt werden, auch der gesellschaftlichen Integration. Diese Ausprägung findet sich vor allem bei Akteuren aus der kommunalen Verwaltung und Politik.

Die *qualifikationsorientierte Bildung*: Hier wird der Erwerb von Kompetenzen, Kenntnissen und formalen Zertifikaten besonders gewichtet. Eng ausgelegt geht es um Wissensvermittlung und Leistungsorientierung. Dieses Verständnis

---

[22] Thiersch 2004, S. 239.
[23] Scherr 2004, S. 167.

spielt im Rahmen von Handlungsfeldern der formalen Bildung (besonders der Schulen) aber auch kommunalpolitisch eine Rolle, wobei Bildung auch als Standortfaktor angesehen wird.

Eine zweite Differenzierung, die in der Praxis relevant wird und die institutionelle Perspektive sowie die Interessen von Institutionen zugunsten einer biografisch orientierten Perspektive in den Hintergrund treten lässt, ist die zwischen *Bildung im Tagesablauf* und *Bildung im Lebenslauf*. Nach Stern u. a.[24] lassen sich *horizontale* Bildungsprozesse (Bildung im Tagesablauf) und *vertikale* Bildungsprozesse (Bildung im Lebenslauf) unterscheiden. Über diese Differenzierung werden auch die zentralen Kooperationspartner im Rahmen der kommunalen Bildungs- und Erziehungslandschaften bestimmt, die es im Rahmen der Netzwerke einzubeziehen gilt.

Sowohl in den horizontalen als auch in den vertikalen Bildungsprozessen spielen die Eltern bzw. Familien von jungen Menschen eine bedeutsame Rolle. Im Tagesablauf sind sie ein zentraler Akteur, der Bildungsprozesse bewusst aber auch unbewusst initiiert und begleitet. Im Lebenslauf sind sie zumindest für die Auswahl der frühen formalen Bildungsinstitutionen zuständig und stellen während der Übergänge zwischen den unterschiedlichen Institutionen die einzige Konstante für Kinder und Jugendliche dar. Auch deshalb ergibt sich die Notwendigkeit, Bildungs- und Erziehungslandschaften in Kooperation mit Eltern und Familien aufzubauen, zu gestalten und diese als Bildungspartner zu gewinnen. Das beinhaltet auch, Bildungsprozesse bei den Eltern anzustoßen, auch mit Blick auf ihre Rolle als Erziehende.

3.2 Vernetzung, Kooperation und Steuerung

„Immer gewünscht, selten praktiziert und oftmals ohne Erfolg, so könnte man die bisherige Praxis der Kooperation und Vernetzung von Institutionen in aller Kürze bilanzieren."[25] Van Santen und Seckinger verweisen pointiert darauf, dass die Herausforderungen, Probleme und Hindernisse für interinstitutionelle Vernetzungen nicht neu sind. Die neue Qualität der Herausforderungen liegt in den ambitionierten Zielen der umfassenden Vernetzung und Kooperation in kommunalen Bildungs- und Erziehungslandschaften: Das erweiterte Bildungsverständ-

---

[24] Stern u. a. (2008, S. 10) sprechen von horizontaler und vertikaler Vernetzung und beziehen sich damit auf die Kooperationspartner/innen. Zum einen geht es um die Zusammenarbeit von „aufnehmenden und abgebenden Bildungseinrichtungen" (vertikal), zum anderen um die Kooperation von Einrichtungen, die Kinder und Jugendliche „über den Tag" begleiten (horizontal).
[25] Santen/Seckinger 2005, S. 204.

nis – der Dreiklang von Bildung, Erziehung und Betreuung – soll auch durch neue Strukturen, Formen und Inhalte interinstitutioneller Vernetzung und Kooperation erreicht werden. Dieses überaus komplexe Thema ist im Zwischenbericht mit unterschiedlichen theoretischen Zugängen vertieft worden[26].

An dieser Stelle lässt sich festhalten, dass sich eine Vielfalt an innovativen Konzepten und Entwicklungsstrategien finden lässt, die große Potenziale für eine funktionierende Netzwerkstruktur im Bildungsbereich eröffnen. Grob typisiert lassen sich zwei Ansätze der Initiierung und Steuerung von Vernetzungs- und Kooperationsstrukturen identifizieren[27].

Auf der einen Seite das sogenannte *Campus Modell* oder die *schulzentrierte kommunale Bildungs- und Erziehungslandschaft*. Dort ist die Schule der mächtige Akteur, der die Vernetzungen und Kooperationen entsprechend der spezifischen schulischen Anforderungen entwickelt und steuert. In diesem Ansatz spielen Themen wie Schulentwicklung, der Ausbau des Ganztagsangebotes und auch die Öffnung der Schule in den Sozialraum die zentrale Rolle. Kennzeichen für diese Vernetzungsstruktur ist das Selbstverständnis der Schule(n) als zentrale Bildungsakteure und treibende Kraft in den Kooperationssystemen. Ausgehend von ihrem Auftrag (Gestaltung formaler Bildungsprozesse) suchen sie sich in dieser Entwicklungsvariante die Institutionen, die sich den von den Schulen definierten Herausforderungen stellen.

Hier kann festgestellt werden, dass Vernetzungsstrukturen in organischen Prozessen etabliert werden. Themen, Fragestellungen, Probleme und Ziele werden aus den konkreten Erfordernissen der Bildungs- und Erziehungslandschaft (hier aus der Perspektive der Schule) entwickelt. Diese Strukturen sind nicht selten anlassbezogen, nicht immer auf Dauer gestellt und dienen der Verfolgung von Partikularinteressen und -zielen, ohne notwendigerweise explizit mit der Absicht der Gestaltung einer kommunalen Bildungs- und Erziehungslandschaft verbunden zu werden.[28]

Auf der anderen Seite steht bei den Vernetzungs- und Kooperationserfordernissen und der Steuerung der kommunale Raum im Zentrum. Hintergrund dieser *kooperationszentrierten Entwicklungsvariante* ist ein erweitertes Verständnis der Räume und Orte, an denen Bildung stattfindet. Als zentrale Orte von Bildung werden die Kommune und der lokale Raum verstanden. Hier sind potenziell alle

---

[26] Vgl. Zwischenbericht 2010, S. 92-109 sowie S. 119-133.
[27] Für eine differenziertere Typisierung siehe Zwischenbericht 2010, S. 12-30 sowie die regionalen Bestandsaufnahmen 2009.
[28] Anzumerken ist, dass diese nicht auf Dauer gestellte Anlassbezogenheit nicht für Schulentwicklungsprozesse gilt, die im Rahmen der Länderprogramme „Selbständige Schule" und „Eigenständige Schule" initiiert werden. Diese Programme sind darauf ausgerichtet, dass langfristige Bildungs- und Erziehungslandschaften entstehen.

Bildungsakteure an der Gestaltung der Vernetzungs- und Kooperationsstrukturen beteiligt. In diesem Selbstverständnis werden ausgefeilte Gremienstrukturen etabliert und die Vernetzungsprozesse von Beginn an auf breiter Basis in der Kommune – sowohl auf Verwaltungsebene als auch auf Ebene der Kommunalpolitik – unterstützt und vorangetrieben. Eine der Herausforderungen besteht darin, eine Identifikation mit dem Netzwerk herzustellen und arbeitsfähige Strukturen zu etablieren, mit Hilfe derer konkrete Maßnahmen und Projekte entwickelt und umgesetzt werden können.

Die kooperationszentrierte Entwicklungsvariante verdeutlicht die übergreifende Verantwortung von Jugendhilfe und Schule und bezieht relevante Akteure aus beiden Systemen aktiv ein, wobei eine möglichst gleichberechtigte Kooperationsbeziehung angestrebt wird.

Eine neue Zusammenarbeit aller Bildungsinstitutionen in Kommunen schließt immer auch die Klärung geeigneter Steuerungsstrukturen (siehe ausführlich Kap. 4.2) ein. Die strategische Planung der untersuchten Bildungs- und Erziehungslandschaften findet in der Regel in Form von *Steuerungsgruppen* statt. Dabei können sich die Steuerungsgruppen neu etablieren oder aber aus einer bestehenden Netzwerkgruppenarbeit herausbilden. Vielfach wird die Arbeit der Steuerungsgruppen durch zahlreiche *Netzwerk-* und *Akteurstreffen* ergänzt, in denen Entscheidungen vorbereitet, konkrete Themen bearbeitet und Projekte umgesetzt werden.

Trotz der Differenzen in den beiden Ansätzen wird deutlich, dass die Steuerung notwendigerweise überwiegend durch die Kommune (mit-)bestimmt wird. Das heißt, dass Vertreter/innen aus Politik und Verwaltung in Steuerungsgruppen mitwirken oder dass die Steuerungsgruppen direkt den kommunalen Entscheidungsträger/innen unterstellt sind. Neben solchen neu zu schaffenden Strukturen der Zusammenarbeit lassen sich auch bestehende Steuerungsgremien, etwa Arbeitsgruppen nach § 78 SGB VIII, Stadtteilrunden und Präventionsräte, strategisch in die Steuerungsarbeit einbinden. Die Relevanz einer kommunal verorteten Hauptverantwortung für eine nachhaltige Wirkung der Entwicklungsprozesse beinhaltet auch, dass die Gesamtsteuerung nicht auf einer einzelnen Institution und schon gar nicht in Verantwortung einer einzelnen Person liegen darf. Diese Einschätzung knüpft an die von Schubert[29] benannten Verantwortungsebenen an, die eine *normative, strategische und operative Verantwortung* in interinstitutionellen Kooperationszusammenhängen beinhalten. Dabei müssen die politischen Gremien in der Kommune die normative Verantwortung übernehmen und den grundsätzlichen Gestaltungsrahmen vorgeben (Rat, Ausschüsse). Die strategi-

---
[29] Vgl. Schubert 2008, S. 17.

sche Verantwortung liegt dann bei den Fachbereichen der Kommunalverwaltung (integrierte Fachdienste, ressortübergreifende Gremien). Vor Ort, d. h. dezentral in den Sozialräumen bzw. in den Einrichtungen, wird die operative Netzwerkverantwortung getragen.

Eine zweite wesentliche Unterscheidung für den Blick auf Steuerung und Vernetzung ist die zwischen *Bottom-Up-Strategien* (also von unten initiierten) und *Top-Down-Strategien* (also von der Verwaltung oder Politik initiierten), wobei letztere in der Praxis häufiger anzutreffen sind. Gleichwohl weisen die Untersuchungsergebnisse darauf hin, dass die Verknüpfung von Bottom-up-Strategien und Top-down-Strategien sinnvoll erscheint (siehe dazu auch Kap. 4.1). Gerade Bottom-up-Strategien beinhalten notwendige Klimaveränderungen in Institutionen und Netzwerken und können zu neuen Beteiligungs- und Aushandlungskulturen führen.[30] Die Erfahrungen mit Top-down-Strategien weisen dagegen auf den erforderlichen politischen Gestaltungswillen hin, der Wege für eine kommunale Koordination und Steuerung sowie für ressortübergreifende Kooperationen ebnet. Nicht zuletzt ist die Initiierung, Gestaltung und Steuerung kommunaler Bildungs- und Erziehungslandschaften auch auf Ressourcen und verlässliche Akteure innerhalb und außerhalb des politisch-administrativen Systems angewiesen. Die Entwicklungsvorhaben müssen auf drei Ebenen kontinuierlich in den vorhandenen Arbeits- und Abstimmungsgremien behandelt, abgesichert und fortgeschrieben werden:

1. auf der Ebene der lokalen Akteure als operative Ebene,
2. auf der strategischen Ebene der Fachverwaltungen,
3. auf der normativen Ebene, die die Rückendeckung durch die Kommunalpolitik sicherstellt.

Reutlinger[31] fasst die Positionen des Deutschen Vereins und des Städtetags so zusammen: „Die Kommune ist die zentrale Plattform für die Bildung junger Menschen: Sie ist der Ort, an dem schulisches, soziales und emotionales Lernen und Bilden stattfindet. Vor diesem Hintergrund gilt es, die Kommune zu stärken, sie muss die Steuerungsverantwortung für die Verzahnung der Träger, Einrichtungen und Angeboten wahrnehmen. Eine kommunale Bildungslandschaft entsteht, wenn in Federführung eines kommunalen Verantwortungsträgers alle am Prozess der Bildung, Erziehung und Betreuung beteiligten Akteure ihre Angebote miteinander verschränken und zu einem konsistenten Gesamtsystem zusammengeführt werden".

---

[30] Vgl. dazu auch Stadt Saalfeld Saale 2010.
[31] Vgl. Reutlinger 2010.

Wesentliche Eckpfeiler für den Auf- und Ausbau von kommunalen Bildungs- und Erziehungslandschaften sind daher ein kooperatives und beteiligendes Klima, eine kommunalpolitische Verantwortlichkeit und Legitimation, eine akteursübergreifende Steuerung, flexible bzw. ressortübergreifende Budgets für die Netzwerk- und Projektarbeit sowie qualifizierte Akteure. Somit gilt es, neben der Überwindung der von Luthe[32] benannten Schwächen bisheriger Modelle – begrenzte Fördermittel und Verankerung der Vorhaben außerhalb kommunaler Strukturen – eine konsequente Einbeziehung aller Hierarchieebenen an den Entscheidungs- und Umsetzungsprozessen und eine entsprechende Qualifizierung aller Akteure zu erreichen. Hierfür wird die Kombination zweier sich ergänzender Entwicklungsstrategien, das heißt ein mehrstufiges „Top-down-Bottom-up-Verfahren", vorgeschlagen.[33]

3.3 Zusammenspiel von Schule und Jugendhilfe

Schule und Jugendhilfe sind in kommunalen Bildungs- und Erziehungslandschaften zunächst Akteure neben anderen. Allerdings spielen gerade diese beiden Institutionen eine zentrale Rolle in der Vernetzung und Steuerung der kommunalen Bildungs- und Erziehungslandschaft, was sowohl in den öffentlichen und konzeptionellen Debatten als auch in der praktischen Umsetzung deutlich wird.

Das Verhältnis von Jugendhilfe und Schule ist spätestens seit PISA ein viel diskutiertes Thema. Die Fallstricke, erfolgreichen Praxen und Modelle sowie die Geschichte dieses oft als problematisch und konkurrierend beschriebenen Verhältnisses der beiden Systeme füllt alleine in zwei jüngeren Handbüchern zu deren Kooperation[34] über 2000 Seiten. Spätestens seit dem massiven Ausbau der Ganztagsschulen steht dieses Thema weit oben auf der bildungs- und jugendpolitischen Agenda, was sich neben den Fachdebatten auch in Förderprogrammen und (Praxis-)Forschungsprojekten widerspiegelt. Dabei steht – wenig verwunderlich – zumeist die Kooperation von Jugendhilfe und Schule im Rahmen der Ganztagsschule im Fokus.

Die Differenzen zwischen Schule und Jugendhilfe, die Chancen und Konflikte der Kooperation, werden insbesondere aus der Perspektive der Jugendhilfe nicht nur als Chance, Status, Anerkennung und Geld zu erhalten, sondern auch als Bedrohung für die eigene Identität und fachliche Eigenständigkeit wahrge-

---

[32] Vgl. Luthe 2009.
[33] Darauf, dass politische Führung und Partizipation zwei Seiten derselben Medaille kommunaler Demokratie sind, verweist auch die Bertelsmann-Stiftung 2008.
[34] Hartnuß/Maykus 2004 und Henschel et al. 2009.

nommen[35]: Es bestehe die Gefahr, dass „bekannte Kooperationsprobleme" im Rahmen der Ganztagsschule die fachliche Autonomie der Jugendhilfe unterlaufen, oder „gar in eine Instrumentalisierung der Jugendhilfe für die Sicherung des Ganztagsbetriebes münden könnten"[36]. Dort manifestieren sich – insbesondere in schulzentrierten Entwicklungsvorhaben – die unterschiedlichen Konfliktlinien und Berührungsängste, die in der Differenz der beiden Institutionen – fachlich-konzeptionell aber auch administrativ-organisatorisch – begründet sind.

Gleichwohl wird heute eine grundsätzliche Sinnhaftigkeit und Notwendigkeit der Kooperation unterstellt und wiederum mit Bezug auf den 12. Jugendbericht[37] auf die Chancen verwiesen, die in sozialraumorientierten Konzepten kommunaler Jugendbildung[38]d der Erweiterung der Vernetzungsstrukturen und Akteure, oder explizit der kommunalen Bildungs- und Erziehungslandschaften[39] liegen.

Als Vorteile und Potenziale von kommunalen Bildungs- und Erziehungslandschaften für die Kooperation von Schule und Jugendhilfe gerade gegenüber dem konzeptionellen Rahmen der Ganztagsschule werden insbesondere die Erweiterung der Bildungsorte sowie die sozialräumliche Orientierung als steuerungsrelevantes gemeinsames Drittes[40] genannt. Damit wird die Wahrung der Differenzen und Identitäten beider Institutionen in der Kooperation durch die Einbettung in kooperativ gestaltete kommunale Bildungs- und Erziehungslandschaften erleichtert. Diese zentrale Koordination durch die Kommune sowie gemeinsame Steuerungsgremien (etwa durch gemeinsame Sitzungen von Jugendhilfe- und Schul- bzw. Bildungsausschüssen) und die Beteiligung weiterer Akteure, auch von Eltern und den jungen Menschen selbst, wird als Chance bewertet, von einem Denken in Zuständigkeiten zu einem Denken in Verantwortlichkeiten – zu einem Gesamtkonzept von Bildung – zu kommen und sich dem Ideal der „gleichen Augenhöhe"[41] zumindest anzunähern.

Damit die Chancen der Kooperation von Jugendhilfe und Schule umgesetzt werden können, sind vor allem die Differenzen der beiden Institutionen und damit verbundenen Konkurrenzen auf unterschiedlichen Ebenen zu beachten, die eine Schwierigkeit darstellen und gleichzeitig Potentiale für die kommunale

---

[35] Vgl. exemplarisch Thiersch 2009. Gleichzeitig ist die Reaktivierung des Bildungsbegriffs als Leitbegriff bzw. theoretisch-konzeptionelle Orientierung in vielen Feldern der Sozialen Arbeit zu beobachten, wie unter anderem Thole (2009) konstatiert oder die Beiträge zu diesem Schwerpunktthema in SozialExtra (Heft 9/10 2009) unterstreichen.
[36] Maykus 2005, S.6.
[37] Bundesministerium für Familie, Senioren, Frauen und Jugend 2005.
[38] Vgl. Coelen 2003.
[39] Vgl. Ahrens 2009, auch Maykus 2005, S. 22.
[40] Vgl. dazu auch den Zwischenbericht 2010, S. 124ff.
[41] Deutscher Verein 2009, S. 10.

Bildungs- und Erziehungslandschaft bergen. Zunächst besteht eine direkte Konkurrenz zwischen Organisationen und Einrichtungen, die sich „an die gleiche Zielgruppe" richten, und „um die gleichen, knapper werdenden Zeitressourcen von Kindern und Jugendlichen" konkurrieren und „sich zunehmend (z. B. im Rahmen schulischer Projekttage) auch gleichen inhaltlichen Themenbereichen" widmen.[42] Hinzu kommen die unterschiedlichen Zuständigkeiten (Land und Kommune) für die beiden Systeme, die eine Gesamtsteuerung erschweren.[43]

Schule steht dabei als Institution und System kaum unter Druck, sich legitimieren zu müssen, da sie auf Grundlage von Art. 7 des Grundgesetzes agiert, während die Jugendhilfe[44] sich gegenüber Verwaltung und Mandatsträger/innen legitimieren und präsentieren muss. „Darüber hinaus ist der Bereich der Schulbildung gegenüber dem der Jugendhilfe personell und materiell um ein vielfaches größer. Aufgrund dessen kann man leider nicht von einer Kooperation auf gleicher Augenhöhe sprechen."[45] Es herrscht demnach ein strukturelles Machtungleichgewicht zwischen den Kooperationspartnern vor, das auch in die Bildungs- und Erziehungslandschaften hineinwirkt.

Gleichwohl betont beispielsweise Coelen, dass die unterschiedlichen und komplementären Kompetenzen und Schwächen der beiden Institutionen auch produktiv genutzt werden können, dass sie zusammengehören und verschränkt seien. Durch eine Verdeutlichung dieser komplementären Stärken und Schwächen seien Jugendarbeit und Schule aufeinander angewiesen[46].

Darin liegen die Chancen der kommunalen Bildungs- und Erziehungslandschaften. Die mit diesem Konzept verbundene Erweiterung der Bildungsorte hebt die Machtdifferenz zwischen Schule und Jugendhilfe keineswegs auf, entspricht jedoch der Forderung, „den *Orten* der außerschulischen Bildung ein[en] weitaus größere[n] Stellenwert"[47] einzuräumen. Damit und mit dem Bezug auf die Sozialraumorientierung als eine Kernkompetenz der Jugendhilfe wird deren Position gestärkt.

Zentral für ein Gelingen der Kooperation scheint zu sein, Personen mit Entscheidungskompetenzen zu benennen, die die in der Kooperation abgestimmten Inhalte und Ziele auch im jeweils „eigenen Haus" vorantreiben und umsetzen

---

[42] Sass 2006, S. 244.
[43] Vgl. dazu Luthe 2009, insbes. S. 614.
[44] Auf die Erziehungshilfen als Spezialform der Jugendhilfe wird hier nicht vertieft eingegangen. Auch hier bestehen jedoch bereits Modelle der Integration, etwa von Tagesgruppen, in die Ganztagsschule, die zu wieder anderen Konflikten führen. So wird in einer Studie zu einem Modellprojekt u. a. die Tendenz festgestellt, dass hier die Schule gewissermaßen an die Stelle der Eltern tritt und die Bedarfe der Kinder anmeldet (vgl. Möllers et al. 2010).
[45] Ahrens 2009.
[46] Vgl. Coelen 2005.
[47] Bundesministerium für Familie, Senioren, Frauen und Jugend 2005, S. 31 (Herv. d. Verf.).

können. Mit anderen Worten: es gilt, Leitungskräfte und Entscheidungsträger/innen aus den Institutionen zusammen zu bringen und gemeinsame Zielvorstellungen zu entwickeln – das gemeinsame Dritte, das eine wesentliche Gelingensbedingungen für Vernetzung, Steuerung und Kooperation zu sein scheint.

Als befördernd werden in der untersuchten Praxis sowie in anderen Studien neben dem erweiterten Bildungsverständnis oder dem Sozialraum als gemeinsames Drittes Maßnahmen und Konzepte genannt, die v. a. die Ebene der Institutionen und die der Akteure betreffen: So betont bspw. Schmitt[48], dass sich über die Rahmenvereinbarungen auf der Systemebene Kooperationsvereinbarungen zwischen einzelnen Schulen und konkreten Einrichtungen der Jugendhilfe als förderlich erwiesen haben. Darin lassen sich die komplementären Kompetenzen und unterschiedlichen Aufgaben transparent und verlässlich gestalten.

3.4 Elternbeteiligung

Die bereits mehrfach angesprochene Beteiligung von Eltern ist einer der beiden Schwerpunkte des Praxisforschungsprojektes. Ausgangspunkt für diese Schwerpunktsetzung ist die zentrale Rolle von Eltern bzw. Familien innerhalb der Bildungs- und Entwicklungsprozesse von Kindern und Jugendlichen.[49] Eltern und Familien werden auch als „die wichtigste Bildungs-, Betreuungs- und Erziehungsinstanz"[50] bezeichnet und müssen daher als „zentrale Bildungspartner"[51] in die (Weiter-)Entwicklung von kommunalen Bildungs- und Erziehungslandschaften einbezogen werden. Denn diese Entwicklung kann nur gelingen, wenn sie als kooperativer Prozess von allen an Erziehung, Bildung und Betreuung beteiligten Akteuren, Institutionen wie Personen, verstanden wird – auch von Eltern bzw. Familien.[52]

Mit dem Begriff „Eltern" sind grundsätzlich alle Erziehungsberechtigten gemeint, während der Begriff der Familie alle Familienmitglieder (einschließlich Verwandter) bezeichnet, die einen großen Einfluss auf die Bildung und Erzie-

---

[48] Vgl. Schmitt 2009, S. 518.
[49] Vgl. Deutscher Verein für Öffentliche und private Fürsorge e.V. 2007, S. 3.
[50] Bundesministerium für Familie, Senioren, Frauen und Jugend 2005, S. 341.
[51] Aachener Erklärung des Deutschen Städtetages 2007. Die Einbeziehung von Eltern wird hier als eines der Hauptmerkmale von Bildungs- und Erziehungslandschaften aufgeführt. Das Diskussionspapier des Deutschen Vereins spricht ebenfalls von Eltern als „zentralen Partnern" in kommunalen Bildungs- und Erziehungslandschaften (vgl. Deutscher Verein für Öffentliche und Private Fürsorge e.V 2007, S. 11).
[52] Vgl. Deutscher Verein für Öffentliche und Private Fürsorge e.V. 2007.

Elternbeteiligung 35

hung der Kinder haben können.[53] Im Folgenden werden in den Begriff der Eltern auch (nicht erziehungsberechtigte) soziale Mütter und Väter eingeschlossen.

Der Begriff der Elternbeteiligung verbindet „aktive und passive Aspekte von ‚sich beteiligen' und ‚beteiligt werden' ... und [umfasst] ein breites Spektrum von Partizipationsformen".[54] In diesem doppelten Sinne erscheinen Eltern zum einen als Bildungspartner, von und mit denen Bildungs- und Erziehungslandschaften partizipativ gestaltet werden. Unter Partizipation wird hier zunächst das Recht bzw. die Möglichkeit verstanden, sich an Diskussions- und Entscheidungsprozesse zu beteiligen und dabei „eigene Interessen zu entwickeln, öffentlich einzubringen, gemeinsam Lösungen zu entwickeln, sie zu begründen, zu prüfen, zu entscheiden, zu verantworten und sie zu revidieren".[55] Partizipation basiert auf einem dialogischen Prinzip, das durch den Austausch von Positionen, dem Treffen von Entscheidungen und dem Schließen von Kompromissen bestimmt wird. Beteiligung ist besonders in Kontexten von Macht notwendig (z. B. in Institutionen), also wenn Entscheidungsmöglichkeiten ungleich verteilt sind. Demnach ist Partizipation „auf den Abbau ungleicher Machtverhältnisse gerichtet und daher mit der Notwendigkeit verbunden, Macht zu teilen und Verantwortung und Kontrollrechte abzugeben".[56] Beteiligung von Eltern kann so mit Blick auf deren Einfluss auf Entscheidungsfindungen in einem Stufenmodell unterschieden werden:

Die *Mitsprache* bildet dabei die unterste Stufe und bedeutet, dass Eltern die Möglichkeit haben, ihre Meinungen, Interessen und Wünsche zu äußern. Mit anderen Worten haben Eltern das Recht angehört zu werden, nicht mehr aber auch nicht weniger.

Bei der *Mitwirkung* werden Eltern in Beratungsprozesse über zu treffende Entscheidungen einbezogen und gestalten die Ergebnisse aktiv mit, können aber nicht mitentscheiden.

Erst auf der dritten Stufe, der *Mitbestimmung* wirken Eltern gleichberechtigt an Entscheidungsprozessen mit und tragen als Mitgestalter auch Verantwortung.[57]

Darüber hinaus beinhaltet das Beteiligungsverständnis des Praxisforschungsprojektes auch Eltern als Zielgruppe von (Familienbildungs-) Angebo-

---

[53] Vgl. Gomolla 2009, S. 22. Gomolla benutzt einen erweiterten Familienbegriff und schließt auch fiktive Verwandte wie erziehungs- und beziehungsrelevante Freund/innen und Nachbar/innen mit ein.
[54] Gomolla 2009, S. 22.
[55] Sturzenhecker 2010, S. 1.
[56] http://www.familienbildung.info/extern.htm?glossar_begriffe.htm [letzter Zugriff: 30.03.2010].
[57] In Anlehnung an Schröder 1995.

ten.[58] Hier geht es vorrangig um die Fragen, wie Eltern von Institutionen erreicht werden können und umgekehrt: wie Institutionen von Eltern erreicht werden können. In diesem Kontext wird im Folgenden von sogenannten „schwer erreichbaren" Eltern gesprochen, ein Begriff, der auch in der Praxis häufig verwendet wird. Aufgrund der oft stigmatisierenden und undifferenzierten Verwendung dieses Begriffs wird er in diesem Bericht in Anführungszeichen gesetzt. Damit soll erstens deutlich gemacht werden, dass es sich dabei weder um eine homogene, identifizierbare Gruppe handelt, und zweitens, dass das „schwer erreichbar" sich ebenso auf die Erreichbarkeit der Institutionen wie auf die Erreichbarkeit der Eltern bezieht. Die Kontaktbarrieren können auf beiden Seiten liegen: Auf Seiten der Eltern bestehen sie beispielsweise aufgrund negativer Erfahrungen mit Behörden, Schulen oder Pädagog/innen, aufgrund von geringen zeitlichen Ressourcen sowie von Überforderung. Auf der anderen Seite bestehen bei Institutionen und Professionellen Schwellen, die sie schwer erreichbar machen, etwa mangelnde Wertschätzung gegenüber (bestimmten) Eltern, eigene Verhaltensunsicherheiten, Ängste sowie fehlende Kompetenzen und/oder strukturelle Barrieren, etwa zeitliche und räumliche bzw. örtliche Verfügbarkeit, mangelnde Information und Transparenz bzw. fehlende zielgruppenspezifische Strategien der Information und des Zugangs.

Dieser Aspekt der Elternbeteiligung, Eltern als Zielgruppe von Familienbildungsangeboten, wird im Folgenden in Abgrenzung zur Beteiligung im Sinne von Mitbestimmung auch als „Elternarbeit" bezeichnet.[59] Dieser Begriff hat einen Wandel durchgemacht, der eine veränderte Sicht auf (sozial-) pädagogische Arbeit widerspiegelt: stand in den 1980er Jahren noch eine belehrende Grundhaltung in der Konzeption von Elternarbeit im Vordergrund, bei der es vorrangig um die Verbesserung des elterlichen Erziehungsverhaltens ging, wird heute von Elternarbeit im Sinne partnerschaftlicher, dialogischer Kooperation gesprochen, bei der Elternwünsche und Interessen bei der Entwicklung von bedarfsgerechten Angeboten einbezogen werden müssen.[60]

---

[58] Zu diesem doppelten Aspekt von Elternbeteiligung vgl. auch Landeskooperationsstelle Schule - Jugendhilfe 2009, S. 9.
[59] Unter Elternarbeit wird grundsätzlich die Einbeziehung von Eltern „in ganz unterschiedliche Aktivitäten der sozialen Arbeit und der Bildungsarbeit für Kinder, Jugendliche und junge Erwachsene mit dem Ziel, den Erfolg der professionellen Bemühungen für alle Beteiligten zu erhöhen" (Kreft/Mielenz 2008, S. 227) bezeichnet. Kreft und Mielenz grenzen den Begriff allerdings von Familienbildungsangeboten, Erziehungsberatung etc. ab, die sich ausschließlich an Eltern bzw. Familien richten (und nicht an Kinder und Jugendliche).
[60] Eine detaillierte Beschreibung der Begriffsentwicklung von Elternarbeit liefern Bernitzke/Schlegel 2004, S. 7-11.

Elternbeteiligung

Die Formen bzw. Ebenen der Elternbeteiligung lassen sich analog zum erweiterten Bildungsbegriff darüber hinaus in formale, non-formale und informelle Elternbeteiligung unterscheiden:

Unter *formaler* Elternbeteiligung werden gesetzlich verankerte Formen und feste Mandatsträgerschaften verstanden, wie sie etwa in der Institution Schule verankert sind. Auf der Ebene der kommunalen Bildungs- und Erziehungslandschaft wird, sofern Eltern strukturell beteiligt werden, häufig auf bereits institutionalisierte Elternvertretungen von Einzelinstitutionen zurückgegriffen, die als Mitglieder zu Gremien der Bildungs- und Erziehungslandschaften eingeladen werden.

Über die Beteiligung von Elternvertretungen hinaus werden Eltern auch *non-formal*, d. h. ohne fixierte Mandatsträgerschaft beteiligt: etwa durch regelmäßige, von Eltern selbst oder von einzelnen Institutionen oder Landschaften organisierte Partizipationsmöglichkeiten (z. B. Stadtteilkonferenzen, Elterncafés oder Arbeitskreise zu bestimmten Themen).

Von diesen beiden Formen lässt sich eine dritte, die *informelle* Beteiligung, abgrenzen. Eltern beteiligen sich informell oder werden informell beteiligt, wenn die Beteiligung im Rahmen von losen Verbindungen oder punktuellen Aktionen stattfindet und nicht auf Dauer organisiert ist. Hierzu zählen sowohl informelle Elternnetzwerke, die sich punktuell treffen, Tür-und-Angel-Gespräche zwischen Eltern und Pädagog/innen, aber auch einmalige Aktionen oder Projekte, an denen sich Eltern beteiligen können, ohne sich für längere Zeiträume oder Funktionen festlegen zu müssen. Informelle Beteiligungsformen sind weniger offensichtlich als formelle und non-formale, gleichzeitig stellen sie eine zentrale Basis für strukturierte Beteiligungsmöglichkeiten dar. Darüber hinaus sind sie für die Eltern mit einer deutlich niedrigeren Zugangsschwelle verbunden, so dass hier auch „schwer erreichbare" Eltern teilnehmen können. Gleichwohl ist es bei diesen Beteiligungsformen immens wichtig, deren Zielstellung zu beleuchten: dient die informelle Einbeziehung von Eltern als „Türöffner" für weitere Beteiligung oder werden Eltern beteiligt, um Arbeiten der Institutionen zu erledigen?

Wie bei der Steuerung finden sich in der Praxis grundsätzlich zwei verschiedene Ansätze der Elternbeteiligung. Zum einen Bildungs- und Erziehungslandschaften, die einen *Bottom-up-Ansatz* in der Elternbeteiligung verfolgen. In diesem Modell werden Eltern von Anfang an in die Entwicklung der Bildungs- und Erziehungslandschaft einbezogen, so dass diese konsequent mit Beteiligung von „unten" entwickelt wird. Dabei dominieren non-formale und informelle Strukturen der Beteiligung, die weniger an Mandate gebunden sind, sondern vielmehr an das Interesse und die Bereitschaft von Eltern, sich im Rahmen des Entwicklungsvorhabens einzubringen (siehe z. B. die Stadtteilbildungskonferenz in Kap. 5.9).

Das zweite Modell, der *Top-down-Ansatz* der Elternbeteiligung greift vor allem auf formale, gesetzlich verankerte Gremien zurück (z. B. Kreiselternrat), die in die Gestaltung der Bildungs- und Erziehungslandschaft einbezogen werden. Zum Teil legen gerade diese Landschaften den Fokus stärker auf *Elternarbeit* im Sinne von Familienbildung als auf Partizipation von Eltern bei der Gestaltung.

Elternarbeit, insbesondere die Arbeit mit „schwer erreichbaren" Eltern, ist eine Herausforderung für die Landschaften und gleichzeitig ein Katalysator für echte Beteiligung, wenn sie denn gelingt. Zentrale Aspekte sind hier einerseits die systematische Vernetzung innerhalb der kommunalen Bildungs- und Erziehungslandschaften und – damit verknüpft – die Niedrigschwelligkeit (siehe auch Kap. 4.3). Hier birgt das Konzept der kommunalen Bildungs- und Erziehungslandschaft große Chancen, da etwa durch die Zusammenarbeit der verschiedenen Institutionen nicht nur voneinander gewusst wird (Verweisungswissen), sondern darüber hinaus institutionelle Schwellen durch Kooperation gesenkt werden können: beispielsweise durch die Verlagerung von bereits vorhandenen Angeboten an Orte, an denen sich Eltern aufhalten (z. B. Erziehungsberatung, die in der Kindertagesstätte stattfindet oder eine regelmäßige Sprechstunde an einer Schule, die von Jugendamtsmitarbeiter/innen abgehalten wird).

3.5 Gewaltprävention

Den zweiten Schwerpunkt des Praxisforschungsprojektes bildet die Gewaltprävention, die mit dem ersten Schwerpunkt, der Elternbeteiligung und Elternarbeit, verknüpft ist. Das Praxisforschungsprojekt schließt damit an die Fachdebatte an, die die Aufmerksamkeit auf Risiko- und Schutzfaktoren sowie auf die familiären bzw. sozialen Konstellationen in der frühen Kindheit richtet. Das heißt, dass der Fokus von Gewaltprävention verstärkt auf den Kompetenzen von Kindern und Jugendlichen liegt.[61] Darüber hinaus findet eine Verlagerung zwischen den verschiedenen Handlungsfeldern statt, etwa von der Justiz hin zur Kinder- und Jugendhilfe. So werden heute die Erziehung zur friedlichen Lösung von Konflikten und der Erwerb entsprechender Kompetenzen als Aufgabe von Familie, Kindestagesbetreuung, Angeboten der Jugendhilfe und (Grund-)Schulen betrachtet. Dahinter steht die Annahme, dass Gewalt im Kindes- und Jugendalter vorrangig durch Erziehung, Lernen und Kompetenzerwerb bewältigt werden kann. Die Orientierung an einem solchen Präventionsgedanken erfordert es, Gewaltpräven-

---

[61] Vgl. Deutsches Jugendinstitut 2006.

tion als einen „*koproduktiven Prozess*"[62] von allen an Erziehung, Bildung und Betreuung beteiligten Institutionen und Akteuren zu verstehen. Um vor allem Eltern als zentrale Säule für eine gelingende Gewaltprävention einzubinden, wird auf die Notwendigkeit „einer neu zu entwickelnden Strategie der gewaltpräventiven Elternarbeit"[63] verwiesen. In Anlehnung an diese Perspektive geht es mit den beiden Schwerpunkten des Praxisforschungsprojektes weniger um die bisher verbreitete „anlass- bzw. problemorientierte[.] Arbeit mit Eltern"[64], sondern vielmehr um die Förderung und Entwicklung „elternorientierter Strategien."[65]

Zugleich betont etwa das Deutsche Jugendinstitut den *Sozialraum* als wichtigen „*konzeptuellen und praxisrelevanten Bezugspunkt* für gewaltpräventive Strategien".[66] Es geht darum, Voraussetzungen in Sozialräumen zu schaffen, die dabei helfen, nach wie vor bestehende Barrieren zwischen Institutionen und Familien abzubauen und gemeinsame Handlungsoptionen im partnerschaftlichen Zusammenwirken mit bzw. für Eltern zu entwickeln. Auch die Enquete Kommission Prävention des Landtags Nordrhein-Westfalen spricht die große Bedeutung einer *kommunalen Vernetzung und Kooperation* an: „Ziel der kommunalen Aktivitäten muss dabei sein, die bestehenden und bewährten Unterstützungssysteme insbesondere im Bereich des Gesundheitswesens, der Jugendhilfe, des Bildungssystems, der Sozialleistungsträger, der Justiz, der Polizei und der Ordnungsbehörden sowie der eigenständigen Vereine – flächendeckend in einer Vernetzungsstruktur weiter zu entwickeln. Dies ist Voraussetzung für eine gelingende und erfolgreiche Präventionsarbeit".[67] Demnach bergen kommunale Bildungs- und Erziehungslandschaften große Chancen für eine Verbesserung der Präventionsarbeit, die als „kommunale Querschnittsaufgabe"[68] definiert wird – mit „einer sehr großen Steuerungskomplexität, die ressort- und behördenübergreifende Ansätze mit aktiver Bürgerbeteiligung einschließlich Vereins- und Verbandsstrukturen erfassen muss. Das erfordert kooperative, verlässliche und partnerschaftliche Formen der Zusammenarbeit".[69]

Bei Gewaltprävention stellt sich immer die Frage, um welche Form(en) von Gewalt es gehen soll – was soll vermieden werden? Die Spannbreite reicht von der Mikroebene (interpersonale Gewalt) bis zur Makroebene (politische bzw. politisch motivierte) Gewalt. Unter *Gewalt im sozialen Nahraum* fallen Kindes-

---

[62] Arbeitsstelle Kinder- und Jugendkriminalitätsprävention 2007, S. 299.
[63] Arbeitsstelle Kinder- und Jugendkriminalitätsprävention 2007, S. 121.
[64] Arbeitsstelle Kinder- und Jugendkriminalitätsprävention 2007, S. 121.
[65] Arbeitsstelle Kinder- und Jugendkriminalitätsprävention 2007, S. 120.
[66] Arbeitsstelle Kinder- und Jugendkriminalitätsprävention 2007, S. 138, Herv. im Orig.
[67] Landtag Nordrhein-Westfalen 2010, S. 72.
[68] Landtag Nordrhein-Westfalen 2010, S. 72.
[69] Landtag Nordrhein-Westfalen 2010, S. 72.

misshandlung, körperliche Misshandlung, Vernachlässigung, seelische/emotionale sowie sexuelle Misshandlung. Darüber hinaus wird auch die von Kindern erlebte Gewalt zwischen den Eltern beachtet, da die möglichen negativen Folgen für die soziale, seelische und kognitive Entwicklung der Kinder, die Zeugen der Partnergewalt werden, relevant sind.[70]

Neben der Gewalt im sozialen Raum spielt die *Gewalt in Institutionen und im öffentlichen Raum* eine wichtige Rolle, etwa Mobbing, Gewalt in der Schule und anderen Bildungseinrichtungen usw. Dabei geht es meist um Gewalt von Kindern und Jugendlichen, um körperlichen Zwang, physische Schädigung und Vandalismus. In diesem Kontext darf die strukturelle Gewalt, die von Institutionen ausgeht, jedoch keinesfalls vergessen werden.[71]

Prävention und Intervention sind in diesem Bereich als *breites und differenziertes System unterschiedlichster Maßnahmen und Angebote* anzulegen, die vor allem durch ihre Kombination wirksam werden. So weist Cierpka[72] auf Studien hin, die belegen, dass gerade die Kombination verschiedenster Maßnahmen und Ebenen der Intervention die Effektivität erhöht. Neben den Schutz der Kinder vor oder gegen Erwachsene (insbesondere Eltern) steht die Idee des „Empowerments"[73] die Ermächtigung, Förderung, Ermutigung, Integration von Beteiligten bzw. Betroffenen. In eine ähnliche Richtung zielt das Konzept der Resilienz: das Einbeziehen und Fördern von protektiven Faktoren, die Risikofaktoren entgegenwirken bzw. diese abschwächen und ausgleichen.[74] Im Bereich der *familienzentrierten Prävention* werden in diesem Zusammenhang vor allem Hilfen in der frühen Kindheit, Angebote der Elternbildung sowie eine kommunale Kinderschutzpolitik vorgeschlagen.[75] Cierpka schlägt auf dieser Basis eine Konzeption vor, die präventive Maßnahmen auf mehreren Ebenen definiert[76]. Durch Synergieeffekte der Wechselwirkung kann eine Kombination von Programmen (wie z. B. Elterntrainings, aufsuchende Familienarbeit, Bildungs- und Betreuungsprogramm für Kinder usw.) entsprechend der vorliegenden Programmatik in Menge, Intensität und Zeit abgestuft werden. Dabei stellt die gesteuerte Kooperation

---

[70] Vgl. Heitmeyer/Schröttle 2006, S. 35.
[71] Die strukturelle Gewalt, auch indirekte Gewalt genannt, ergibt sich nach Galtung aus gesellschaftlichen Rahmenbedingungen wie z. B. ungleichen Machtverhältnissen. Dabei wenden nicht mehr einzelne Akteure Gewalt an, sondern Gewalt resultiert aus der besonderen systemischen Struktur der Institution Schule, indem beispielsweise die Verbesserung prinzipiell möglicher Chancen bestimmter benachteiligter Schülergruppen strukturell verhindert wird (vgl. Thier 2010 sowie Brondies 2010).
[72] Vgl. Cierpka 2005.
[73] Vgl. Rappaport et al. 1984.
[74] Vgl. z. B. Bliesener 2008.
[75] Vgl. auch Landtag Nordrhein Westfalen 2010, S. 49ff mit weiteren Nachweisen.
[76] Vgl. Cierpka 2005.

Gewaltprävention

zwischen einzelnen Leistungsanbietern und Partnern ein wesentliches Qualitätskriterium dar.

Auch Gewaltprävention wird unterschiedlich definiert.[77] Die klassische Definition unterscheidet zwischen (1) der so genannten *primären Prävention*, bei der eine langfristige vorbeugende und nicht zielgruppenspezifische Arbeit im Vordergrund steht, (2) der *sekundären Prävention*, also kontext- und individuumsbezogenen Maßnahmen wie Verhaltenstrainings, Erarbeitung von Verhaltensregeln, gezielte Jugendarbeit und Schulsozialarbeit, und (3) Maßnahmen der *tertiären Prävention*, d. h. korrektiv-personale *Interventionen*, die auf Verhaltensänderungen bei Jugendlichen abzielen.[78]

Die für das Praxisforschungsprojekt ertragreichste Unterscheidung differenziert grundsätzlich zwischen *impliziter* und *expliziter* Gewaltprävention. Nach einer Definition des Deutschen Jungendinstitutes (DJI) können „als gewaltpräventiv jene Programme, Strategien, Maßnahmen bzw. Projekte bezeichnet werden, die *direkt* oder *indirekt* die Verhinderung bzw. die Reduktion von Gewalt zum Ziel haben".[79] Demnach müssen Strategien und Maßnahmen vorrangig darauf *abzielen*, Gewalt zu reduzieren, damit sie als „gewaltpräventiv" bezeichnet werden können, um der inflationären Verwendung des Begriffs entgegen zu wirken. Mit Blick auf die eingangs dargestellte Debatte, die Gewalthandeln von Kindern und Jugendlichen nur als einen und nicht als den zentralen Aspekt ihres Verhaltens ansieht, werden neben diesen *explizit* gewaltpräventiven Strategien auch *implizit* gewaltpräventive Strategien untersucht. Damit sind Maßnahmen und Strategien gemeint, die neben der Verhinderung von gewalttätigen Verhalten vorrangig darauf abzielen, die gesellschaftliche Integration und die Verbesserung der Teilhabechancen zu erhöhen.

Zu letzteren gehören auch Programme und Maßnahmen zur Stärkung der Erziehungskompetenzen von Eltern und der Erhöhung der Teilhabechancen von Kindern und Jugendlichen, die dadurch *auch* gewaltpräventiv wirken.[80] Vor dem Hintergrund impliziter Strategien wird verstärkt die Rolle von Eltern sowie eine (gewaltpräventive) Elternbeteiligung in den Fokus genommen – als Ansatz, um Risikofaktoren und Problemkonstellationen bereits in der frühen Kindheit abzubauen. Dabei wurden in dem Praxisforschungsprojekt insbesondere „schwer erreichbare", von Benachteiligungen betroffene Eltern in den Blick genommen.

---

[77] Im Fachdiskurs werden sehr unterschiedliche Differenzierungen und Definitionen von (Gewalt)Prävention diskutiert und verwendet (vgl. Schmitt 2009, S. 230ff).
[78] Vgl. Heitmeyer/Schröttle 2006, S. 220.
[79] Arbeitsstelle Kinder- und Jugendkriminalitätsprävention des DJI (2007), S. 18.
[80] Hier ist zu betonen, dass im Praxisforschungsprojekt keine umfassende Wirkungsevaluation geleistet werden kann.

Nicht zuletzt deshalb spielt auch mit Blick auf Gewaltprävention die Zusammenarbeit zwischen Institutionen, häufig der Schule, und dem Elternhaus eine wichtige Rolle. Gleichzeitig sind auch andere soziale Kontexte, insbesondere die Gleichaltrigengruppe einzubeziehen, auch wenn die Gewaltforschung sich oft auf die Schule konzentriert, für die differenzierte Strategien entwickelt worden sind, zum Beispiel nach Bereichen: (1) die schulische Lernkultur (schülerorientierter und lebensweltbezogener Unterricht), (2) das Sozialklima (Vermeidung von Desintegrationserfahrungen, Stärkung des Gruppenzusammenhalts), (3) Fort- und Weiterbildung zu Prozessen der Etikettierung und Stigmatisierung (Fallverstehen, Diagnose- und Konfliktmanagementkompetenzen von Lehrer/innen), (4) Etablierung von Regeln (klare Absprachen mit Schüler/innen) sowie (5) Kooperation mit außerschulischen Partnern (Eltern, Jugendhilfe und Öffnung der Schule zu Vereinen, Musikschulen, Unternehmen etc.).[81]

Unabhängig von einer präventiven Wirkung wird dabei ein positives Sozialverhalten von Kindern und Jugendlichen als ein Bildungswert „an sich" anerkannt. Es wird daher – wie auch bei der familienzentrierten Prävention – eine Doppelstrategie in der Gewaltprävention empfohlen, die einerseits auf Einzelmaßnahmen der expliziten Prävention (Durchführung von Projekten, curricularen Maßnahmen, Einsatz von Programmen) und andererseits auf Qualitätsentwicklung von Schule setzt, bei der Gewaltprävention zu einem inhaltlichen Kernstück der Schulentwicklungsaktivitäten gemacht wird.[82]

Dabei kommt der *Öffnung der Schule* in den Sozialraum durch die Kooperation mit Jugendhilfeträgern und weiteren außerschulischen Partnern für Präventionsansätze eine große Bedeutung zu, da entsprechende Maßnahmen nicht mehr nur schulbezogen, sondern unter Einbeziehung des Sozialraums entwickelt und umgesetzt werden können.

Hier wird der dichte Bezug zum Konzept der kommunalen Bildungs- und Erziehungslandschaft deutlich: Auch in der Gewaltprävention wird den *nonformalen und informellen Bildungsorten* zunehmend ein größeres Gewicht beigemessen.[83] So können die Gewaltproblematik institutionsübergreifend bearbeitet und implizite wie explizite Präventionsmaßnahmen in unterschiedlichen Kontexten wirksam miteinander verknüpft werden. In diesem Sinne bildet das Konzept der kommunalen Bildungs- und Erziehungslandschaft die Chance, Präventionsmaßnahmen nicht nur auf die Schule zu konzentrieren, sondern als flächendeckendes Konzept *an* und *mit* den verschiedenen Bildungsorten beziehungsweise -institutionen umzusetzen.

---

[81] Vgl. Heitmeyer/Schröttle 2006, S. 222-224.
[82] Vgl. Heitmeyer/Schröttle 2006, S. 231.
[83] Vgl. Landtag Nordrhein-Westfalen 2010, S. 63ff.

Gewaltprävention

Mit diesem Ansatz wird also die Chance verbunden, mithilfe eines kohärenten Systems der Erziehung, Bildung und Betreuung und des Zusammenwirkens von informellen, non-formalen und formalen Bildungsprozessen gerade auch Kinder und Jugendliche in benachteiligten Lebenslagen sowie deren Eltern zu unterstützen und hierüber auch gewaltpräventiv zu wirken. Unter einer personen- und strukturorientierten Perspektive geht es u. a. um die Stärkung des Rechtsbewusstseins, der sozialen Kompetenzen, die Eröffnung von Lebenschancen und den Abbau belastender Strukturen (wie Armut, psychosoziale Belastungen). Dazu gehören beispielsweise die Förderung der verschiedenen Sozialisationsinstanzen (Familie, Schule, Ausbildung und andere Bildungsorte), ein ausreichendes kommunales Freizeitangebot etc.[84] Neben diesem weiten Verständnis von Gewaltprävention wurden jedoch auch Strategien einbezogen, die explizit auf die Verhinderung bzw. Verminderung von Gewalt zielen.[85]

Zusammenfassend lässt sich für den Schwerpunkt Gewaltprävention in kommunalen Bildungs- und Erziehungslandschaften festhalten:

(1) Orte der Bildung, Erziehung und Betreuung – insbesondere Familie, Kindertagesbetreuung, Schule, Angebote und Einrichtungen der Kinder- und Jugendhilfe und der öffentliche Raum – sind Orte, an denen sich Gewalt ereignen kann und an denen Gewalt verhindert werden kann. Damit sind Bildungsorte auch Orte für Gewaltprävention.[86]

(2) Im Rahmen von kommunalen Bildungs- und Erziehungslandschaften können gewaltpräventive Angebote frühzeitig ansetzen, Eltern sowie Peer-Erfahrungen einbezogen und zu einem Kernstück von Qualitätsentwicklungsprozessen in den verschiedenen Bildungseinrichtungen (wie Kindertagesstätten, Schule und Jugendarbeit) werden, die schließlich in ein kommunales Gesamtkonzept münden.

(3) Dabei besteht die Chance, die oben beschriebenen unterschiedlichen Gewaltkontexte (Gewalt in engen sozialen Beziehungen, Gewalt in Institutionen und im öffentlichen Raum) durch ineinander greifende Präventionsmaßnahmen zu bearbeiten und in ein strategisches Bündel an Präventionsmaßnahmen zu überführen. Jugendgewalt wird dadurch nicht isoliert betrachtet, sondern es wird gleichzeitig auch ein Blick auf das gewalttätige Handeln in Familien, die strukturelle Gewalt von Institutionen und das gesellschaftliche Klima, in dem Gewalt stattfindet, gelenkt.

---

[84] Vgl. Lüders 1999.
[85] Vgl. Deutsches Jugendinstitut 2006.
[86] Vgl. Steffen 2010, S. 51.

4. Prinzipien und Handlungsorientierungen

4.1 Politische Legitimation

Auch wenn mit dem Konzept der Kommunalen Bildungs- und Erziehungslandschaft – wie im vorangegangenen Kapitel dargestellt – die kommunalpolitische Bildungsverantwortung konstitutiv verbunden ist, ist in der Praxis nicht unweigerlich gewährleistet, dass sich die politisch-administrativ Verantwortlichen einer Kommune den Herausforderungen stellen, die mit einem solchen Entwicklungsvorhaben notwendig verbunden sind.

Die politische Legitimation im Sinne einer aktiven Verantwortungsübernahme seitens der kommunalen politischen und administrativen Verantwortungsbereiche und -träger stellt, wie sich an mehreren Modellstandorten gezeigt hat, eine notwendige und zentrale Gelingensbedingung für die Gestaltung einer Bildungs- und Erziehungslandschaft dar. Dies betrifft gerade die Implementation und Umsetzung spezifischer Schwerpunktthemen, wie Elternbeteiligung und Gewaltprävention. Politische Gremien in der Stadt oder dem Landkreis sollen (und müssen) dabei insbesondere normative Verantwortung übernehmen und den grundsätzlichen Gestaltungsrahmen vorgeben.

Die hohe Relevanz der politischen Legitimation, die an unterschiedlichen Modellstandorten zu entwickeln war und damit einen wichtigen Bestandteil des Forschungs- und Begleitungsprozesses darstellte, wird im Folgenden auf Basis dieser Erfahrungen begründet und systematisiert.

Im Feld lassen sich mit Top-down und Bottom-up idealtypisch zwei Strategien der Initiierung sowie des Auf- und Ausbaus einer kommunalen Bildungs- und Erziehungslandschaft unterscheiden. In den untersuchten Top-down-Prozessen geht die Initiative zur (Weiter-) Entwicklung der Bildungs- und Erziehungslandschaft maßgeblich von den politischen und administrativen Entscheidungsträgern aus bzw. ist mit einem parallel initiierten Bottom-up-Prozess verzahnt. In dieser Verzahnung wird der erforderliche politische Gestaltungswille sichtbar und wirkmächtig. Dieser Gestaltungswille ebnet die Wege für eine kommunale Koordination und Steuerung sowie für ressortübergreifende Kooperationen, deren Grundlage die Identifizierung, Auswahl und Motivierung verlässlicher Partner und Akteure innerhalb und außerhalb des politisch-administrativen Systems ist.

Dabei bilden folgende Leitlinien die Grundlagen des Handelns: Bildung, Betreuung und Erziehung werden als gleichwertige und gleichzeitige Ebenen von Bildungs- und Erziehungsprozessen betrachtet. Um die mit diesen Leitlinien verbundenen Ziele zu erreichen, ist eine (formale) Integration von formalen, nonformalen und informellen Bildungsakteuren auf administrativer und operativer Ebene erforderlich. Dies beinhaltet einerseits die Zusammenführung unterschiedlicher Abteilungen in der Administration und andererseits den Aufbau tragfähiger Kooperationen und Netzwerke. Bildung ist ein Standortfaktor und Bildungspolitik dient der Standortsicherung. Ausgehend von diesen Prämissen, nehmen die Kommunen ihre Bildungsverantwortung offensiv wahr.

In diesem Praxisforschungsprojekt sind beide Schwerpunktthemen (Elternbeteiligung und Gewaltprävention) Querschnittsthemen, die bei nahezu allen Netzwerkpartnern stark diskutiert werden und daher gemeinsame Entwicklungen innerhalb einer Kommune stiften und befördern können.

Mit der einvernehmlichen Formulierung von Leitlinien und der begründeten Fokussierung auf zu bearbeitende Schwerpunktthemen werden eine Selbstbindung der politischen Gremien und administrativen Verantwortungsbereiche an das Entwicklungsvorhaben und seine Fortschreibung erreicht. Diese Selbstbindung befördert die Behandlung, Absicherung und Fortschreibung der Entwicklungsvorhaben auf strategischer, normativer und operativer Ebene. Die Entwicklungsziele sind in die kommunalpolitische Gesamtentwicklung eingebettet und die Schlüssel-Institutionen und -Personen werden in die Entwicklungsprozesse eingebunden. Eine sich daraus bildende differenzierte und handlungsfähige Gremienstruktur gewährleistet die Koordination der Bildungs- und Erziehungslandschaft über alle Hierarchien und administrativen Zuständigkeiten hinweg.

Im Folgenden werden auf Basis der konkreten Prozesse in den Modellstandorten, die teilweise der Illustration dienen, Wege und Marksteine für Kommunen skizziert, in denen die Entwicklung bzw. Stärkung der politischen Legitimation ein wesentliches Thema darstellt. Es geht um grundsätzlich als notwendig identifizierte Strategien und Handlungsorientierungen, mit denen es gelingen kann, stringent auf die genannte und unabdingbare Voraussetzung der politischen Legitimation hinzuarbeiten und zu gestaltende Schlüsselprozesse zu berücksichtigen.

An den entsprechenden Modellstandorten konstituieren sich Initiativgruppen von Akteuren, die von dem Sinn des Entwicklungsvorhabens, von seinem potentiellen Mehrwert für die (Weiter-) Entwicklung der Bildungs- und Erziehungslandschaft sowie von der Relevanz der Schwerpunktthemen überzeugt sind. Diese Gewissheit erzielt im Prozess eine überzeugende Wirkung auf einzubindende und zu gewinnende Akteure auf politischer sowie administrativer Ebene.

Politische Legitimation 47

Kurz gesagt besteht die große Herausforderung darin, auf politisch-administrativer Ebene eine Legitimationsgrundlage zu schaffen, Verantwortungsübernahme herzustellen, eine Verständigung über die Leitlinien des Handelns zu ermöglichen und über die Selbstbindung der genannten Verantwortungsebenen eine Einbettung des Entwicklungsvorhabens in eine Gesamtstrategie zu gewährleisten.

4.1.1 Handlungsspielräume von Ungewissheit produktiv nutzen

Diese Herausforderung zu meistern, nimmt ein beträchtliches Maß an Zeit in Anspruch. So vergingen an einem Modellstandort von der konstituierenden Sitzung der Initiativgruppe bis zum (einstimmigen) Beschluss der Ratsversammlung zehn Monate. Ausgehend von den schnell erfolgten positiven Signalen von der Spitze der Stadtverwaltung, wurden die als notwendig identifizierten Schritte gleichzeitig und gleichwertig verfolgt und teilweise auch durchgeführt, ohne von der definitiven Zustimmung und Unterstützung der politischen Gremien ausgehen zu können.

Das bedeutet, dass sich die Akteure in der konkreten Umsetzung nicht von Friktionen im Prozess entmutigen lassen. Auch wenn notwendige grundsätzliche Entscheidungen mitunter (und aus guten Gründen) auf sich warten lassen, lassen sich in solchen Interimszeiten Handlungsspielräume trotz bestehender Ungewissheit produktiv nutzen. Kurz: Es wird getan, was in diesen Zeiträumen getan werden kann und es werden die Prozesse vorangetrieben, die (noch) keiner Zustimmung oder Entscheidung höherer Ebenen bedürfen.

4.1.2 Heterogenität: Kooperation über versäulte Zuständigkeiten hinweg

Auch eine heterogene Zusammensetzung der an den Standorten jeweils federführenden Akteure, also der Initiativ- oder der Steuerungsgruppe, stellt eine Gelingensbedingung dar. Das Konzept der kommunalen Bildungs- und Erziehungslandschaft mit den Schwerpunktthemen Elternbeteiligung und Gewaltprävention bietet die Möglichkeit für Akteure, die im Kontext von mindestens administrativ relativ versäulten Zuständigkeiten – auch wenn sich die meisten Bereiche mit Kindern, Jugendlichen, Familien und deren Lebenslagen befassen – arbeiten, die Querschnittsthemen gemeinsam zu diskutieren und mit übergreifenden Zielvorstellungen in ein Gesamtvorhaben zu bündeln.

Erst die Verdeutlichung und Diskussion unterschiedlicher Wahrnehmungen, Verständnisse und Handlungsorientierungen im Hinblick auf das Entwicklungsvorhaben ermöglicht eine multiperspektivische Betrachtung, Bewertung und Gewichtung zu befördernder Entwicklungsprozesse. Ebenso lässt es die Einsicht zu, dass einer solchen, im gesamten Feld zu erwartenden, Vielfalt mit einem offenen Konzept zu begegnen ist.

4.1.3 Das offene Konzept: klare Vorstellungen formulieren und an Weiterentwicklung beteiligen

Dieses offene Konzept zeichnet sich dadurch aus, dass darin zwar klare Vorstellungen formuliert werden, es aber gleichwohl und unbedingt zu gewährleisten ist, dass sich alle notwendig einzubindenden Akteure auf den unterschiedlichen Ebenen an der Weiterentwicklung der Bildungs- und Erziehungslandschaft nicht nur maßgeblich beteiligen können, sondern müssen.

Dies beinhaltet beispielsweise Gespräche, Sitzungen und Workshops mit den zu informierenden und zu gewinnenden Funktionsträger/innen und den für die konkrete Mitarbeit zu motivierenden Personengruppen, in denen konkrete Vorstellungen und geplante Entwicklungsschritte dargestellt werden. Diese werden jedoch nicht schlicht vermittelt, sondern durch und mit den wertvollen Hinweisen im Rahmen dieser Veranstaltungen qualifiziert. Dazu gehört auch die Bearbeitung der angesprochenen Versäulung der städtischen Strukturen, mit der unterschiedliche Perspektiven auf die konkreten Entwicklungserfordernisse der Bildungs- und Erziehungslandschaft verbunden sind. Dabei legten in diesem Praxisforschungsprojekt die Schwerpunktthemen Elternbeteiligung und Gewaltprävention einerseits begrenzend einen Rahmen für das Vorgehen fest, innerhalb dessen Aktivitäten umgesetzt werden sollten, boten aber gleichzeitig das Potenzial, die Themen im Querschnitt über die Zuständigkeiten hinweg breit zu diskutieren und anzugehen.

In einem solchen offenen Konzept, das auf klaren Vorstellungen basiert wird „Eigensinn" nicht toleriert, sondern anerkannt, respektiert und gefordert. Dies mitunter auch um den Preis, dass sich einige der in den Initiativgruppen der Modellstandorte als Kernthemen identifizierten Fragen nicht in der erwarteten Eindeutigkeit als diejenigen Themen generieren lassen, die von der Gesamtheit der beteiligten Akteure an die Spitze der Agenda gesetzt werden. So hat sich herausgestellt, dass das Schwerpunktthema Elternbeteiligung an allen Modellstandorten in den weiteren Umsetzungsschritten explizit einen großen Stellenwert einnimmt. Etwas anders verhält es sich mit dem Thema Gewaltprävention, das nicht an jedem Standort explizit und stringent verhandelt wird, sondern eher über Themen markiert wird, mit denen Gewaltprävention implizit und konstitutiv vermacht ist.

Politische Legitimation

4.1.4 Vom Mehrwert überzeugen und Perspektiven konkret erfahrbar machen

In den Initiativgruppen der Modellstandorte kann erprobt und erfahrbar gemacht werden, was z. B. eine Kooperation über versäulte Zuständigkeiten hinweg auszeichnet. Dieses Exemplarische kann seine überzeugende Wirkung in der Weiterentwicklung kooperativer Strukturen entfalten. Dies deshalb, weil immer beachtet wird, dass mögliche und produktive Perspektiven einer qualifizierten und mit konkreten gemeinsamen Zielen verbundenen Kooperation erfahrbar zu machen sind. Das Unwägbare wird vorstellbar und erstrebenswert.

Deutlich gemacht werden kann beispielsweise, dass das Vorhaben neue Erfahrungen und Impulse zur Verknüpfung von Angeboten, der Zusammenarbeit von hauptamtlichen und ehrenamtlichen Personen, von Fachkräften und Eltern sowie zur Unterstützung von benachteiligten jungen Menschen bringen wird. Auch die Möglichkeit, neue Formen der Kooperation zwischen Jugendhilfe, Schule, jungen Menschen und Eltern zu erproben und dabei nachhaltige und für die Adressat/innen hilfreiche Arbeitsstrukturen zu entwickeln, förderte die politische Willensbekundung.

Ganz konkret konnten beispielsweise Entscheidungsträger, politische Gremien und zukünftige Kooperations- und Vernetzungspartner durch eine Exkursion in eine bereits gut strukturierte und gestaltete Bildungs- und Erziehungslandschaft davon überzeugt werden (wenn sie nicht schon dieser Auffassung waren), dass die bestehende Bildungslandschaft einer Weiterentwicklung bedarf. Da dieser erwünschte und erwartete Mehrwert – je nach Funktion, Perspektive, Anliegen etc. – durchaus differierte, wurden die mehrdimensionalen und vielschichtigen Potenziale einer Weiterentwicklung markiert und in die Überzeugungsarbeit integriert.

4.1.5 Top-down oder Bottom-up? Nicht entweder-oder sondern sowohl-als-auch

Insgesamt handelte es sich bei den untersuchten und begleiteten Modellstandorten, bei denen die politische Legitimation gestiftet und/oder verstärkt werden musste, weder um reine Top-down-Prozesse noch um reine Bottom-up-Prozesse. Vielmehr bewegten sich die (politische) Entscheidungsebene und die operative Ebene (auch innerhalb der Administration) aufeinander zu. Diese Bewegung zu sehen, zu befördern und zu unterstützen, ist eine zentrale Aufgabe der Initiativ- oder Steuerungsgruppe.

So erfolgte beispielsweise die Initiierung eines Vorhabens über die Dezernatsrunde und den Stadtvorstand in einem Top-down-Prozess – sowohl politisch als auch administrativ. Vorbereitet und maßgeblich beeinflusst wurde der Startschuss zusätzlich über die Einbindung der Bildungsplanerin, die eher auf der strategisch-operativen Ebene wirkt. Im Anschluss an die politische Willensbekundung wurde die Koordinationsstelle auf der operativen Ebene angesiedelt und damit beauftragt, in einem Bottom-up-Prozess Entwicklungsideen und Themen mit den Netzwerkpartnern im Stadtteil zu bündeln, an die normative Ebene weiterzugeben und somit den Zielfindungsprozess auf der normativen Ebene zu unterstützen.

Die aufgezeigte Vielschichtigkeit der Prozesse wurde in den Modellstandorten berücksichtigt und als Herausforderung und nicht etwa Belastung aufgefasst. Dies ist eine weitere wesentliche Gelingensbedingung. Es ist strategisch, konzeptionell und methodisch zu berücksichtigen, dass ein solcher Prozess – auch wenn Meilensteine im Vorwege markierbar sind – in der Wirklichkeit kaum statischen Charakter hat. Hier gilt es, flexibel, angemessen, ziel- und sachorientiert mit der Gleichzeitigkeit unterschiedlicher zu bewältigender Herausforderungen umzugehen und Aufgaben zu bewältigen. Ausschlaggebend ist, dass die Kommunikation mit den unterschiedlichen (hierarchischen) Ebenen, Akteuren und Beteiligten gewährleistet wird. Diese notwendige Flexibilität zeigt sich insbesondere darin, dass die initiierten und aufeinander zustrebenden Top-down- und Bottom-up-Prozesse unterstützt und miteinander verzahnt werden können.

4.2 Steuerung von Elternbeteiligung und Gewaltprävention

Über die Begleitung der Modellstandorte im Rahmen des Praxisforschungsprojekts ist deutlich geworden, dass mit der Entscheidung, eine Bildungs- und Erziehungslandschaft aufzubauen, sogleich struktureller wie inhaltlicher Klärungsbedarf auftaucht. Hinsichtlich der Struktur geht es dabei insbesondere um Fragen der Steuerung, der Koordination, der Kommunikation sowie der Umsetzungswege. Im Hinblick auf die inhaltliche Ausgestaltung war es an den Standorten notwendig zu überprüfen, wie Elternbeteiligung und Gewaltprävention als Schwerpunktthemen strukturell verankert und bearbeitet werden können. Die Klärung von Steuerungsfragen bezüglich des Gesamtkonstrukts, also der Bildungs- und Erziehungslandschaft, sowie seiner Teilprozesse, hier speziell der thematischen Ausrichtung, erwies sich als zentral für einen gelingenden Prozess. In der Begleitung der Standorte hat sich gezeigt, dass die Bearbeitung des Steuerungsthemas erforderlich ist, um eine gute Basis für die eigentliche inhaltliche Arbeit der verschiedenen Partner zu bereiten.[87]

---

[87] Vgl. Zwischenbericht 2010.

Mit eingeschlossen sind innerhalb der Steuerung auch Koordinations- und Kommunikationsaufgaben, jedoch erscheint es angemessen, diese der Steuerungsaufgabe unterzuordnen und zusammen zu bearbeiten. Im Folgenden sollen nun Fragen der Steuerung im Rahmen kommunaler Bildungs- und Erziehungslandschaften gebündelt werden. Der besondere Fokus liegt dabei auf der Steuerung von Gewaltprävention und Elternbeteiligung. Um diese Fragen behandeln zu können, ist es jedoch zunächst notwendig, den Steuerungsbegriff grundsätzlich zu betrachten und die Potenziale innerhalb des Konstrukts kommunaler Bildungs- und Erziehungslandschaften zu beleuchten.

4.2.1 Was bedeutet steuern?

Der Begriff der Steuerung beschreibt den Prozess, bei dem ein Vorhaben in eine bestimmte Richtung gelenkt wird. Diese Richtung wird bestimmt von den dem Vorhaben zugrunde liegenden Zielen. Oftmals werden im Zusammenhang mit der Steuerung von Personal, Prozessen und Aufgaben eher die Begriffe leiten oder führen verwendet. Im Zusammenhang mit Bildungs- und Erziehungslandschaften erscheinen diese Begrifflichkeiten jedoch nicht angemessen, weil sie eher den klassischen Hierarchiestrukturen in Einzelinstitutionen zuzuordnen sind, welche so im Netzwerk nicht unbedingt existieren. Aus diesem Grund wird im Folgenden der Begriff der Steuerung verwendet, unter der Berücksichtigung, dass auch hier ein Gebilde zusammengehalten und auf ein bestimmtes Ziel hin bewegt werden soll. Folgende inhaltliche Beschreibung des Begriffs bietet sich für die Verwendung im Rahmen von kommunalen Bildungs- und Erziehungslandschaften an: „Der Begriff der *Steuerung* ist prozessorientiert. [...] Die zentrale Steuerungsaufgabe ist es, Ziele, Umweltbedingungen, Akteurhandlungen und Gruppendynamiken, Ressourcen, strukturelle Bedingungen und Vorgehensweisen so aufeinander abzustimmen, dass das Netzwerk funktioniert und brauchbare Ergebnisse entwickelt werden."[88] Somit ist Steuerung immer am Verlauf der Zusammenarbeit zu orientieren und anzupassen sowie im Hinblick auf die Ziele abzustimmen. Es handelt sich dabei immer um einen Prozess der Entscheidung, wie und auf welches Ziel hin weitergearbeitet wird.

---

[88] Miller 2005, S. 111.

4.2.2 Was wird gesteuert?

Die Steuerung des Gesamtkonstrukts einer Bildungs- und Erziehungslandschaft schließt die Steuerung von verschiedenen einzelnen Teilprozessen des Ganzen ein. So gilt es zunächst, die Vernetzung der beteiligten Akteure zu steuern, also ihr Zusammenkommen, ihre Kommunikation, ihr Zusammenarbeiten etc. Daneben geht es darum, Inhalte zu steuern, also Prioritäten in der Behandlung von Themen zu setzen und diese entsprechend zu bearbeiten, im vorliegenden Projekt die Schwerpunktthemen Elternbeteiligung und Gewaltprävention. Die aus der Beschäftigung mit Themen entwickelten Aktivitäten wie Projekte oder Angebote müssen anschließend ebenfalls gesteuert werden. Auf diesen drei Ebenen gilt es also zu entscheiden, wer wann, wo und wie zusammentrifft, sich mit welchen Inhalten auseinandersetzt und welche Aktivitäten umsetzt, um welche Ziele zu erreichen. Zuletzt braucht es für den Gesamtprozess eine überblicksartige Steuerung, welche den Rahmen für die Einzelprozesse festlegt und im Blick behält.

4.2.3 Warum wird gesteuert und muss überhaupt gesteuert werden? Warum braucht es in einer Bildungs- und Erziehungslandschaft neue Formen der Steuerung?

In einer Bildungs- und Erziehungslandschaft treffen Akteure bzw. Institutionen aufeinander, die mindestens eine große Gemeinsamkeit aufweisen, nämlich die Beschäftigung mit den Themen Bildung, Betreuung und Erziehung bzw. die Zusammenarbeit mit Kindern, Jugendlichen und Eltern. Darüber hinaus unterscheiden sich die Akteure sehr stark hinsichtlich der Zuständigkeiten Institutionslogiken, Professionen und Funktionen, der Perspektiven sowie der individuellen Erfahrungen, Kompetenzen und Haltungen. Um diese in Einklang zu bringen und das Potenzial einer Bildungs- und Erziehungslandschaft auszuschöpfen, ist eine Steuerung der gemeinsamen Arbeit unerlässlich.

Die Voraussetzung für das Zusammenkommen zahlreicher Akteure sind ein gemeinsames Thema und gemeinsame Ziele und damit verbunden ein erwarteter Nutzen für die eigene Institution. Aufgabe von Steuerung ist es daher auch immer, den laufenden Prozess dahingehend zu überprüfen, ob das gemeinsame Thema bzw. die vereinbarten Ziele noch verfolgt werden, so dass sich alle Beteiligten noch in dem Vorgehen wiederfinden.

Mit dem Konstrukt der kommunalen Bildungs- und Erziehungslandschaften wird idealerweise eine neue Qualität der Vernetzung über ein gemeinsames Ziel ganz unterschiedlicher Akteure erreicht. Die Vielfalt der Akteure und Angebote innerhalb dieser neuen Form eines Netzwerks macht geeignete Steuerungsstrukturen unerlässlich, stellt aber die Beteiligten zunächst vor die Herausforderung, diese zu entwickeln und zu erproben. Von Bedeutung ist dabei, Steuerungsstrukturen in der Bildungs- und Erziehungslandschaft zu thematisieren und gemeinsam zu vereinbaren oder zumindest die festgelegten Wege aufzuzeigen, damit sie allen Mitwirkenden bekannt und bewusst sind und nicht Gegenstand von Missverständnissen oder gar Missstimmungen werden. Es geht dabei also zunächst um *Partizipation* an Steuerungsfragen und dann um ein *dialogisches Aushandeln* des Vorgehens gemeinsam mit allen Partnern, da hier keine hierarchischen Steuerungsformen wie innerhalb einer Einzelinstitution möglich sind.

4.2.4 Wer steuert?

In Bildungs- und Erziehungslandschaften, in denen wie beschrieben die Steuerung nicht in einer Hand liegt, sondern partizipativ gesteuert wird, stellt sich nicht unbedingt die Frage, wer steuert, sonder eher wer alles mitsteuert. Die Antworten darauf sind so vielfältig wie es die beteiligten Akteure sind.

Wie im vorangegangenen Kapitel (4.1) ausgeführt, ist die politische Legitimation innerhalb der Kommune unerlässlich für ein Gelingen einer Bildungs- und Erziehungslandschaft. Daher spielen Kommunalpolitik und -verwaltung, beispielsweise Bürgermeister/innen, Dezernent/innen und Amtsleiter/innen eine große Rolle bei der Steuerung des Gesamtvorhabens sowie seiner inhaltlichen Ausrichtung. Daneben ist aber eine Mitsteuerung der Fachebene erforderlich, denn bei der Auswahl und Bearbeitung von Themen sowie der Umsetzung von Zielen muss diese mit eingebunden werden.

Der Reiz sowie der Anspruch einer kommunalen Bildungs- und Erziehungslandschaft liegen darin, verschiedenste Akteure zu gemeinsamen Themen zusammenzubringen. Eine Herausforderung und eine Chance eines solchen Vorhabens ist es, neben professionellen Beteiligten auch Ehrenamtliche, beispielsweise Eltern, einzubeziehen. Wird dieses Zielvorhaben ernst genommen und ist es gelungen, ehrenamtliches Engagement im Netzwerk einzubinden und zu befördern, muss auch hier gefragt werden, wie Mitsteuerung gelebt werden kann. Es ist also zu klären, wo Möglichkeiten bestehen, Ehrenamtliche an der Steuerung zu beteiligen und Steuerung immer wieder dialogisch so zu gestalten, dass alle Beteiligten diese nachvollziehen können.

Eine Herausforderung dabei ist es, den Überblick zu behalten und die verschiedenen Prozesse zu koordinieren. Dazu bedarf es eines/r Koordinators/in, dem/der dann auch ein großer Anteil an der Gesamtsteuerung obliegt, weshalb hier die Zuständigkeiten klar geregelt sein müssen. Der/die Koordinator/in muss in der Regel mit ausreichend Ressourcen ausgestattet sein, um die Aufgabe zieldienlich erfüllen zu können. In vielen Bildungs- und Erziehungslandschaften werden Stellen für Koordinator/innen geschaffen, die zumindest über einen bestimmten Zeitraum gewährleisten sollen, dass Abstimmungen und Aktivitäten der verschiedenen Partner gut funktionieren. Dazu müssen sie über die verschiedenen Ebenen des Netzwerks agieren, an den zentralen Kooperationsprozessen beteiligt sein, Entscheidungen vorbereiten, den Impuls zu Aktivitäten geben und die Umsetzung begleiten und auswerten. Wenn das Gesamtkonstrukt und seine Teilprozesse erfolgreich gesteuert werden sollen, müssen die Verantwortlichen der Bildungs- und Erziehungslandschaft die Rolle sowie die Finanzierung der Koordination zu Beginn, auch im Hinblick auf die Nachhaltigkeit des Prozesses, klären.

4.2.5 Wie werden Themen gesteuert?

In den meisten begleiteten Bildungs- und Erziehungslandschaften wird in der Regel auf verschiedenen Ebenen, also *mehrstufig* gesteuert. Auf diesen Ebenen wiederum verläuft die Steuerung *partizipativ* über den Dialog der Beteiligten.

An den Modellstandorten des Projekts, an denen Arbeitsprozesse auf verschiedenen Strukturebenen ablaufen, sind in allen dieser Ebenen auch immer wieder Steuerungsaufgaben zu finden. So existiert zumeist eine übergeordnete Ebene in der Bildungs- und Erziehungslandschaft, auf der ein Gremium grundsätzliche und richtungsweisende Entscheidungen trifft und wie eine Art leitende Ebene fungiert. Diese steuert somit direkt (*normative Steuerung*). Darunter gibt es eine Ebene, welche die Entscheidungsfindung vorbereitet und dokumentiert und die Entscheidungsumsetzung plant und koordiniert, womit eine indirekte Steuerungsfunktion erreicht wird (*strategische Steuerung*). Auf einer weiteren Ebene werden dann die Entscheidungen inhaltlich ausgestaltet und umgesetzt. Auch auf dieser Ebene ist eine indirekte Steuerung oder Mitsteuerung notwendig, da hier die konkreten Aktivitäten festgelegt werden (*operative Steuerung*). In der Regel sind auf allen drei Steuerungsebenen Personen aus verschiedenen Institutionen, häufig auch Ehrenamtliche, vertreten, so dass jeweils ein Aushandlungsprozess von Nöten ist, also *partizipativ* gesteuert wird, um gemeinsame Ziele zu definieren und Vorhaben zu planen.

Nimmt man die Steuerung der inhaltlichen Ausrichtung in den Blick, welche für Elternbeteiligung und Gewaltprävention von zentraler Bedeutung ist, können zwei Arten der Steuerung von Themen innerhalb einer Bildungs- und Erziehungslandschaft unterschieden werden. Die thematische Auseinanderset-

Steuerung von Elternbeteiligung und Gewaltprävention

zung mit Elternbeteiligung und Gewaltprävention lässt sich entweder *explizit* oder *implizit* steuern.[89]

Eine *explizite* Steuerung ist möglich, wenn eine Bildungs- und Erziehungslandschaft sich klar für die Themen Elternbeteiligung und Gewaltprävention ausgesprochen hat und diese in der Agenda festschreiben möchte. In diesem Fall werden zum einen vorhandene Arbeitsstrukturen dahingehend überprüft, wie die Themen hier verankert werden können, beispielsweise wo es möglich ist, Eltern als Mitglieder von Gremien einzubinden oder sie auf andere Weise am Verfahren zu beteiligen bzw. in welchen bestehenden Strukturen Gewaltprävention gut bearbeitet werden kann. Zum anderen können (auch bereits unter Beteiligung von Eltern) neue Arbeitsstrukturen entwickelt werden, in denen die Bearbeitung der Themen im Mittelpunkt steht und nicht von anderen Themen überlagert wird. Dabei werden die Setzung und Bearbeitung dieser Themen explizit vorangetrieben.

Eine *implizite* Steuerung gewünschter Themen bietet sich in kommunalen Bildungs- und Erziehungslandschaften an, die am Anfang der Gestaltung stehen und bei denen unter Beteiligung verschiedener Akteure die Schwerpunktthemen erst ausgewählt werden sollen. Die Erfahrung aus der Begleitung hat gezeigt, dass dieser Prozess auch dann hilfreich sein kann, wenn die Verantwortlichen sich nicht zur Bearbeitung eines Themas entscheiden können. Dies war vereinzelt beim Thema Gewaltprävention der Fall. Dem Thema wurde zwar eine gewisse Bedeutung zugeschrieben, jedoch erschien es dringender, andere Themen in den Fokus zu rücken. Mithilfe einer impliziten Steuerung werden die Themen zunächst als einige unter vielen behandelt und die Entscheidung über ihre Bearbeitung wird innerhalb eines größeren Aushandlungsprozesses von einer breiten Basis der Bildungs- und Erziehungslandschaft getroffen. Bei dieser Form der Steuerung kann es allerdings auch passieren, dass bestimmten Inhalten keine besondere Relevanz beigemessen wird und sie nicht (prioritär) behandelt werden. Da die implizite Steuerung an den Standorten jedoch idealerweise in einen partizipativ angelegten Prozess eingebettet ist, muss die Entscheidung gegen ein Thema zugunsten eines anderen respektiert werden. Beim Thema Gewaltprävention zeigt die Erfahrung allerdings, dass selbst wenn das Thema nicht direkt als Schwerpunkt behandelt wird, innerhalb von anderen Themenfeldern doch wieder Fragen bearbeitet werden, die implizit der Gewaltprävention zuzurechnen sind.

---

[89] Bei beiden Formen ist es wichtig, zu beachten, dass Elternbeteiligung sowohl ein Thema ist als auch ein Handlungsprinzip. So kann ein Gremium sich mit dem Thema beschäftigen, in die Bearbeitung des Themas können darüber hinaus aber auch direkt Eltern einbezogen werden.

4.2.6 Explizite Steuerung von Gewaltprävention und Elternbeteiligung

Explizit steuern lassen sich gewaltpräventive Aktivitäten etwa über ein dreistufiges Verfahren auf normativer, strategischer und operativer Ebene (vgl. Abbildung 1).[90] Auf allen diesen Ebenen können Eltern sich einbringen, so dass hierüber eine Verknüpfung von Elternbeteiligung mit Gewaltprävention möglich ist.

Die Gesamtsteuerung auf *normativer* Ebene wird dabei von der Steuerungsrunde geleistet, der z. B. Vertreter/innen des Jugend- und Schulamtes, der Schulaufsicht, der Schulen und Kindertagesstätten, der freien Träger und je nach lokalen Gegebenheiten weiterer Institutionen sowie der Eltern angehören. Aufgabe dieser Steuerungsrunde ist es, den grundsätzlichen „Kurs" vorzugeben, Schwerpunktsetzungen zu vereinbaren und übergeordnete Entscheidungen zu treffen, die dann in thematischen Arbeitsgemeinschaften (z. B. AG Gewaltprävention) weiter bearbeitet werden. Umgekehrt werden aber auch Arbeitsergebnisse aus den Arbeitsgemeinschaften (AG) in die Steuerungsrunde eingebracht und dort zur Diskussion bzw. zur Abstimmung gestellt. Die AG geben Förderempfehlungen in Bezug auf Projektvorhaben ab; damit soll sichergestellt werden, dass die vorhandenen Mittel effektiv eingesetzt und die vorhandenen Ressourcen gebündelt und somit optimal genutzt werden.

Auf *strategischer* Ebene ist die AG Gewaltprävention für die inhaltliche und konzeptionelle Abstimmung und Steuerung der gewaltpräventiven Aktivitäten sowie für den Austausch der beteiligten Institutionen zuständig. Sie ist mit Vertreter/innen aus den beteiligten Institutionen, beispielsweise Schulen, Kindertagesstätten, Jugendeinrichtungen, Polizei, Elterninitiative etc, besetzt. Die Arbeitsgemeinschaft wird gegründet, um das Thema Gewaltprävention systematisch zu verankern (explizite Steuerung) und die punktuelle Arbeit an dem Thema im Verbund zugunsten einer strategischen Steuerung und eines kontinuierlichen Austausches zu überwinden. Ziel ist es, einen Überblick zu erhalten, welche gewaltpräventiven Aktivitäten im Verbund bereits umgesetzt werden, um entsprechende erfolgreiche Strategien zu identifizieren und diese dann stärker auszubauen bzw. auf andere Einrichtungen zu übertragen. Außerdem sollten bedarfsorientiert weitere Maßnahmen erprobt werden. Die AG Gewaltprävention gibt auch Impulse an die Steuerungsrunde, indem z. B. Beschlüsse für die Steuerungsrunde vorbereitet werden.

Auf *operativer* Ebene bestehen an Einzelinstitutionen, beispielsweise einer Schule, Steuerungsrunden, etwa zur Konfliktbearbeitung. An dieser regelmäßig stattfindenden Runde nehmen Vertreter/innen der unterschiedlichen Gruppen der Institution teil (etwa Lehrer/innen, Schüler/innen, Erzieher/innen, Eltern sowie

---

[90] Vgl. Koch/Schwenzer 2011.

Steuerung von Elternbeteiligung und Gewaltprävention 57

weitere externe Kooperationspartner/innen beispielsweise die Polizei), um die laufenden gewaltpräventiven Maßnahmen zu bewerten, Bedarfe und Lücken festzustellen und zukünftige Maßnahmen zu planen.

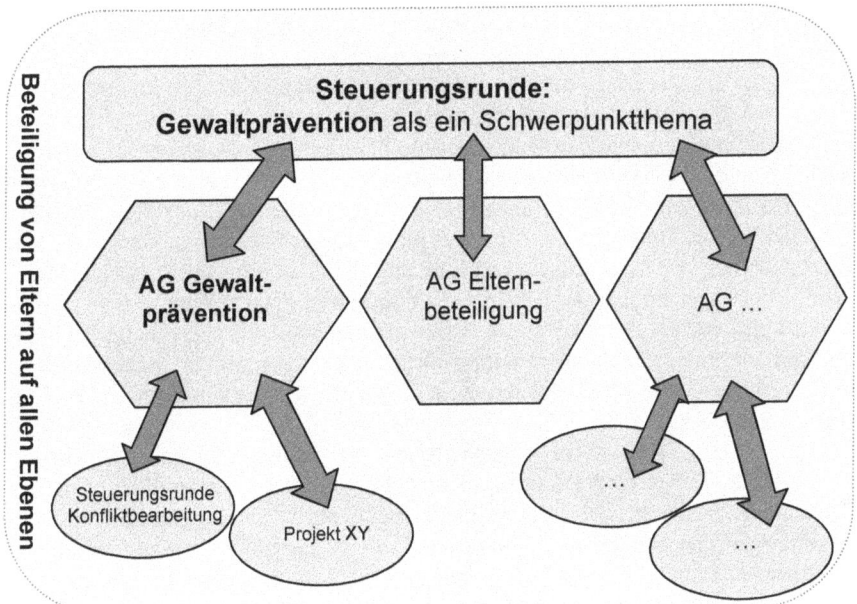

Abbildung 2: Explizite Steuerung von Gewaltprävention und Elternbeteiligung

Diese Dreiteilung der Steuerungsaufgaben bezüglich des Themas Gewaltprävention hat sich bewährt. Das Schwerpunktthema kann auf diese Weise gut und sogar in Verknüpfung mit Elternbeteiligung in den Gesamtkontext der Bildungs- und Erziehungslandschaft implementiert werden.

Darüber gelingt zudem eine strukturelle Einbindung von Eltern in die Gremienarbeit. Diese Mitarbeit in Gremien der Bildungs- und Erziehungslandschaft kann grundsätzlich unterschiedlich ausgestaltet sein. Eltern (-vertreter/innen) können feste Mitglieder von Gremien sein, die regelmäßig an Sitzungen teilnehmen und somit kontinuierlich die Elternperspektive einbringen und stärken. Die Möglichkeit, sich punktuell und thematisch an einzelnen Sitzungen zu beteiligen, ist für Eltern attraktiv, die sich nicht kontinuierlich für ein Gremium festlegen wollen oder können, gerne aber einzelne Themen mitgestalten möchten. Für eine Bildungs- und Erziehungslandschaft, die Partizipation von Eltern intensivieren möchte, ist es sinnvoll, verschiedene Formen der Beteiligung an Gremien anzubieten und somit auch Eltern mit unterschiedlichen Interessen und Beteiligungsmöglichkeiten anzusprechen.[91]

4.2.7 Implizite Steuerung von Elternbeteiligung und Gewaltprävention

Zur impliziten Steuerung der Themen Elternbeteiligung und Gewaltprävention haben sich besonders aktivierende und beteiligungsorientierte Veranstaltungen innerhalb einer kommunalen Bildungs- und Erziehungslandschaft bewährt (siehe Kap. 5.6 und 5.9). Dazu werden professionelle und ehrenamtliche Personen aus allen Institutionen, die mit Kindern und Jugendlichen sowie Eltern arbeiten, eingeladen; dementsprechend Vertreter/innen aus Kindertagesstätten, Schulen, Elternbeiräten, Sport-, Musik-, Kunst- und Umweltvereinen, Jugendzentren, Politik, Kirchen, Polizei, Fachkräfte aus den Hilfen zur Erziehung und Jugendmigrationsdiensten etc. Ziel dieser Veranstaltungen ist es, die für die Teilnehmenden zentralen Themen herauszufinden, Bedarfe, Ideen und Beispiele für bereits gut laufende Praxis zu sammeln und hieraus die zu bearbeitenden Themen zu generieren.

Zu diesem Zweck werden beispielsweise Diskussionsrunden in Anlehnung an die Methode des World Cafés in den Mittelpunkt der Veranstaltung gestellt.[92] Thematisch befassen sich die Teilnehmenden an verschiedenen Tischen mit bestimmten Übergängen im Leben von Kindern und Jugendlichen, sowohl im Hinblick auf Übergänge im Lebenslauf (z. B. Kita – Grundschule) als auch im Tagesverlauf von jungen Menschen (z. B. Schule – offene Kinder- und Jugendarbeit). Alternativ oder zusätzlich können hier auch weitere zentrale Themen, wie beispielsweise Elternbeteiligung und Gewaltprävention, vertreten sein.

Somit bietet jeder World-Café-Tisch einen Rahmen, der sich an Lebensphasen der jungen Menschen orientiert. Jede Station wird von einer Person moderiert, die Diskussionsergebnisse werden auf einer Wandzeitung festgehalten. An jedem Tisch können die Perspektiven „junger Mensch", „Eltern" und „Fachkräfte" eingenommen und aus deren Blickwinkeln Ansätze und Entwicklungsideen festgehalten werden. Innerhalb einer World-Café-Runde werden mehrfach die Tische gewechselt. Aufgabe der Moderation der einzelnen Tische ist es, die bisherige Diskussion kurz zusammenzufassen und auf Basis dieser die neue Gruppe zum Weiterdiskutieren zu bringen.

Auf diese Weise kann es gelingen, ein breites Spektrum an Themen und dazugehörige Ansätze und Ideen zu sammeln. Durch die Mehrfachnennung einzel-

---

[91] Zu (formalen, non-formalen und informellen) Formen von Elternbeteiligung sowie Hindernissen für die Beteiligung von Eltern siehe Zwischenbericht 2010.
[92] Alternativ sind auch andere methodische Formate möglich.

ner Themen über mehrere Tische hinweg oder die Betonung der Themen in der Diskussion werden verschiedene Themen sehr deutlich als zentrale Anliegen der Teilnehmenden identifiziert. Die Schwerpunktthemen Elternbeteiligung und Gewaltprävention tauchen in der Regel (in unterschiedlichem Maß) mehrfach an verschiedenen Tischen auf, womit die Setzung dieser auf die Agenda der Bildungs- und Erziehungslandschaft über den Weg der impliziten, partizipativen Steuerung noch einmal gestärkt wird.

Die über den Fachtag unter Beteiligung von ehrenamtlichen und professionellen Personen ausgewählten Themen, Ansätze und Ideen sollten anschließend in die Gremien der Bildungs- und Erziehungslandschaft einfließen. Die Umsetzung dieser kann dann wiederum in Zusammenarbeit mit den einzelnen Akteuren erfolgen. Mithilfe solcher Veranstaltungen können eine Themenauswahl für die Bildungs- und Erziehungslandschaft im partizipativen Prozess erfolgen und implizit die Setzung bestimmter Themen profiliert werden.

Die Identifikation, Auswahl und Bearbeitung von Themen lassen sich statt über eine Veranstaltung auch über einen Prozess aus mehreren Schritten bzw. aufeinander aufbauenden Veranstaltungen (vgl. Abbildung 2) erreichen. Dabei können sich Eltern am gesamten Prozess beteiligen.

1. Schritt: Zunächst werden Workshops oder Fachgespräche mit ausgewählten Schlüsselpersonen aus zentralen Bereichen wie Kindertagesstätte, Schule, Familie, Kultur, Jugendarbeit, Ausbildung, Berufsqualifizierung sowie Politik durchgeführt. Im Zentrum dieser Workshops stehen insbesondere die Interessen, Themen, Anliegen und Visionen der Teilnehmenden für die Entwicklung der Bildungs- und Erziehungslandschaft.

2. Schritt: Im Anschluss an die Workshops werden stadtteilbezogene Veranstaltungen durchgeführt. Zielgruppe sind Vertreter/innen von Institutionen aus dem Stadtteil, Eltern, interessierte Bürger/innen etc. Den Veranstaltungen können Leitideen zugrunde liegen, etwa, alle Kindern und Jugendlichen in der Stadt bestmöglich zu unterstützen, zu fördern und zu beteiligen. Für diese Aufgaben sollen Problemlösungsstrategien entwickelt werden. Um dieses in Angriff zu nehmen und die Anliegen und Kompetenzen von Eltern und jungen Menschen dabei einzubeziehen, müssen die Workshops beteiligungsorientiert durchgeführt werden. Mithilfe der Fish-bowl-Methode[93] lassen sich Zukunftsvisionen und daraus konkrete Handlungsfelder entwickeln, etwa „Elternbeteiligung" und „Gewaltprävention".

---

[93] Eine praxisorientierte Kurzbeschreibung dieser Methode (Innenkreis/Außenkreis) findet man im Internet unter http://regionale-prozesse-gestalten.de/Fishbowl.14.0.html [letzter Zugriff 30.04.2012].

3. Schritt: Nach den stadtteilbezogenen Workshops wird eine stadtübergreifende Veranstaltung organisiert. Im Fokus der Veranstaltung kann beispielsweise die „Reise durch die Bildungslandschaft" stehen, bei der die Teilnehmenden an verschiedenen Bildungsstationen ihre Vorstellungen und Wünsche aktiv einbringen. Diese Bildungsstationen beinhalten die bei den vorangegangenen Veranstaltungen identifizierten Handlungsfelder (s. o.). Auch neue Bildungsstationen können eröffnet werden. Die Teilnehmenden wählen die Stationen freiwillig und diskutieren dort Ansätze und Ideen. Die Ergebnisse werden von Moderator/innen an Stellwänden festgehalten. Zum Abschluss der Veranstaltung wird gemeinsam entschieden, welche Bildungsstationen im letzten Schritt zu Projektwerkstätten (siehe Kap. 5.7) werden, in denen Interessierte gemeinsam an den Themen weiterarbeiten.

4. Schritt: In den ausgewählten Projektwerkstätten werden daraufhin die ausgewählten Handlungsfelder bearbeitet. Die Gestaltung der einzelnen Projektwerkstätten obliegt dabei komplett den Beteiligten. Im Rahmen der konstituierenden Sitzungen werden auch Rollen und Aufgaben der kommunalen Administration formuliert. Die Arbeit an den in mehreren Schritten definierten und ausgewählten Handlungsfeldern läuft in Form dieser Werkstätten unter Hinzuziehung der kommunalen Verantwortungsträger ab.

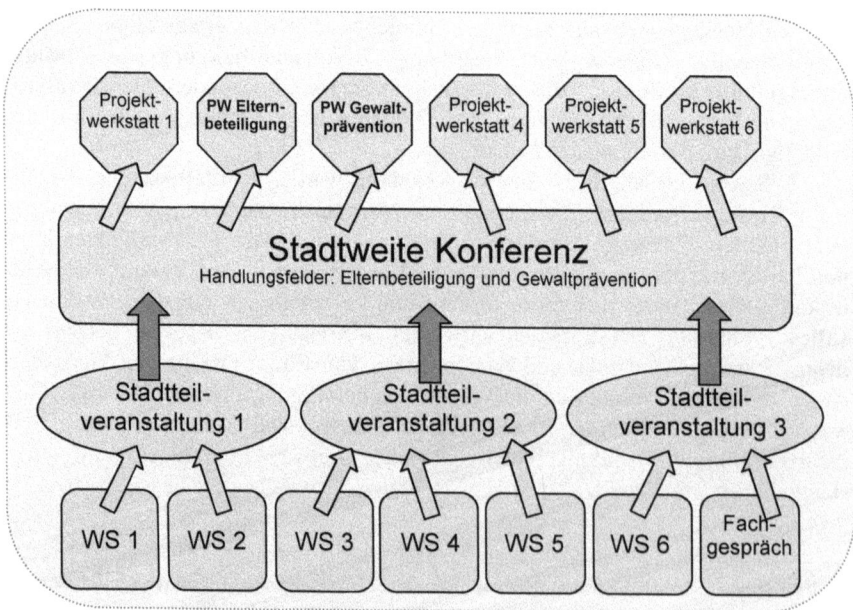

Abbildung 3: Implizite Steuerung

Erreichung und Beteiligung von Eltern   61

Über die erläuterten vier Schritte kann ein partizipatives Verfahren zur Identifikation, detaillierten Beschreibung und Auswahl von Themen geschaffen werden, welches die Einbeziehung von Akteuren aus verschiedensten Bereichen und Ebenen der Bildungs- und Erziehungslandschaft ermöglicht.

Im Praxisforschungsprojekt ist deutlich geworden, dass in kommunalen Bildungs- und Erziehungslandschaften häufig verschiedene Steuerungsformen verknüpft werden. Die zentrale Herausforderung bei den Steuerungsprozessen ist, dass die gemeinsamen Ziele im Blick behalten werden und das gemeinsame Vorgehen so gut wie möglich mit allen Beteiligten abgestimmt wird. Zu diesem Zweck wird in der Regel partizipativ und mehrstufig vorgegangen. Zur Implementation der Schwerpunktthemen bieten sich darüber hinaus explizite oder implizite Steuerungsstrategien an.

Über die Nutzung verschiedener Steuerungsformen gelingt es, das Potenzial der neuen Form der Kooperation auf kommunaler Ebene zu entfalten: Partizipation, insbesondere von Eltern, im Netzwerk zu verankern und die Themen Gewaltprävention und Elternbeteiligung sozialräumlich gemeinsam zu gestalten. Auf diese Weise können neben neuen Wegen der Kooperation dann auch alternative Strategien der Steuerung, insbesondere partizipative und mehrstufige Steuerung, implementiert werden, die sich nicht an herkömmlichen Steuerungsformen in Einzelinstitutionen orientieren, sondern über das neue Konstrukt der Bildungs- und Erziehungslandschaft erst geschaffen werden.

4.3 Erreichung und Beteiligung von Eltern

Im Rahmen des Praxisforschungsprojektes lassen sich auf Grundlage der Arbeit an den sechs Modellstandorten Handlungsprinzipien, -orientierungen und Strategien für die erfolgreiche Beteiligung von Eltern, insbesondere von „schwer erreichbaren" Eltern, zusammenfassen. Wie in Kap. 3.4 beschrieben, wird Elternbeteiligung hier in einem doppelten Sinn verstanden und umfasst sowohl die Beteiligung von Eltern als Akteure, die Bildungs- und Erziehungslandschaften mit gestalten, als auch die Einbeziehung von Eltern als Adressat/innen von Angeboten, also Elternarbeit.

Dies bedeutet, dass sich die Strategien, Prinzipien und Beispiele auf zwei unterschiedliche Ebenen beziehen: zum einen auf das Erreichen und Beteiligen von Eltern im Sinne des systematischen Einbeziehens von Elterninteressen in die Gestaltung der ganzen Bildungs- und Erziehungslandschaft oder in die Gestaltung einzelner Institutionen innerhalb derselben; zum anderen auf das Erreichen und Einbeziehen von Eltern, die als „schwer erreichbar" beschrieben werden, in konkrete Projekte und Angebote. Dieser letztgenannte Aspekt schließt in besonderer Weise an den zweiten Schwerpunkt des Praxisforschungsprojektes, die Gewaltprävention, an.

Niedrigschwelligkeit ist ein wichtiger, übergreifender Ansatz, mit dem die Beteiligung von Eltern, insbesondere der „schwer erreichbaren", in kommunalen Bildungs- und Erziehungslandschaften befördert werden kann. Auf einer noch allgemeineren Ebene geht es dabei um Lebensweltorientierung[94], eine Theorie der Sozialen Arbeit, auf die sich in diesem Kontext auch der Deutsche Verein bezieht.[95] Dies beinhaltet zentral ein positives, wertschätzendes Elternbild der Professionellen und ein elternfreundliches Klima der Institutionen.

Die hohe Bedeutung der Niedrigschwelligkeit bei der Ausgestaltung von Angeboten zeigt sich in den Konzepten und Fachdiskursen um „schwer erreichbare" Eltern. Der Begriff wird jedoch höchst unterschiedlich gefüllt und definiert (siehe auch Kap. 3.4). So sind mit „schwer erreichbaren" in der Praxis meist sehr allgemein die Eltern gemeint, denen nachgesagt wird, zu Bildungs- und Erziehungseinrichtungen eine große Distanz entwickelt zu haben bzw. zu denen pädagogische Fachkräfte und Gremien kaum geeignete Zugänge finden. Die Grenzen der Nutzung professioneller Angebote liegen jedoch keineswegs nur bei den Eltern, vielmehr werden solche Grenzen auch durch die Institutionen und ihre Mitarbeiter/innen geschaffen. Es sind also beide Seiten zu betrachten, sollen diese Grenzen überwunden oder zumindest durchlässiger werden. Dabei sind Ursachen und Wirkungen kaum klar markierbar, da sie – je nach Perspektive – zum jeweils anderen werden.[96]

Aus Perspektive der Eltern lassen sich als Hemmnisse einer motivierten, regelmäßigen und mit einer Erwartungshaltung verbundenen Nutzung von Angeboten beispielsweise negative Erfahrungen mit Institutionen oder Pädagog/innen feststellen. Diese Erfahrungen und bestehende persönliche zeitliche Ressourcen, die nicht zu den angebotenen Zeitfenstern von Institutionen passen, führen (scheinbar oder anscheinend) zu dem, was in der Fachdiskussion unter dem Schlagwort „elterliches Desinteresse" firmiert. Dies betrifft alle Ebenen – vom Gespräch mit Lehrer/innen oder Sozialarbeiter/innen bis hin zur Teilnahme an kommunalen Gremien.

Auf der Seite der professionellen Akteure zeigen sich unterschiedliche Schwellen, die sie schwer erreichbar machen: beispielsweise eine Form des

---

[94] Vgl. z. B. Grunwald/Thiersch 2004.
[95] Vgl. Deutscher Verein für öffentliche und private Fürsorge e.V. 2005.
[96] Leicht abgewandelt lässt sich ein gängiges Beispiel aus der Kommunikationspsychologie so formulieren: Eltern meiden den Kontakt zu Professionellen, weil diese ihnen immer wieder allzu deutlich machen, wie und wo sie z. B. in der Erziehung versagen. Professionelle suchen mit immer „mehr desselben" den Zugang zu Eltern, weil sie insbesondere von den Eltern, „die es doch nötig hätten", gemieden werden.

kommunikativen Zugangs und der Ansprache gegenüber (bestimmten) Eltern, die von diesen nicht als wertschätzend (weil z. B. defizitorientiert) empfunden werden. Tritt dieser Fall ein, führt dies zu Verhaltensunsicherheiten und Ängsten auf beiden Seiten. Hier geht es auf Seiten der Professionellen um die Qualifizierung ihrer sozialen und kommunikativen Kompetenzen.

Darüber hinaus können strukturelle Rahmenbedingungen, etwa die zeitliche und räumliche Erreichbarkeit und Verfügbarkeit, die Information und Transparenz sowie zielgruppenspezifische Strategien der Information, je nach Flexibilitätsgrad, Angemessenheit und konzeptioneller Stimmigkeit das Pendel aus Perspektive der Adressat/innen zu den Seiten „hilfreich" oder „nicht hilfreich", „angemessen" oder „unangemessen", „nützlich" oder „nutzlos" ausschlagen lassen.

Der Ansatz, Angebote oder Beteiligungsformen niedrigschwellig im Sinne von hilfreich, angemessen und nützlich zu gestalten, bietet sich gerade im Kontext kommunaler Bildungs- und Erziehungslandschaften an, da er primär auf Institutionen zielt. Das beinhaltet konkret deren Vernetzung und Kooperation, also die Gestaltung der Bildungs- und Erziehungslandschaft sowie ihrer Angebote. Der Blick richtet sich damit weniger auf die Eltern und die Bearbeitung tatsächlicher oder zugeschriebener individueller Defizite, sondern auf die Professionellen, die Institutionen und die Kooperationsstrukturen.

Übergreifende Basis für niedrigschwellige Strategien und Konzepte ist somit die handlungs- und veränderungsfähig machende Annahme, dass die Gestaltung vorhandener Angebote für bestimmte Zielgruppen Barrieren aufweist, die abgebaut werden müssen, damit die Angebote überhaupt in Anspruch genommen werden können.[97] In einer so zu verstehenden Lebensweltorientierung geht es darum, an soziale Zusammenhänge im Umfeld der verschiedenen Zielgruppen (hier von Eltern) anzuknüpfen, z. B. durch Aktivierung vorhandener Ressourcen oder durch entsprechende Unterstützungsleistungen. Das bedeutet, Angebote so zu gestalten, dass „sie sich inhaltlich, örtlich und zeitlich an den Lebenswelten von Familien orientieren"[98]. Dies setzt zum einen das Wissen und Verstehen dieser Lebenswelten voraus und berücksichtigt zum anderen die Heterogenität unterschiedlicher Zielgruppen und ihrer Lebenswelten.

Die Heterogenität der Eltern sowie die unterschiedlichen Ebenen, auf die sich das Praxisforschungsprojekt bezieht, verweisen auf die Notwendigkeit differenzierter Strategien und Konzepte. In diesem Zusammenhang wird auch eine Kehrseite deutlich, die konkreten Maßnahmen immanent sein kann, die Schwellen senken wollen: Was für die eine Gruppe von Eltern eine zu hohe Schwelle darstellt, ist für eine andere Gruppe möglicherweise gerade der Reiz für die Be-

---

[97] Vgl. Hartmann o.J.
[98] Deutscher Verein für öffentliche und private Fürsorge e.V. 2005.

teiligung – ein Absenken der Schwelle führt dann unter Umständen dazu, dass diese Gruppe sich nicht mehr beteiligt. Neben strukturellen Voraussetzungen und Kommunikationsgewohnheiten, etwa via Internet oder nicht (siehe unten), engagiert sich beispielsweise ein Teil der Eltern gerne auch in komplexen Planungsprozessen oder Steuerungsgruppen von Institutionen, ist jedoch an der Alltagsgestaltung und Arbeit im Elterncafé (siehe Kap. 5.15) weniger interessiert bzw. nimmt dieses Angebot nicht wahr. Diese Ambivalenz muss bei allen im folgenden diskutierten Handlungsprinzipien und Strategien mit Blick auf die konkreten Maßnahmen, die Zielgruppen und Ziele sowie auf Grundlage der spezifischen Kontexte reflektiert werden, in die diese Maßnahmen implementiert werden. Gleichzeitig können bestimmte Maßnahmen mehrere Ziele und Zielgruppen ansprechen: So können Elterncafés an Institutionen, die von Fachkräften und/oder Eltern betreut werden, sowohl der Aktivierung und Vernetzung von Eltern dienen und Orte der Mitbestimmung sein als auch Angebote zur Familienbildung bereit halten, darüber hinaus Vertrauen stiften und eine niedrigschwellige „Beratung im Nebenbei" offerieren – gerade für Menschen, die von Beratungsstellen nicht erreicht werden bzw. die Beratungsstellen nicht erreichen.

Niedrigschwellige Maßnahmen bedürfen „zu ihrer vollen Entfaltung der Verzahnung und Kooperation mit anderen Institutionen und Akteuren".[99] Eine solche Verzahnung von Angeboten und die Kooperation von Akteuren findet idealerweise im Rahmen von Bildungs- und Erziehungslandschaften statt, denn dies trifft den konzeptionellen Kern des Konzeptes. Niedrigschwelligkeit als Ansatz bzw. Prinzip in einzelnen Institutionen, aber auch in der gesamten Bildungs- und Erziehungslandschaft muss drei Ebenen berücksichtigen, wenn insbesondere „schwer erreichbare" Eltern als Partner und Mitgestalter einbezogen werden sollen: die persönliche Ebene, die fachliche Ebene und die strukturelle Ebene.[100]

Die persönliche Ebene umfasst die Haltung der Fachkräfte sowie ihre Werte und Normen: Wird Elternbeteiligung als Behinderung oder Bereicherung der eigenen Arbeit wahrgenommen? Erkennen Professionelle die Eltern als gleichberechtigte Expert/innen an? Wird der Vielfalt von Eltern wertschätzend begegnet?[101]

Die fachliche Ebene bezieht sich auf die Kompetenzen der Fachkräfte: Sind diese inhaltlich und methodisch entsprechend ausgebildet, um niedrigschwellige

---

[99] Deutscher Verein für öffentliche und private Fürsorge e.V. 2005.
[100] Vgl. Deutscher Verein für öffentliche und private Fürsorge e.V. 2005. Der Deutsche Verein bezieht die drei genannten Ebenen auf die Qualifizierung von Fachkräften, sie lassen sich aber sowohl auf Institutionen als auch auf Bildungs- und Erziehungslandschaften übertragen.
[101] Mit den Konflikten, die Partizipation für Fachkräfte birgt, hat Liane Pluto (2007) sich mit Blick auf die Hilfen zur Erziehung auseinandergesetzt und die Abwehrmuster der Professionellen treffend systematisiert.

Erreichung und Beteiligung von Eltern

Angebote umzusetzen? Folgt ihre Arbeit einem ressourcenorientierten Ansatz, der die Eltern als Subjekte[102] begreift und Selbstverantwortung, Mit- und Selbstbestimmung in den Mittelpunkt stellt?

Die strukturelle Ebene umfasst die Veränderungsprozesse in der Institution selbst: Gelingt es der Institution, sich zu öffnen und eine „Willkommenskultur" zu etablieren? Wird Beteiligung ernst genommen und hat sie reale Konsequenzen? Kooperiert die Institution aktiv mit anderen Partnern der Bildungs- und Erziehungslandschaft, um eine angemessene, hilfreiche und nützliche Verknüpfung von Angebotsstrukturen zu erzielen?

Angesichts der Notwendigkeit differenzierter Herangehensweisen wurden in den begleiteten Modellstandorten in der Regel mehrere Handlungsprinzipien und Strategien kombiniert.[103] Im Folgenden werden diese grundsätzlich und getrennt voneinander vorgestellt. Es geht um Prinzipien und Strategien, die sich für das Erreichen und die Beteiligung von Eltern an Bildungs- und Erziehungslandschaften als besonders wichtig erwiesen haben. Abschließend wird auf die bereits angesprochene notwendige Haltung der Professionellen eingegangen. Dabei ist zu betonen, dass diese Trennung allein der Systematisierung und Darstellbarkeit geschuldet ist, die Prinzipien und Orientierungen sind notwendig miteinander verschränkt und ohne eine entsprechende Haltung kaum erfolgreich umsetzbar.

4.3.1 Alltagsnähe

Zur Alltags- und Lebensweltorientierung gehört insbesondere, dass die Angebotsstrukturen am Lebensort von Familien vorhanden sind und auf ihre Bedürfnisse zugeschnitten werden. Alltagsnähe bedeutet neben dieser örtlichen Dimension auch eine ganzheitliche Orientierung der Angebote, „die den ineinander verwobenen Lebenserfahrungen und -deutungen in der Lebenswelt gerecht wird".[104]

---

[102] Die Bedeutung des Subjektstatus im Rahmen von Partizipation haben Knauer und Sturzenhecker (2005) am Beispiel der Partizipation im Jugendalter ausführlich herausgearbeitet. Im Gegensatz zu diesem Praxisforschungsprojekt, in dem Beteiligung weit gefasst wird und auch das Erreichen der Eltern sowie Elternarbeit beinhaltet, fassen Sturzenhecker und Knauer den Partizipationsbegriff begründet eng: Partizipation beginnt so verstanden erst bei der mitverantwortlichen Selbstbestimmung, die als Recht verstanden wird, das eingefordert werden kann.

[103] Konkrete Einzelmaßnahmen, die im Rahmen des Praxisforschungsprojektes zum Teil entwickelt und modifiziert und zum Teil evaluiert wurden, werden in Kapitel 5 vorgestellt.

[104] Thiersch/Grunwald/Köngeter 2005, S. 173.

Die Öffnung beispielsweise der Schulen (oder anderer Einrichtungen der Bildung und Erziehung)[105] in den Sozialraum kann zum einen in der Weiterentwicklung von Schulen zu einem Lebensort, der nicht nur Schüler/innen, sondern auch Eltern offen steht, bestehen, sie kann aber zum anderen auch die Verlagerung von schulischen Angeboten in weitere Einrichtungen der Bildung und Erziehung im Sozialraum umfassen. Dafür ist eine enge Kooperation der verschiedenen Einrichtungen mit ihren jeweiligen Kompetenzen und Systemlogiken erforderlich. Solche Öffnungen und Kooperationen haben einen doppelten Effekt: Wenn sich beispielsweise die Schule für die Bedürfnisse von Eltern öffnet oder die Schule bzw. die Lehrer/innen offene Angebote aufsuchen, werden die Schwellen für Beteiligung gesenkt: Die Eltern erhalten durch die Alltagsnähe der Angebote Unterstützung von Fachkräften, für die sie sonst z. B. Einrichtungen aufsuchen müssten, die ihnen unbekannt sind oder zu denen Berührungsängste bestehen. Die Motivation, solche Angebote überhaupt in Anspruch zu nehmen und in den Dialog mit Fachkräften zu treten, wird dadurch deutlich erhöht.

Auf diese Weise können Hemmschwellen abgebaut werden, insbesondere, „wenn eine Vielzahl von Angeboten unter einem Dach unverbindlich wahrgenommen werden kann"[106] (siehe z. B. Kap. 5.13 und 5.15). Eine breite Angebotspalette an Orten wie Elternaktivzentren oder Kinder- und Familienzentren[107] führt auch zu einer Entstigmatisierung der Besucher/innen und der Institutionen[108], da neben Beratungsangeboten z. B. gemeinsame Feste und Ausflüge, ein regelmäßiges Elternfrühstück, thematische Arbeitsgemeinschaften, aber auch Informations- und Diskussionsveranstaltungen in Kooperation mit externen Expert/innen (wie z. B. Vertreter/innen des Jugendamtes oder der Polizei) angeboten werden. Durch die Anwesenheit verschiedener Fachkräfte und Institutionen können neben generellen Bildungs- und Erziehungsfragen auch schulbezogene Probleme besprochen werden.

Zu einer alltagsnahen Gestaltung von Angeboten gehört die räumliche und zeitliche Orientierung an den Lebenswelten von Familien; die Erreichbarkeit von Angeboten ist demnach ein wichtiges Kriterium von Niedrigschwelligkeit. Dies erfordert im Idealfall eine hohe Flexibilität, da diese Orientierung die zeitlichen Bedürfnisse von Eltern unterschiedlicher Gruppen berücksichtigen muss. So

---

[105] Der exemplarische Bezug auf Schule reflektiert deren Stellung in der Praxis: Schulen sind zum einen insbesondere im Vergleich mit der Jugendhilfe der mächtigere Akteur (vgl. Zwischenbericht 2010, S. 140-148), zum anderen ist es vor dem Hintergrund des erweiterten Bildungsbegriffes zentral, dass gerade die Schulen sich verändern, auch was ihr Selbstverständnis angeht.
[106] Koch 2009, S. 142.
[107] Vgl. dazu Langhanky et al. 2004.
[108] Wird das Handlungsprinzip der Alltagsnähe in einem Elternaktivzentrum konsequent umgesetzt, kann dies beispielsweise dazu führen, dass auch weitere Bewohner/innen aus dem Umfeld der Schule dieses aufsuchen und die Schule damit eine andere Bedeutung erhält.

Erreichung und Beteiligung von Eltern 67

variiert die zeitliche Erreichbarkeit der Eltern je nach konkreter Lebenssituation stark – je nachdem, ob es sich z. B. um berufstätige oder erwerbslose Eltern handelt, oder ob es Ein-Elternfamilien sind. Veranstaltungen am Vormittag oder am frühen Nachmittag sind für berufstätige Eltern in der Regel kaum wahrnehmbar und mit entsprechend hohen Hürden verbunden, während Abendtermine für alleinerziehende Eltern nur schwer zu realisieren sind. Bei der Planung von Angeboten müssen die unterschiedlichen Lebensrealitäten von Familien bewusst reflektiert und berücksichtigt werden (auch wenn dies in der Praxis nicht immer gelingt).

Auch die Räume, die als Treffpunkt dienen oder Angebote bereithalten, müssen für die Eltern leicht zugänglich sein. Bei Projekten, die pädagogische Unterstützung und Beratung an oder in anderen Institutionen anbieten, gehört dazu beispielsweise die Einrichtung von festen Beratungssprechstunden neben der kontinuierlichen Ansprechbarkeit nach dem Prinzip der „Offenen Tür". Das bedeutet, Gesprächsbereitschaft zu signalisieren und Tür-und-Angel-Gespräche explizit in das Konzept einzubeziehen anstatt diese als Störung zu begreifen.

Um Schwellen zu senken, kann es auch sinnvoll sein, für ganz konkrete Veranstaltungen (beispielsweise eine Elternwerkstatt, bei der ein breites Spektrum von Eltern aus der gesamten Bildungs- und Erziehungslandschaft erreicht werden soll) einen Fahrdienst einzurichten, der auch Menschen aus abgelegenen Stadtteilen oder dem ländlichen Raum, die auf öffentliche Verkehrsmittel angewiesen sind, die Teilnahme erleichtert oder erst möglich macht (siehe Kap. 5.1).

In diesen Kontext gehört auch die Kombination von herkömmlichen „Komm-Strukturen", also Angeboten, bei denen Eltern beispielsweise Familienbildungsstätten und Beratungsstellen extra aufsuchen müssen, mit „Geh-Strukturen", um so eine ausdifferenzierte Angebotspalette zu schaffen (siehe auch Kap. 5.12). Unter Geh-Strukturen werden Angebotsstrukturen verstanden, die in der Lebenswelt der jeweiligen Zielgruppe angesiedelt sind und deswegen eine große Alltagsnähe aufweisen, da die Angebote dorthin verlagert werden, wo die Familien sich sowieso schon aufhalten. Dies kann unmittelbar erfolgen (z. B. durch Hausbesuche) oder auch mittelbar (z. B. durch Beratungsangebote an Schulen und Kindertagesstätten, auf Märkten und an öffentlichen Orten, in Begegnungsstätten). Als erfolgreich hat sich die Verknüpfung von mittelbaren und unmittelbaren Geh-Strukturen erwiesen, weil durch die Verschränkung dieser Angebotsformen neue Zugangsmöglichkeiten geschaffen werden. Darüber hinaus fördert die institutionelle Anbindung von Beratungsangeboten (z. B. an Schulen) sowohl die Beteiligung der als auch die Beteiligung an der jeweiligen Institution.

Die konsequente Umsetzung von Alltagsnähe von Angeboten im Rahmen einer Bildungs- und Erziehungslandschaft führt dazu, dass die engen Grenzen von Institutionen, insbesondere von Schulen, überschritten werden. Dies verändert nicht nur die Angebotsstruktur, auch die Institutionen verändern sich, wenn sie sich den unterschiedlichen Lebenswelten, Bedürfnissen und Interessen aller an der Einrichtung Beteiligten öffnen wollen. In Bezug auf Elternbeteiligung heißt dies, dass Eltern nicht nur als Adressat/innen von Angeboten in den Blick genommen werden, sondern auch als aktive Mitgestalter/innen, die entsprechende Veränderungsprozesse anstoßen können und die Einrichtung durch ihre aktive Präsenz verändern.

4.3.2 Zielgruppenspezifische Kommunikation

Zu den niedrigschwelligen Prinzipien gehört auch die Berücksichtigung der heterogenen Lebenswelten von Familien. Angesichts der pluralisierten und individualisierten Gesellschaft bedarf es vielfältiger Formen der Ansprache von und der Kommunikation mit Eltern. Niedrigschwellige Kommunikationsformen sind dabei nicht per se definiert, sondern in starkem Maße abhängig von der jeweiligen Gruppe, die erreicht werden soll: So kann beispielsweise das Internet als Kommunikationsmedium für die einen, die alltäglich in virtuellen sozialen Netzwerken kommunizieren, sehr niedrigschwellig sein, für andere jedoch mit großen Zugangsbarrieren verbunden sein. Weiterhin umfasst die zielgruppenspezifische Ansprache auch die Berücksichtigung von Sprachkompetenzen (z. B. durch die Mehrsprachigkeit von Flyern und die Übersetzung bei Veranstaltungen) und unterschiedlichen Sprachcodes (z. B. Fachsprache versus Alltagssprache, Berücksichtigung des sozialen Milieus der Eltern und der Fachkräfte).

Hierzu gehört auch die Frage einer geschlechtsspezifischen Differenzierung von Angeboten in Bildungs- und Erziehungslandschaften. Hier zeigen die Erfahrungen, dass herkömmliche Angebote überwiegend von Müttern wahrgenommen werden und Väter dagegen schwerer zu erreichen sind. Eine mögliche Antwort darauf ist die Einrichtung von speziellen Väterstammtischen oder Vätergruppen, die Väterarbeit steht jedoch in den meisten Bildungs- und Erziehungslandschaften noch ganz am Anfang.[109]

Für die Arbeit mit und die Beteiligung von Eltern ist die Herstellung einer persönlichen Beziehung und eines Vertrauensverhältnisses zwischen Fachkräften und Eltern bzw. Familien besonders wichtig. Besteht eine solche persönliche Beziehung, so kann die Ansprache auch direkt und persönlich erfolgen. Die Erfahrungen aus den Bildungs- und Erziehungslandschaften zeigen, dass es sinnvoll ist, Einladungen zu Veranstaltungen nicht nur in schriftlicher Form zu

---

[109] Vgl. Zwischenbericht 2010, S. 55f.

verschicken, sondern auch durch Gespräche oder Telefonate zu übermitteln. Gelingt es, gut vernetzte Eltern für die Mitarbeit zu gewinnen, können diese wiederum im Sinne des Schneeballprinzips andere Eltern motivieren. Dabei muss die Heterogenität von Eltern berücksichtigt werden, denn um unterschiedliche Eltern zu erreichen, bedarf es auch unterschiedlicher Schlüsselpersonen (wie z. B. Mütter und Väter).

4.3.3 Interkulturalität

Die Beteiligung von Eltern erfordert institutionelle Veränderungsprozesse, die ein Klima der Offenheit und Vielfalt an den Institutionen schaffen. Grundsätzlich ist für die Arbeit mit und die Beteiligung von migrantischen Zielgruppen eine interkulturelle Öffnung der jeweiligen Institution bzw. der gesamten Bildungs- und Erziehungslandschaft notwendig. Dazu gehören sowohl konkrete Prozesse der Organisationsentwicklung (z. B. regelmäßige Fortbildungen zu interkulturellen Themen, Verankerung von Interkulturalität im Leitbild) als auch eine entsprechende Haltung aller Beteiligten. Die Arbeit mit migrantischen Eltern muss an ihren vielfältigen Kompetenzen und Erfahrungen anknüpfen. Dazu bedarf es einer Haltung der Offenheit gegenüber Vielfalt und heterogenen Lebensentwürfen. So ist es beispielsweise von Bedeutung, dass die Mehrsprachigkeit der Eltern nicht als Hindernis betrachtet wird, sondern als eine Ressource, die wertgeschätzt wird, z. B. durch die symbolische Repräsentation der unterschiedlichen Sprachen, die an einer Institution gesprochen werden.

Darüber hinaus gehören zu einer interkulturellen Öffnung und dem Abbau entsprechender Schwellen zentral die gezielte Reflexion eigener Vorurteilsstrukturen und eine Auseinandersetzung mit Rassismus, Diskriminierung und Ausgrenzung. Dazu können beispielsweise gezielte Fortbildungen für Fachkräfte (am besten gemeinsam mit Eltern) durchgeführt werden, die Raum für solche Reflexionsprozesse schaffen. Vorurteilsbewusstes Handeln kann genau wie die Wertschätzung von Vielfalt auch im Leitbild der Institution bzw. der gesamten Bildungs- und Erziehungslandschaft festgeschrieben werden[110]. Ferner bietet die Beteiligung und Gestaltung von demokratischen Schulentwicklungsprozessen die Chance, Demokratie als Lebens- und Umgangsform zu erleben und alle an der Institution Beteiligten für undemokratische, diskriminierende und rassistische Haltungen zu sensibilisieren (siehe dazu auch Kap. 5.3).

---

[110] Bildungs- und Erziehungslandschaften, in deren Leitbild vorurteilsbewusstes Handeln festgeschrieben wurde, können große Erfolge in der Beteiligung von migrantischen Eltern aufweisen (siehe auch die Bestandsaufnahmen Region Nord, Ost und Süd 2009).

Darüber hinaus ist die Förderung des interkulturellen Verständnisses von Bedeutung. Missverständnisse zwischen migrantischen Eltern und herkunftsdeutschen Fachkräften können aufgrund von mangelndem interkulturellem Wissen und der Unkenntnis der Lebenswelt und der kulturellen Alltagspraktiken des jeweils anderen entstehen. Um dies zu systematisch zu bearbeiten, bietet sich die Initiierung von Dialogveranstaltungen mit Eltern und Fachkräften an, die gegenseitigen Respekt befördern (siehe auch Kap. 5.11).

4.3.4 Transparenz

Die Herstellung von Transparenz ist ein wichtiges Prinzip, um Barrieren abzubauen und Beteiligungsprozesse zu befördern. Sie liegt in der Verantwortung der Institutionen, die durch intransparente Strukturen für Eltern schwer erreichbar werden. Institutionen verfügen in der Regel über eine Eigenlogik, die nicht unbedingt mit den Erwartungen von Eltern an die Institution übereinstimmt. Modelle, die den Dialog zwischen Fachkräften und Eltern fördern (siehe Kap. 5.2, 5.3 und andere), können hilfreich sein, um sich diese unterschiedlichen Vorstellungen bewusst und gegenseitige Erwartungen transparent zu machen sowie um zu gemeinsamen Vereinbarungen zu kommen.

Häufig verfügen insbesondere neu hinzukommende Eltern über wenig Wissen darüber, welche unterschiedlichen Beteiligungsmöglichkeiten sie an der jeweiligen Institution haben und wie sie sich dort engagieren können. Gerade an den Übergängen zwischen den Bildungseinrichtungen ist daher eine transparente Einführung in die bestehenden Partizipationsmöglichkeiten und -angebote notwendig, die über formale und non-formale Beteiligung, über Rechte und Pflichten von Eltern sowie über die bestehenden Angebote und Kooperationen informiert.

Es kann auch notwendig sein, über die Bereitstellung von Information hinaus (z. B. durch das Erstellen und Verteilen von Info-Broschüren (s.o.)) eine gezieltere Unterstützung für Eltern anzubieten, damit sie überhaupt erst in die Lage versetzt werden, ihre Rechte und Beteiligungsmöglichkeiten wahrzunehmen. Bewährt haben sich hier beispielsweise Fortbildungen für Elternsprecher/innen an Kindertagesstätten und Schulen zur Organisation und Moderation von Elternabenden, aber auch von anderen Beteiligungsformaten, damit die Eltern befähigt werden, sich aktiver einzubringen und die Institution auch für weitere Eltern zu öffnen.

Gelingt es, Informationen über Formen und Reichweite von Beteiligung sowie Unterstützung und Empowerment für Eltern bereitzustellen, ist die Einbindung von Eltern vielfach erfolgreich. Hierbei ist zu beachten, dass sowohl die

Arbeit in den entsprechenden Beteiligungsgremien als auch die verwendete Sprache so gestaltet sein müssen, dass die Gremienarbeit für Eltern transparent und die Sprache verständlich ist.

Zur Transparenz von Beteiligungsprozessen gehört es zentral, die Arbeit und Entscheidungsprozesse von Gremien – unabhängig von der konkreten Beteiligung von Eltern – so offen und flexibel wie möglich zu gestalten. Dazu gehören z. B. niedrigschwellige Gremienarbeit jenseits von formalen Mandaten, die allen Eltern (und nicht nur formalen Mandatsträgern) offen steht, aber auch die Unterstützung der Selbstorganisation von Eltern durch Aktivierungs- und Vernetzungsprojekte. Diese kann dazu führen, dass Eltern selbst neue, offenere Beteiligungsmodelle entwickeln, wie z. B. Dialogveranstaltungen, die von Eltern für Fachkräfte und Eltern umgesetzt werden. Gerade das letztgenannte Beispiel macht deutlich, dass durch die Umkehrung von herkömmlichen Modellen und damit auch von institutionellen Hierarchien (nicht Fachkräfte planen eine Veranstaltung für Eltern, sondern Eltern planen eine Veranstaltung für Fachkräfte und weitere Eltern) neue Wege gegangen werden, die zu einem veränderten institutionellen Verständnis und damit auch zu einer veränderten Haltung der Fachkräfte beitragen können.

4.3.5 Haltung

Den beschriebenen inhaltlichen und konzeptionellen Prinzipien und Strategien liegen bestimmte Haltungen und Wertorientierungen zu Grunde bzw. sie erfordern diese. Die Öffnung von Institutionen und Netzwerken für die Beteiligung von Eltern, insbesondere von „schwer erreichbaren", ist ohne eine entsprechende Haltung der Professionellen kaum möglich. Zugespitzt formuliert ist jedweder konzeptionelle, methodische oder instrumentelle Zugang zum Scheitern verurteilt, wenn die „Haltung" nicht stimmt. So lässt sich eine wesentliche Prämisse der Lebensweltorientierung auf Elternbeteiligung in kommunalen Bildungs- und Erziehungslandschaften übertragen: „Ein partizipativer Aushandlungsprozess hängt wesentlich von der Bereitschaft der Fachkräfte ab, die Adressat/innen als Entscheidungsträger anzuerkennen und sie zur Partizipation zu befähigen."[111]

Das schmälert keinesfalls die Relevanz der bisher implizit und explizit erläuterten Kompetenzen, über die Fachkräfte verfügen sollten, um Beteiligungsprozesse initiieren und begleiten zu können (z. B. Moderationsfähigkeit, interkulturelle Kompetenz, Beratungs- und Kommunikationskompetenzen, Methoden der Ressourcenerschließung). Der spezifische Blick auf die Haltung und deren

---

[111] Hansbauer et al. 2007, S. 3.

Relevanz für die Begegnung und Interaktion zwischen Fachkräften und Eltern bezieht sich zum einen auf die Frage, wie diese Kompetenzen in der täglichen Arbeit sichtbar und authentisch zum Tragen kommen. Zum anderen berührt die Haltung ganz wesentlich die Frage, wie Institutionen und Professionelle mit den Konsequenzen von Beteiligung, vor allem dem damit verbundenen Verlust von Macht, umgehen.

Diese Auseinandersetzung der Professionellen mit ihrer eigenen Haltung steht im Zentrum, da eine gelingende Beteiligung und Aktivierung von Eltern an die Gestaltung der persönlichen Ansprache, des Kontaktes und der Begegnung gebunden ist.[112] Es sind die Fachkräfte, die die niedrigschwelligen Strukturen und Konzepte mit Leben füllen müssen. Die Öffnung der Institutionen für die Beteiligung von Eltern benötigt ein positives Beteiligungsklima von Seiten der Institution bzw. von den an der Bildungs- und Erziehungslandschaft beteiligten Akteuren. Die Offenheit, Eltern gleichberechtigt in Prozesse und Entscheidungen einzubinden, für die und mit der sich Institutionen zwangsläufig verändern, wird durch die Professionellen vermittelt.

Zu einer Haltung, die Schwellen senkt und Anliegen von Eltern wirklich ernst nimmt, gehört zunächst und vor allen Dingen ein Elternbild, das eine respektvolle Begegnung ermöglicht. Das bedeutet für die Fachkräfte, trotz ihrer Kompetenzen, ihrer Funktion und der damit verbundenen (Deutungs-)macht die Wissensdomäne der Eltern als gleichberechtigt zu begreifen und umgekehrt: Erst die Anerkennung der Eltern als „Insider", als Expert/innen für sich und ihre Situation, sowie der Professionellen als Fachexpert/innen ermöglicht eine Begegnung auf Augenhöhe. Diese gegenseitige Anerkennung bereitet den Boden für das Verständnis und für die Bereitschaft, voneinander zu lernen. Von Seiten der Fachkräfte gehört dazu, die Ansichten und Anliegen der Eltern in jeder Situation ernst zu nehmen, aber auch klar und transparent fachlich begründete Unterschiede in den Situationseinschätzungen zu kommunizieren und in dialogischen Aushandlungsprozessen Absprachen darüber zu treffen, wie welche Entwicklungsschritte bearbeitet werden und wie darüber entschieden wird. Darüber hinaus können die Benennung von tatsächlichen persönlichen und institutionellen Grenzen einerseits sowie die damit verbundene gegenseitige Anerkennung dieser Grenzen andererseits die Eltern auch vor einem Gefühl der Überforderung schützen, nämlich überall aktiv sein und/oder mitentscheiden und -gestalten zu müssen.

Diese Haltung erfordert eine Reflexion der Professionellen bezüglich ihrer eigenen Ansprüche und Ziele sowie ihrer Befürchtungen, die mit Beteiligung und Mitbestimmung von Eltern verbunden sind. Diese Anforderung ist sehr hoch

---

[112] Siehe dazu auch Zwischenbericht (2010), S. 60ff.

und kann nicht ohne die Gestaltung notwendiger Rahmenbedingungen und Strukturmerkmale verordnet werden. Sie setzt zu schaffende und strukturelle verankerte Gelegenheiten für Reflexions- und Auseinandersetzungsprozesse (etwa Fortbildungen, Supervision und kollegiale Beratung) voraus sowie – wie bereits beschrieben – Dialoge, Kompetenzen des Fremdverstehens und Wissen über den Alltag und die Lebenswelten der Eltern. Dabei geht es für die Professionellen einerseits um eine Klärung der eigenen Ansprüche – „Was will ich mit den Eltern?" – und der Reflexion der Ansprüche der Eltern – „Was wollen die Eltern möglicherweise von mir?". Es geht aber auch und vor allem um die Frage nach den eigenen Grenzen: „Wovor habe ich Angst, wenn ich Eltern beteilige und (mit)bestimmen lasse?"

Eine beteiligungsorientierte Haltung berührt ebendiese, eingangs bereits erwähnten Ängste und Abwehrmuster von Professionellen, insbesondere das Muster „Partizipation hat ihre Grenzen".[113] Dieses begründet sich primär in einem begrenzten Vertrauen in die Kompetenzen von Eltern und einer zu starken Orientierung an formalen und strukturellen Rahmenbedingungen. Beteiligungsangebote, die mit diesem Abwehrmuster behaftet sind, bestätigen leicht die Skepsis der Fachkräfte, dass die Eltern oder andere Zielgruppen den „…so offerierten Beteiligungsangeboten nicht nachkommen".[114]

Eine beteiligungsorientierte Haltung ist mit Wertschätzung und Anerkennung verbunden. Das betrifft nicht nur die konkrete Interaktion zwischen Fachkräften und Eltern, sondern auch eine strukturelle Anerkennung von Seiten der Institution. Wertschätzung und Anerkennung können in einer kommunalen Bildungs- und Erziehungslandschaft auf verschiedenen Ebenen stattfinden: auf politischer Ebene (z. B. durch Kommunalpolitiker/innen, die die Beteiligung und ehrenamtliche Arbeit würdigen), auf institutioneller Ebene durch die Professionellen oder aber durch andere Eltern im Sozialraum oder der Institution. Neben einer immateriellen Anerkennung gehört zu einer wertschätzenden Haltung auch, dass den Eltern von den Institutionen bzw. von der Bildungs- und Erziehungslandschaft Ressourcen zur Verfügung gestellt werden, wie Räume und andere Infrastruktur, aber auch Finanzen für Projekte oder Veranstaltungen.

Für die Entwicklung und Konstanz eines positiven Beteiligungsklimas in den Institutionen und der kommunalen Bildungs- und Erziehungslandschaft gilt es jedoch nicht nur die Eltern zu würdigen und anzuerkennen. Um die Grundlage für eine entsprechende Haltung der Fachkräfte zu legen, muss die Relevanz von

---

[113] Pluto 2007, S. 80. Liane Pluto hat für Partizipationsprozesse in den Hilfen zur Erziehung empirisch Abwehrmuster der Professionellen herausgearbeitet, die sich inhaltlich auf Elternbeteiligung in kommunalen Bildungs- und Erziehungslandschaften und ihren Institutionen übertragen lassen.

[114] Pluto 2007, S. 85.

Elternbeteiligung geklärt und definiert werden. Wenn Elternbeteiligung nicht als Zusatz, gewissermaßen als „Bonbon" zum Alltagsgeschäft verstanden wird, sondern offiziell beschlossener, strukturell verankerter und prioritärer Bestandteil eines institutionellen Leitbildes ist, können auch die Akteure – Fachkräfte wie Eltern – auf der oben beschriebenen Augenhöhe miteinander (inter-) agieren. Dies mindert zum einen eine weitere Abwehrstrategie der Professionellen: die Betonung der Verantwortlichkeit und Zuständigkeit, die Mitbestimmung häufig einschränkt. Zum anderen ermöglicht dies den Eltern echte Wirksamkeitserfahrungen: die eigene Beteiligung verändert etwas und es kann Einfluss genommen werden. Dies ist eine wesentliche Gelingensbedingung von Elternbeteiligung.

Dabei ist, auch das hat letztlich mit Haltung bzw. deren Ermöglichung auf Seiten der Eltern wie der Fachkräfte zu tun, auf die Ansprüche zu achten, die mit Beteiligung verbunden sind. Diese können gegenüber den Eltern, was die Erwartung an Aktivität, Engagement und Kompetenzen angeht, von der Institution oder den Fachkräften so hoch angesetzt werden, dass fast zwangsläufig Misserfolge produziert werden – dies gilt nicht nur für die „schwer erreichbaren" Eltern. Um eine zum Scheitern verurteilte Beteiligung[115] zu vermeiden, sind diese Erwartungen deshalb abzuwägen und möglichst im Dialog auszuhandeln.

Elternbeteiligung, das hat das Praxisforschungsprojekt gezeigt, benötigt Zeit, Sensibilität, Kompetenzen und nicht zuletzt Geduld mit und von allen Beteiligten.

---

[115] Vgl. auch dazu Pluto 2007, S. 102ff.

5. Instrumente und Modelle

Im folgenden Kapitel wird beschrieben, wie die Prinzipien und Handlungsorientierungen, die im vorangegangenen Kapitel erläutert wurden, in die Praxis umgesetzt werden können. Zu diesem Zweck werden Instrumente und Modelle vorgestellt, die an den sechs Modellstandorten im Rahmen der Praxisbegleitung erprobt bzw. entwickelt oder aber evaluiert wurden. Die Instrumente und Modelle werden unter der Fragestellung „Wie macht man das?" als konkrete Anleitungen mit dem Ziel, sie für andere Standorte übertragbar zu machen, formuliert. Dazu werden Kontext und Ziele sowie Bausteine und Durchführung erläutert und eine Reflexion angeschlossen bzw. ein Fazit gezogen.

Während die Standorte, an denen die Instrumente und Modelle zum Einsatz kamen, im Titel ebenso genannt werden wie die für die Begleitung und die vorliegende Dokumentation verantwortlichen Institute jeweils genannt werden, wird in der Regel in den Texten auf einen direkten Standortbezug verzichtet, um Transferpotenziale auf andere Institutionen und Akteure in Bildungs- und Erziehungslandschaften hervorzuheben. Einige Modelle sind jedoch so stark an die Voraussetzungen eines Standorts und/oder bestimmte Institutionen gebunden, dass dort ein direkter Bezug hergestellt und auf Standortspezifika verwiesen wird, da der Gewinn von Erkenntnissen sonst gemindert würde. In anderen Texten sind konkrete Praxisbeispiele oder exemplarische Ergebnisse aus den Modellstandorten, die die abstrahierte Vorgehensweise illustrieren sollen, grau hinterlegt. Weitere illustrierende oder auch nutzbare Materialien wie Fragebögen oder Leitfäden sind im Anhang verfügbar. Im Kapitel 5.15 (Das „ideale" Elterncafé) werden die Erfahrungen aus den Modellstandorten, die sich die Einrichtung bzw. Weiterentwicklung eines Elterncafés zur Aufgabe gemacht haben, idealtypisch zusammengefasst, um diese für eine erfolgreiche Gestaltung eines Elterncafés nutzbar zu machen.

5.1 Elternwerkstätten
(Saalfeld/Saale, Camino)

Im Folgenden werden Elternwerkstätten als ein niedrigschwelliges Instrument zur Erreichung und Aktivierung von Eltern aus unterschiedlichen (benachteiligten) Stadtteilen vorgestellt. Die konzeptionelle Entwicklung und praktische

Durchführung von Elternwerkstätten standen am Anfang des Begleitungsprozesses am Modellstandort, um darauf aufbauend ein Curriculum für pädagogische Fachkräfte zu „Moderator/innen für Elternbeteiligung" zu entwickeln und umzusetzen (siehe Kap. 5.14).

Das grundsätzliche Ziel von Elternwerkstätten ist es, ein Treffen für interessierte Eltern und Erziehende zu initiieren, um ausgehend von ihren Erfahrungen und Bedürfnissen, an Themen der Erziehung, Bildung und Gesundheit von Kindern zur Verbesserung ihrer Lebensverhältnisse zu arbeiten.

Die Besonderheiten von Elternwerkstätten liegen im niedrigschwelligen Zugang zu Eltern, im prozessorientierten Arbeiten sowie in der Themenvielfalt, die bearbeitet werden kann. Ferner ist eine Besonderheit von Elternwerkstätten, dass Eltern ermutigt werden sollen, ihre Wünsche und Bedürfnisse aktiv in den Stadtteil einzubringen und diesen zu gestalten. Vor dem Hintergrund, dass Elternwerkstätten ein niedrigschwelliges Angebot darstellen, ist dieses Instrument auch für die Erreichung und Aktivierung von Eltern gut nutzbar, die als „schwer erreichbar" gelten.

Im Rahmen der ersten Elternwerkstatt steht zunächst die Ermittlung des Bedarfs von Eltern im Vordergrund, um in weiteren Treffen an speziellen Themen und Fragen, die die Eltern formulieren, zu arbeiten. Anknüpfend an den formulierten Bedarf werden erste Ideen und Vorschläge gesammelt sowie konkrete Vereinbarungen zur Weiterarbeit getroffen.

Folgende Themenbereiche und Fragestellungen können z. B. im Rahmen des ersten Elterntreffens bearbeitet werden:

Die Themenbereiche:
1. Familie
2. Kindertagesstätten, Schule/Hort
3. Jugendeinrichtungen, Ferienmaßnahmen, Kultur und Sport
4. Wohnumfeld/Nachbarschaft
5. Sonstiges

Die Fragestellungen, die jeweils in Bezug auf die Themenbereiche zu stellen sind:
1. Welche Wünsche haben Eltern bezüglich des Aufwachsens von Kindern und Jugendlichen?
2. Welche Probleme beeinträchtigen das Leben von Kindern und Jugendlichen aus Sicht der Eltern?
3. Wie schätzen Eltern das Klima und den Umgang miteinander ein?
4. Welche Vorschläge haben Eltern für die Zukunft?

Elternwerkstätten 77

5. Welche konkreten Verabredungen und Festlegungen können getroffen werden?

In der zweiten Elternwerkstatt werden die Verabredungen und Festlegungen der ersten Elternwerkstatt überprüft und die Arbeit in thematischen Arbeitsgruppen fortgesetzt.

In Saalfeld haben sich z. B. nach der ersten Elternwerkstatt folgende drei Arbeitsgruppen herausgebildet:

Arbeitsgruppe 1: (Sport- und Bewegungs-)Angebote für muslimische Frauen

Arbeitsgruppe 2: Erstellung einer Bedarfsabfrage von Eltern für Eltern an Schulen

Arbeitsgruppe 3: Vom Muttifrühstück bis zum Elterncafé – Welche Formen und Erfahrungen gibt es, was wird gebraucht, damit es gelingt?

Elternwerkstätten werden (idealerweise) von Pädagog/innen und Eltern gemeinsam organisiert.

5.1.1 Gelingensbedingungen von Elternwerkstätten

Aus den Erfahrungen mit den Elterntreffen in Saalfeld lassen sich verschiedene Gelingensbedingungen für die Durchführung von Elternwerkstätten ableiten, die nachfolgend aufgeführt sind:

Persönliche Ansprache

Neben der schriftlichen (bei Bedarf auch mehrsprachigen) Einladung zu den Elterntreffen stellt die persönliche Ansprache von Eltern eine wesentliche Gelingensbedingung für ihre Erreichung dar. Idealerweise werden Eltern von Personen angesprochen, die einen Bezug zu ihrer Lebenswelt haben bzw. darin eine Schlüsselfunktion einnehmen. Dies können sowohl andere Eltern als auch Pädagog/innen sein.

Informeller Treffpunkt

Ein informeller Treffpunkt kann sich für die Durchführung von Elternwerkstätten als günstig erweisen. Beispielsweise kann ein Jugendzentrum für eine offene und ungezwungene Atmosphäre des Zusammenkommens von Eltern sorgen. Auch grüne Außenanlagen eigenen sich gut für die Arbeit mit Stelltafeln und für die Kleingruppenarbeit.

Transfer vom Wohngebiet und zurück

Damit auch Eltern aus benachteiligten bzw. abgelegenen Wohnorten zum Elterntreff kommen können, wird der kostenlose Transfer vom Wohngebiet und zurück (z. B. durch die Mobile Jugendarbeit) empfohlen.

In Saalfeld konnten so vor allem Flüchtlingsfrauen mit ungesichertem Aufenthaltsstatus aus dem Stadtteil Beulwitz erreicht werden, die ansonsten keine Möglichkeit gehabt hätten, an der Elternwerkstatt teilzunehmen.

Kinderbetreuung

Auch das Angebot einer kostenlosen Kinderbetreuung (z. B. am Nachmittag) hat sich als eine wichtige Bedingung für das Gelingen von Elternwerkstätten herausgestellt.

Arbeit in moderierten Kleingruppen (bei Bedarf mit mehrsprachigen Eltern)

Um an den Erfahrungen und Bedürfnissen von Eltern anzuknüpfen, hat sich die Arbeit an Stelltafeln zu bestimmten Themenbereichen und Fragestellungen als nützlich erwiesen. Diese wurden an verschiedenen Stationen entlang der Lebenswelten bzw. -phasen von Familien vorbereitet. Die jeweiligen Diskussionen an den Stelltafeln wurden durch Pädagog/innen moderiert und auf Kärtchen festgehalten. Die Eltern hatten dabei die Möglichkeit, alle Themen zu bearbeiten, einige für sie sehr wichtige auszuwählen oder aber auch neue zu formulieren (mithilfe einer leeren Stelltafel). Wenn sich Eltern nichtdeutscher Herkunftssprache und mit Übersetzungsbedarf an den Elternwerkstätten beteiligen möchten, empfiehlt es sich im Vorfeld dafür zu sorgen, dass mehrsprachige Eltern anwesend sind, die als Übersetzer/innen fungieren können.

Einbeziehung von Entscheidungsträgern in die Elternwerkstattarbeit

Ein wichtiges Moment für die Arbeit mit Eltern in Elternwerkstätten stellt die Einbeziehung von relevanten Entscheidungsträgern der Stadt dar. Nachdem Eltern erste Vorschläge entwickelt und in Kleingruppen bearbeitet haben, geht es darum, konkrete Vereinbarungen zwischen Eltern und Ansprechpersonen, die für die Umsetzung der geplanten Maßnahmen von Bedeutung sind, zu treffen. So können Eltern (und unterstützt durch Pädagog/innen) z. B. Kontakt mit Hausverwaltungen, Leitungen von pädagogischen Einrichtungen und dem Jugendamt aufnehmen.

Verpflegung

Schließlich kann die kostenlose Verpflegung mit Getränken und Speisen (ggf. schweinefleischfrei) zu einer guten Arbeitsatmosphäre beitragen; insbesondere dann, wenn die Elternwerkstatt am Nachmittag nach der Kindergarten-, Schul- und Arbeitszeit stattfinden soll.

Als zwei Ergebnisse aus der Arbeit mit den Elternwerkstätten in Saalfeld können folgende genannt werden:

Erstens wurde auf dem ersten Elterntreffen der Wunsch von mehreren muslimischen Müttern nach einem Frauentreff formuliert. Daraufhin wurde auf Initiative einer Mutter, die an beiden Elternwerkstätten beteiligt war, ein muslimischer Frauentreffpunkt ins Leben gerufen. Dieser findet zweimal im Monat in einem wohnortnahen Stadtteilzentrum statt und wird von den teilnehmenden Frauen selbst organisiert.

Zweitens entstand auf dem ersten Elterntreff die Idee, eine Elternbefragung von Eltern für Eltern an Schulen durchzuführen, um den elterlichen Informationsbedarf zu Themen der Erziehung, Bildung und Gesundheit von Kindern zu erfassen. Daran anknüpfend wurde eine Arbeitsgruppe von Eltern gegründet, die auf dem zweiten Elterntreffen einen Fragebogen entwickeln sollte. Der Fragebogen „Von Eltern gemacht – für Eltern gedacht!" (siehe Anhang) wurde im Rahmen eines Praxisprojektes der Fachkräfteausbildung „Moderator/innen für Elternbeteiligung" an alle Saalfelder Grund- und Regelschulen, Förderzentren und Gymnasien verschickt. Der Rücklauf von ausgefüllten Fragebögen war überdurchschnittlich hoch. Dies wurde von den Beteiligten darauf zurückgeführt, dass der Fragebogen nicht von Behörden oder Instituten erstellt und verschickt worden ist. Die Auswertung der insgesamt 1.080 zurückgegebenen Fragebögen hat ergeben, dass Informationsveranstaltungen zu den Themen „Umgang mit Medien", „Umgang mit Stress und Konfliktsituationen in Familie und Schule" und der „Umgang mit Mobbing" am meisten von Eltern nachgefragt werden. Diese Themen werden nun in verschiedenen Elternveranstaltungen aufgegriffen. Wie auch bei den Elternwerkstätten sind der Besuch der Veranstaltungen und die Kinderbetreuung vor Ort durch pädagogisches Personal kostenlos.

5.1.2 Fazit

Elternwerkstätten können ein Instrument sein, um Eltern für Themen der Erziehung – die auch gewaltpräventive Fragen einbeziehen – zu erreichen und diesbezüglich zu aktivieren. Um auch „schwer erreichbare" Eltern für die Arbeit mit Elternwerkstätten zu gewinnen, ist die Bündelung verschiedener (vor allem organisatorischer) Rahmenbedingungen von großer Bedeutung. Dieser Rahmen bietet einen niedrigschwelligen Zugang zu Eltern und ermöglicht dabei das Erleben der eigenen Selbstwirksamkeit von Eltern im Stadtteil, wenn z. B. eigens eingebrachte Ideen aufgegriffen werden und in Entwicklungsmaßnahmen münden. Über die inhaltliche Arbeit hinaus erhalten Eltern auch die Möglichkeit, sich organisatorisch an Elternwerkstätten zu beteiligen, indem sie zunehmend in die Planung und Organisation der Elterntreffen einbezogen werden.

5.2 Runde Tische für Eltern und Professionelle
(Gladbeck, *isp*)

Das folgende Modell beschreibt die Gründung von Runden Tischen für Eltern (und/oder Bürger/innen)[116], die von einer Fachkraft begleitet und moderiert werden und parallel zu bereits existierenden oder ebenfalls neu zu gründenden Runden Tischen für Fachkräfte eingerichtet werden.

Die Runden Tische für Eltern und die für Fachkräfte werden entweder punktuell zu bestimmten vereinbarten Anliegen und Themen, also anlassbezogen, oder generell in bestimmten Abständen zusammengeführt. Bei einer kontinuierlichen und langfristigen Arbeit können sie nach einer Anlaufphase auch dauerhaft in einem Runden Tisch „Eltern & Fachkräfte" aufgehen. Strukturell können diese Runden Tische auf unterschiedlichen Ebenen innerhalb der Bildungs- und Erziehungslandschaft angesiedelt sein, etwa in oder zu einer Institution, in einem Stadtteil oder für die gesamte Kommune.

Das grundlegende Ziel der separaten Runden Tische für Eltern besteht darin, einen Ort anzubieten, an dem Eltern ihre Anliegen gesondert und mit Unterstützung selbst definieren und beraten können, um sich gemeinsam auf unterschiedlichen Ebenen an Entwicklungen in der Bildungs- und Erziehungslandschaft zu beteiligen und diese mitzubestimmen. Die Anlässe für die Etablierung können unterschiedlich und vielfältig sein, ebenso die Aktivitäten: von der Erörterung und Klärung gemeinsam als zentral identifizierter Probleme und Themen in einer Institution bzw. des Sozialraums oder der ganzen Bildungs- und Erziehungslandschaft über die Interessenvertretung und/oder Durchführung von (Eltern-)Befragungen bzw. Veranstaltungen bis hin zu Aktionen im politischen Raum.

Diese Trennung von Runden Tischen nach Personengruppen zielt auf eine Senkung der Beteiligungsschwellen (siehe auch Kap. 4.3), insbesondere für die Eltern. Mit der Etablierung eines eigenen und „geschützten Rahmens" werden bekannte Hindernisse und Stolpersteine für Elternbeteiligung[117] konstruktiv be-

---

[116] Statt ausschließlich mit Eltern kann dieses Modell auch mit Bürger/innen ohne Kinder durchgeführt werden, die vorliegende Konzentration auf Eltern hängt mit dem Schwerpunkt Elternbeteiligung des Praxisforschungsprojektes zusammen.
[117] Ausführlich dazu: Zwischenbericht 2010, S. 110-118.

arbeitet und abgemildert, die auf Seiten der Institutionen bzw. der Professionellen wie auf Seiten der Eltern existieren: beispielsweise unterschiedliche Einstellungen, Verhaltensweisen und Gremienerfahrungen, aber auch die je eigenen Themensetzungen, Problemkonstruktionen und (nicht zuletzt) Ressourcen, die tendenziell die Beteiligung von Eltern an vorhandenen Runden Tischen erschweren, die in der Regel von den Professionellen dominiert werden. Insbesondere kann auf diese Weise den strukturellen Machtdifferenzen zwischen Eltern und Professionellen begegnet werden, die Eltern, insbesondere „schwer erreichbare", von der Beteiligung an offenen Runden Tischen abhalten können. So ist der Grad der Mitgestaltungsmöglichkeiten (Kompetenz, Auftrag, Ressourcen...) bei Professionellen in der Regel höher, die Sprachcodes unterscheiden sich oftmals. Nicht zuletzt verfügen Professionelle meist über mehr Erfahrung und Selbstbewusstsein in der offenen Aushandlung von Interessen und Anliegen.

Einschränkend ist anzumerken, dass auch zwischen unterschiedlichen Eltern Machtdifferenzen bestehen können, da diese keine homogene Gruppe sind (siehe auch Kap. 4.3). Diese Differenzen zu bearbeiten und so weit möglich auszugleichen, ist eine Aufgabe der begleitenden und moderierenden Fachkraft. Gleichzeitig erleichtern die gemeinsame oder zumindest ähnliche Position und Interessenlage der Eltern eine gegenseitige Akzeptanz und gleichberechtigte Beteiligung.

Die angesprochene punktuelle oder regelhafte Zusammenführung der Runden Tische Eltern und der Runden Tische Fachkräfte ermöglicht eine gemeinsame und gleichberechtigte Bearbeitung von spezifischen Anliegen und Themen bzw. reduziert zumindest die genannte Machtdifferenz. Das Leitbild für den Austausch der unterschiedlichen Runden Tische lässt sich so formulieren:

Professionelle und Eltern sind Expert/innen für Bildungs- und Erziehungsprozesse mit sich teils deckenden und teils unterscheidenden Wissensbeständen zu Bildungs- und Erziehungsfragen. Diese verschiedenen Expert/innen und Wissensbestände treten in einen so weit wie möglich „herrschaftsfrei" gestalteten Diskurs und treffen gemeinsam Entscheidungen.

5.2.1 Vorgehen und Bausteine

Da die Prozesse bis auf die Initiierung des getrennten Runden Tisches für Eltern zirkulär sind, werden im folgenden die zentralen Bausteine – Gründung bzw. Initiierung, Begleitung durch eine Fachkraft sowie die Zusammenführung der Runden Tische Eltern und Fachkräfte – jeweils mit Blick auf den gesamten Prozess und nicht auf eine Abfolge von Schritten beschrieben. Diese ist anlass- und prozessadäquat zu gestalten.

Ausgangspunkt ist die Einrichtung eines begleiteten Runden Tisches für Eltern – entweder zusätzlich zu einem bereits existierenden Runden Tisch von und für Fachkräfte bzw. parallel zu dessen Etablierung. Dessen Initiierung ist Aufgabe der begleitenden Fachkraft, die die Eltern, insbesondere die „schwer erreichbaren", aktiviert. Neben der Ansprache der Eltern über deren Kinder (Jugendgruppe, Schule, Kindertagesstätte) kann eine solche Initiative an bestehenden Orten und Institutionen in der kommunalen Bildungs- und Erziehungslandschaft (Elterncafés, -schulen, -gruppen, -vertretungen usw.) oder über Multiplikator/innen bzw. Schlüsselpersonen usw. bekannt gemacht werden.

Die Unterstützung, Begleitung und Organisation durch eine Fachkraft, die als Moderator/in agiert, bearbeitet nicht nur die oben genannte Differenz der Anliegen zwischen Professionellen und Eltern, sondern erleichtert es – so die Erfahrung – den Beteiligten, sich mit ihren Wünschen, ihren Anfragen oder auch ihrem Ärger einzubringen, ohne eine Vorleistung oder über die Beteiligung am Runden Tisch hinausgehende Ressourcen einbringen zu müssen. Diese Vorleistungsfreiheit ist ein wesentliches Element der Runden Tische.

Die zentrale Idee bei der Trennung der Runden Tische in Professionelle und Eltern ist die Unterstützung der Eltern bei der Vorbereitung der gemeinsamen Treffen mit dem Runden Tisch der Professionellen oder auch dem gemeinsamen oder gesonderten Herantreten an und in kommunalpolitischen und/oder institutionellen Gremien, z. B. Ausschüsse, Elternräte, Dienstbesprechungen usw. Dies betrifft die Auseinandersetzung mit den als zentral identifizierten Themen, das Auftreten und die Kommunikation. Darüber hinaus zielt der Runde Tisch Eltern auf ein im günstigen Fall entstehendes Zusammengehörigkeitsgefühl der Eltern, das deren Position in Aushandlungsprozessen mit Professionellen ebenfalls stärkt.

Die begleitende und unterstützende Fachkraft übernimmt im Runden Tisch Eltern nach dessen Initiierung die Rolle der Moderation und des/der Kümmerer/in. Sie entlastet die Eltern also insbesondere in der Anfangsphase von organisatorischen Anforderungen: Sie stellt einen Raum zur Verfügung, koordiniert Termine und Zeiten entsprechend der Bedürfnisse und Ressourcen[118] der Eltern und verantwortet die Dokumentation. Darüber hinaus moderiert sie das Gespräch, soweit es notwendig ist, auch unter Einsatz von angemessenen Methoden von offener Diskussion über Metaplanarbeit und Kleingruppenverfahren. Bei der Planung von Aktivitäten, etwa einer Elternbefragung durch den Runden Tisch o. ä., nimmt die begleitende Fachkraft ebenfalls eine unterstützende Rolle ein.

Daneben unterhält sie Kontakt zum Runden Tisch der Fachkräfte, um gemeinsame Themen zu erkennen, Kontakte herzustellen und später gemeinsame

---

[118] Dazu kann beispielsweise auch die Organisation einer Kinderbetreuung gehören.

Treffen der beiden Runden Tische zu initiieren und zu gestalten. Das bedeutet, dass die begleitende Fachkraft neben der moderierenden und unterstützenden Rolle auch eine Brückenfunktion zwischen den Runden Tischen hat. Daher sollte sie keine inhaltlich aktive Rolle einnehmen und ihre Position bei der inhaltlichen Arbeit und Diskussion zurückstellen.

Die Zusammenführung des Runden Tisches Eltern und des Runden Tisches Fachkräfte wird entsprechend des konkreten Anlasses – beispielsweise Bearbeitung eines gemeinsamen Themas, offener Austausch oder auch Problemanzeige – gestaltet. Die begleitende Fachkraft bereitet das Treffen gemeinsam mit dem Runden Tisch Eltern vor und stellt gemäß ihrer Brückenfunktion den Kontakt zwischen den beiden Runden Tischen her, sie moderiert die Treffen und leistet gegebenenfalls Übersetzungsarbeit. Zentral ist, dass die Anliegen beider Gruppen für alle verständlich und gleichwertig diskutiert werden, um gemeinsam und gleichberechtigt Entscheidungen treffen zu können.

5.2.2 Fazit

Die moderierende und begleitende Fachkraft und deren Rollenverständnis sind wesentliche Gelingensbedingungen. Das Ziel des gleichberechtigten Austausches und der Stärkung der Anliegen von Eltern in der Auseinandersetzung mit Professionellen und Institutionenvertreter/innen erfordert Verlässlichkeit und eine angemessene Balance aus Parteilichkeit und Zurückhaltung der eigenen Anliegen und vor allem der eigenen Interessen. Eine solche ermöglichende Moderation und Begleitung gewährleistet strukturelle Sicherheit und Verlässlichkeit – im Idealfall wird die begleitende Fachkraft für die Eltern eine Vertrauensperson.

Die Erfahrung bei der Initiierung zeigt, dass insbesondere „schwer erreichbare" Eltern auch aktiviert und angesprochen werden müssen. Als sinnvoll und produktiv hat sich erwiesen, unterschiedliche formelle und informelle Elterngruppen und Schlüsselpersonen direkt anzusprechen, die ihrerseits weitere Eltern ansprechen, sowie über funktionierende Formen der Elternbeteiligung und -arbeit und vor allem über die Kinder an Eltern heranzutreten.

Dieses Vorgehen und der geschützte Rahmen senken die Schwelle für Beteiligung und begünstigen das Ziel, nicht nur die ohnehin engagierten Eltern zu erreichen, sondern auch – etwa über Elterncafés (siehe Kap. 5.15) – Eltern mit weniger Ressourcen, die bedeutende Informationsträger/innen sein können, und „schwer erreichbare" Eltern.

Darüber hinaus sollte der Austausch und die Zusammenführung der verschiedenen Runden Tische zumindest so verstetigt werden, dass der Runde Tisch Eltern nicht zu einer selbstreferentiellen Alibi-Beteiligung wird oder nur der

Legitimation dient. Das bedeutet, auch wenn es nur wenige geteilte Anliegen gibt, mindestens drei gemeinsame Runde Tische pro Jahr zu veranstalten, um über den Austausch und die Bearbeitung gemeinsamer Themen oder geteilter Anliegen mittel- bis langfristig ein gemeinsames Drittes entstehen zu lassen, das die Zusammenarbeit und die angestrebte Kommunikation auf Augenhöhe befördert. Bei langfristig angelegten Runden Tischen kann so auch die Grundlage für einen gemeinsamen Runden Tisch „Eltern & Fachkräfte" gebildet werden.

Nicht zuletzt steht außer Frage, dass für diesen Prozess sowohl Geduld als auch Zeit aufgebracht werden müssen.

5.3 Aushandlungsrunden
(Berlin-Neukölln, Camino)

Im Folgenden werden Aushandlungsprozesse als ein Instrument vorgestellt, das Eltern als wichtige schulische Akteure beteiligt sowie die Auseinandersetzung mit dem Thema „Gewalt" an Schule befördern kann.

Vor dem Hintergrund, dass die Arbeit mit Aushandlungsrunden auf dem Konzept der demokratischen Schulentwicklung[119] basieren, steht demzufolge auch das System Schule im Zentrum dieses Beitrags.

Grundsätzliches Ziel der demokratischen Schulentwicklung ist es, eine demokratische Kultur zu entwickeln, „die alle Beteiligten für undemokratische, diskriminierende, rassistische bzw. menschenverachtende Haltungen wie Verhaltensweisen sensibilisiert und sie befähigt, sich mit Ungerechtigkeiten und Chancenungleichgewichten auseinander zu setzen, sich zu positionieren sowie alternative Umgangsformen zu entwickeln."[120] Dabei geht es darum, die eigenen Verstrickungen in Machtgefüge und diskriminierende Strukturen zu erkennen und insbesondere die offensichtlichen Machtpositionen innerhalb der Schule, die Lehrkräfte bzw. Erwachsene gegenüber Kindern und Jugendlichen haben, zu reflektieren. Ein zentrales Prinzip der demokratischen Schulentwicklung ist die Herstellung eines Interessensausgleichs zwischen allen an Schule beteiligten Akteuren nach dem Konsensprinzip. Das bedeutet, dass es nicht um das Erreichen von hierarchisch oder mehrheitlich getroffenen Entscheidungen geht, sondern um die Qualität einer Entscheidung, mit der alle Beteiligten am Schluss zufrieden sind. Durch die Erfahrungen des Perspektivwechsels, der konsensorientierten Entscheidungsfindung, der Sensibilisierung für Machtverhältnisse und

---

[119] Das Konzept der demokratischen Schulentwicklung wurde von Dorothea Schütze und Dr. Marcus Hildebrandt im Rahmen des BLK-Programms „Demokratie leben und lernen" (2001 – 2006) entwickelt und erprobt (vgl. Schütze/Hildebrandt 2006).

[120] Vgl. Schütze/Hildebrandt 2006.

der Selbstwirksamkeit im Schulentwicklungsprozess werden wichtige demokratische Umgangsformen erlernt, die als Potenziale demokratischer Schulentwicklung gelten.[121] Bisherige Erfahrungen mit der demokratischen Schulentwicklung weisen darauf hin, dass die Festlegung von Entwicklungszielen von zentraler Bedeutung ist, um entsprechende Qualitätsverbesserungen auf den Weg zu bringen. Dabei sollten bereits vorhandene, d. h. geschaffene und gewachsene Ressourcen und Stärken einer Schule anerkannt und genutzt werden. Gleichzeitig ist der Weg, wie Entscheidungen getroffen und umgesetzt werden, von großer Wichtigkeit. Hierfür bedarf es entsprechender demokratischer Kompetenzen, die von allen Beteiligten im Laufe des Prozesses erworben werden.[122] Somit geht es im demokratischen Schulentwicklungsprozess um einen Veränderungsprozess einer Schule, der „sowohl Verbesserungen von Strukturen und Abläufen (Organisationsentwicklung) bewirkt, als auch Haltungen, Kompetenzen und Handeln aller Schulbeteiligten im Sinne eines demokratischen Miteinanders nachhaltig beeinflusst."[123]

Die inhaltlichen Schwerpunkte und Ausprägungen von Aushandlungsrunden können je nach Ausgangslagen, Problemstellungen und Anforderungen der Schulen, die dieses Instrument einsetzen, variieren. An vielen Schulen beginnen Aushandlungsprozesse mit dem Thema „Schulregeln", um zu Vereinbarungen zur Zusammenarbeit und zum Miteinander aller Schulbeteiligten zu kommen.

Nachfolgende Erfahrungen beschreiben und reflektieren Prozesse der Aushandlung zum Thema „Schulregeln" an zwei Schulen, die im Rahmen des Praxisforschungsprojektes evaluiert worden sind.[124]

Für beide Schulen charakteristisch sind ein hoher Anteil an Schüler/innen nichtdeutscher Herkunftssprache und integrierte Angebote zur Sprachförderung und zum Sozialen Lernen. Zudem werden an einer Schule interkulturelle Moderator/innen[125] eingesetzt, die zwischen Lehrer/innen, Eltern und Schüler/innen vermitteln.

An der ersten Schule dauerte der Aushandlungsprozess zu den Schulregeln insgesamt zwei Jahre und wurde kontinuierlich durch ein professionelles Moderatorenteam begleitet.[126] An den Runden beteiligt waren sowohl Schüler/innen, Eltern als auch pädagogische Fachkräfte der Schule. Als gemeinsames Ziel wurde formuliert, Schulregeln

---

[121] So lautet das Fazit der wissenschaftlichen Begleitung des Berliner BLK-Programms „Demokratie lernen und leben" (vgl. Schütze/Hildebrandt 2006, S. 67).
[122] Vgl. Schütze/Hildebrandt 2006, S. 13.
[123] Vgl. Schütze/Hildebrandt 2006, S. 12.
[124] Vgl. Koch/Schwenzer 2011.
[125] Interkulturelle Moderator/innen sind sozialpädagogisch ausgebildete Fachkräfte mit Migrationshintergrund, die im Rahmen eines Berliner Modellvorhabens an vier Neuköllner Schulen tätig sind. Vgl. auch Kap. 5.14.
[126] Die Arbeit der externen Moderator/innen wurde dabei über das BLK-Programm finanziert.

zu entwickeln, die sowohl für Kinder als auch für Erwachsene gelten und Konsequenzen bzw. Empfehlungen für alle beinhalten sollten. Das heißt, dass auch über die Schulregeln hinaus im Laufe des Entwicklungsprozesses unterstützende Aktivitäten aufgebaut werden sollten. Als Beispiele können hier die Einrichtung eines Elternzimmers an der Schule, die Schulung von Elternvertreter/innen und die Installation von Klassenräten[127] angegeben werden. So fanden im Laufe des Entwicklungsprozesses zunächst voneinander getrennte Kinder-, Eltern- und Fachkräfterunden statt, um Ideen und Lösungsvorschläge in den jeweiligen Gruppen zu entwickeln. Die erarbeiteten Ergebnisse wurden anschließend in gemeinsame Aushandlungsrunden getragen und miteinander verhandelt. Am Ende des über zwei Jahre geführten intensiven Aushandlungsprozesses entstand ein Regelwerk, das in vier Sprachen übersetzt wurde und einen großen Rückhalt in der gesamten Schulgemeinschaft hatte. Nach dem Auslaufen der Finanzierung der externen Moderation haben sich die beteiligten Akteure für eine Fortführung des Aushandlungsansatzes an der Schule zu weiteren Themen ausgesprochen. Als ein nächstes Thema soll zukünftig der „Umgang mit Gewalt an der Schule" verhandelt werden. Dieses Anliegen wurde explizit aus der Elternschaft heraus formuliert. Hintergrund hierfür waren aktuelle Vorfälle an der Schule, die dazu führten, dass Eltern wissen wollten, auf welche Maßnahmen die Schule in Bezug auf von Mobbing und körperlichen Übergriffen betroffene Kinder zurückgreifen kann. So entstand die Idee, an der Schule einen „Runden Tisch Gewalt" nach dem Muster der Aushandlungsrunden zu installieren. Bezüglich der Moderation des Runden Tisches wurde vorgeschlagen, diese zukünftig selbst zu übernehmen und im Wechsel zwischen den Schüler/innen, Eltern oder Pädagog/innen zu gestalten. Auch eine Prozessbegleitung durch die interkulturellen Moderator/innen, die an der Schule tätig sind, wäre in diesem Zusammenhang denkbar.

An der zweiten Schule, die in die Evaluation des Praxisforschungsprojektes einbezogen wurde, verlief der Aushandlungsprozess etwas anders. Er war kürzer (er umfasste ein Schuljahr) und bezog in einem ersten Schritt nur das pädagogische Personal und die Eltern als Akteure ein. Das heißt, die Ebene der Schüler/innen sollte zu Beginn der Arbeit mit den Aushandlungsrunden nicht mit eingebunden werden. Hintergrund hierfür war das vonseiten der Schule fokussierte Ziel, sich mithilfe des Aushandlungsansatzes der Elternschaft der Schule anzunähern. So sollte eine Öffnung der Schule angestrebt werden, die den Eltern signalisiert, dass ihre Präsenz an der Einrichtung erwünscht ist. Zudem sollten bei ihnen ein Interesse an der Mitgestaltung an Schule geweckt und die Übernahme von Verantwortlichkeiten angeregt werden.

---

[127] Der Klassenrat ist ein Demokratie-Baustein im Rahmen des BLK-Programms „Demokratie lernen und leben". Im Klassenrat werden aktuelle Themen der Schüler/innen behandelt, um über Probleme in der Klasse oder zwischen Klasse und Lehrer/in zu sprechen und gemeinsame Lösungen zu finden. Dadurch, dass es für diese Themen einen festen Raum gibt, fühlen sich die Schüler/innen mit ihren Gefühlen und Problemen ernst genommen. Vgl. http://blk-demokratie.de/materialien/demokratiebausteine/programmthemen/klassenrat.html [letzter Zugriff: 21.07.2011].

Vor dem Hintergrund, dass an dieser Schule eine Schulordnung existierte, die schon 20 Jahre alt war und von den Pädagog/innen als überarbeitenswert eingeschätzt wurde, kam die Idee auf, gemeinsam mit den Eltern eine neue Schul- bzw. Hausordnung zu entwickeln. Unterstützt durch ein externes Moderatorenteam[128] fanden mit Beginn des Schuljahres an der Schule dazu Aushandlungsrunden statt. Aufgrund der interkulturellen Zusammensetzung der Elternschaft in dem Einzugsgebiet der Schule wurde in den Aushandlungsgruppen mit Übersetzer/innen gearbeitet. Dies waren Eltern aus den eigenen Reihen oder aber Neuköllner Stadtteilmütter[129], die eine Anbindung an die Schule hatten. Zudem wurde auf den Gemeindedolmetscherdienst[130] zurückgegriffen. Wie auch an der ersten Schule trafen sich die Eltern und das pädagogische Personal zunächst in getrennten Runden. Um Eltern für die Arbeit mit den Aushandlungsrunden zu gewinnen, wurde zunächst ein offener Elternabend an der Schule angeboten, an dem über das Vorhaben, eine Schul- bzw. Hausordnung zu erstellen, informiert wurde. Zu diesem Abend kamen ca. 40 Eltern. Die erste Elternrunde startete mit 20 Eltern. Insgesamt gab es drei getrennte und drei gemeinsame Aushandlungsrunden. Danach fiel die Finanzierung der externen Moderation weg und obgleich die begonnenen Entwicklungsprozesse von allen Beteiligten als sehr fruchtbar eingeschätzt wurden, schaffte es die Schule nicht, die Aushandlungsrunden zu den Schulregeln aus eigener Kraft fortzuführen.

5.3.1 Modellhafter Ablauf eines Aushandlungsprozesses mit Eltern und Pädagog/innen

Obgleich – wie bereits erwähnt – die Erfahrungen mit Aushandlungsprozessen von Schule zu Schule variieren (können), lassen sich acht modellhafte Schritte für die Implementierung von Aushandlungsprozessen an Schulen ableiten. Diese aufeinander aufbauenden und wiederkehrenden Schritte knüpfen an Erfahrungen mehrerer Schulen mit dem Instrument an.[131]

Schritt 1: Betroffene zu Beteiligten machen

In einem ersten Schritt gilt es, alle an Schule beteiligten Akteure, wie z. B. Eltern und Pädagog/innen, über die Arbeit mit Aushandlungsrunden zu informieren und

---

[128] Auch dieses Team wurde u. a. mithilfe eines Schulentwicklungsprogramms finanziert.
[129] Neuköllner Stadtteilmütter sind erwerbslose migrantische Frauen in Berlin, die an einer halbjährigen Qualifizierung zu Themen der Bildung, Erziehung und Gesundheit von Kindern teilnehmen und die Informationen anschließend in Form einer bezahlten Tätigkeit anderen Familien ihrer Community in zehn für sie kostenlosen Hausbesuchen weitergeben.
[130] Mitarbeiter/innen des Berliner Gemeindedolmetscherdienstes übersetzen bei Gesprächen zwischen Patient/innen und medizinischem Personal, bei Eltern-Lehrer-Gesprächen, in Beratungs- und Konfliktgesprächen. Außerdem bieten sie die Übersetzung schriftlicher Texte an.
[131] Vgl. u. a. Senatsverwaltung für Bildung, Wissenschaft und Forschung 2009.

sie für diese Arbeit zu gewinnen. Dies kann z. B. in Informationsveranstaltungen oder schulischen Mitwirkungsgremien von Eltern und Pädagog/innen erfolgen. Ein wichtiges Prinzip dabei ist, dass es um alle geht und alle gleichermaßen Gewicht erhalten.

Schritt 2: Externe Moderation organisieren

Vor Beginn der Arbeit mit den Aushandlungsrunden ist die Suche nach einer kompetenten, externen Moderation zu empfehlen. In diesem Zusammenhang sollte bereits vor Beginn des Aushandlungsprozesses nach Möglichkeiten gesucht werden, wie die Moderation schrittweise von den schulischen Akteuren übernommen werden kann. Denkbar wäre hier z. B. eine wechselnde Moderation durch die beteiligten Gruppen (Eltern und Pädagog/innen) oder eine Moderation, die durch pädagogische Fachkräfte erfolgt, die zwar institutionell an die Schule angebunden, jedoch bei einem externen Träger angestellt sind (wie Mitarbeiter/innen der Schulstationen[132], interkulturelle Moderator/innen). Vorhandene Erfahrungen zeigen, dass Methodenkenntnisse, Erfahrungen mit Gruppenprozessen und Moderationskompetenzen einen wesentlichen Beitrag zur Prozessqualität liefern. Als wichtiges Prinzip gilt hier, dass alle Beteiligten in ihrer Rolle und Wahrnehmung gestärkt werden und ein Dialog auf Augenhöhe geführt werden kann.

Schritt 3: Ziele klären

In diesem Schritt geht es um die Klärung der Frage, was mit der Aushandlung erreicht werden soll. Viele Aushandlungsprozesse an Schulen beginnen mit der Idee, gemeinsame Schulregeln zu erstellen, um zu verbindlichen Vereinbarungen und einem besseren Austausch miteinander zu kommen. Ein wesentliches Prinzip ist hier, die Ziele des Prozesses gemeinsam zu klären und nicht in hierarchisch oder mehrheitlich getroffenen Entscheidungen.

Schritt 4: Wünsche und Bedürfnisse formulieren

Im vierten Schritt werden die Wünsche und Bedürfnisse von Eltern und Pädagog/innen in getrennten Gruppen gesammelt. Auch hier wird nach dem Konsensprinzip gearbeitet; es werden nur Vorschläge aufgenommen, die bei allen Beteiligten eine Zustimmung finden. Die im Konsens getroffenen Ergebnisse dienen anschließend als Arbeitsgrundlage für die gemeinsam durchgeführten Aushandlungsrunden. Um Eltern unterschiedlicher Herkunftssprache in den

---

[132] Schulstationen sind Projekte der Jugendhilfe an Schule.

Prozess einzubeziehen, ist es wichtig, mehrsprachige Eltern (oder Fachkräfte) zu gewinnen, die andere Eltern unterstützen, sich am Prozess zu beteiligen.

Schritt 5: Vereinbarungen gemeinsam aushandeln

Der nächste Schritt umfasst die Aushandlungsrunde in gemischten Gruppen. Hier geht es um die Herstellung eines Interessensausgleichs, der auch die Stärkung von Einzelpersonen und das Erleben der eigenen Selbstwirksamkeit einschließt, wenn z. B. persönlich eingebrachte Ideen aufgegriffen und verhandelt werden und in Entwicklungsmaßnahmen münden. Vorhandene Erfahrungen zeigen, dass vor Beginn der inhaltlichen Arbeit, das Kennenlernen, die Vertrauensbildung und das Verständnis dafür, wie demokratische Entscheidungsfindung unter Berücksichtigung aller Beteiligten gelingen kann, wichtige Grundlagen bilden. Der Aushandlungsprozess findet (häufig) in drei getrennten und drei gemischten Aushandlungstreffen statt.

Schritt 6: Rückmeldungen einholen

Die Ergebnisse der letzten gemischten Aushandlungsrunde werden im sechsten Schritt allen Pädagog/innen und interessierten Eltern der Schule vorgestellt, um deren Rückmeldungen und Änderungswünsche einzuholen (z. B. in Rückmelderunden der Pädagog/innen sowie der interessierten Eltern aus der ersten Informationsversammlung oder der Gesamtelternvertretung). Erfahrungen zeigen, dass es wichtig ist, den Pädagog/innen z. B. Entlastungsstunden anzubieten bzw. weitere Eltern zu aktivieren, die diese Prozesse mit gestalten. Strittige Themen werden anschließend weiter verhandelt, bis Lösungen gefunden werden, die von allen Betroffenen getragen werden.

Schritt 7: Verabschiedung der Vereinbarungen

Die Ergebnisse der Aushandlungsrunden, die zwischen Eltern und Pädagog/innen getroffen werden, treten im nächsten Schritt mit der Verabschiedung durch Schulgremien (wie der Schulkonferenz) offiziell in Kraft. Der Prozess ist damit aber noch nicht zu Ende: Die Ergebnisse müssen im Kollegium und z. B. auf Elternabenden kommuniziert und schließlich von allen Beteiligten erprobt und ausgewertet werden. Aushandlungsrunden können dann im Schulprogramm verankert und als fester Bestandteil der demokratischen Schulkultur implementiert werden.

Schritt 8: Moderation intern übernehmen und weiter machen

Wie bereits im zweiten Schritt erwähnt, ist es wichtig, sich zu Beginn der Aushandlungsprozesse darüber zu verständigen, wie die Moderation schrittweise von den schulischen Akteuren übernommen werden kann. Schulungen von Eltern und pädagogischen Fachkräften in Moderationstechniken können dazu beitragen, dass verschiedene Schulbeteiligte an diese Aufgabe herangeführt werden. In jedem Fall gilt es, weiter zu machen, um alternative Umgangsweisen zu erlernen, die Beteiligung und Mitgestaltung von demokratischen Schulentwicklungsprozessen zu ermöglichen und so auch Gewaltprävention an Schule zu befördern.

Der modellhafte Ablauf eines Aushandlungsprozesses mit Eltern und Pädagog/innen kann wie folgt beschrieben werden[133]:

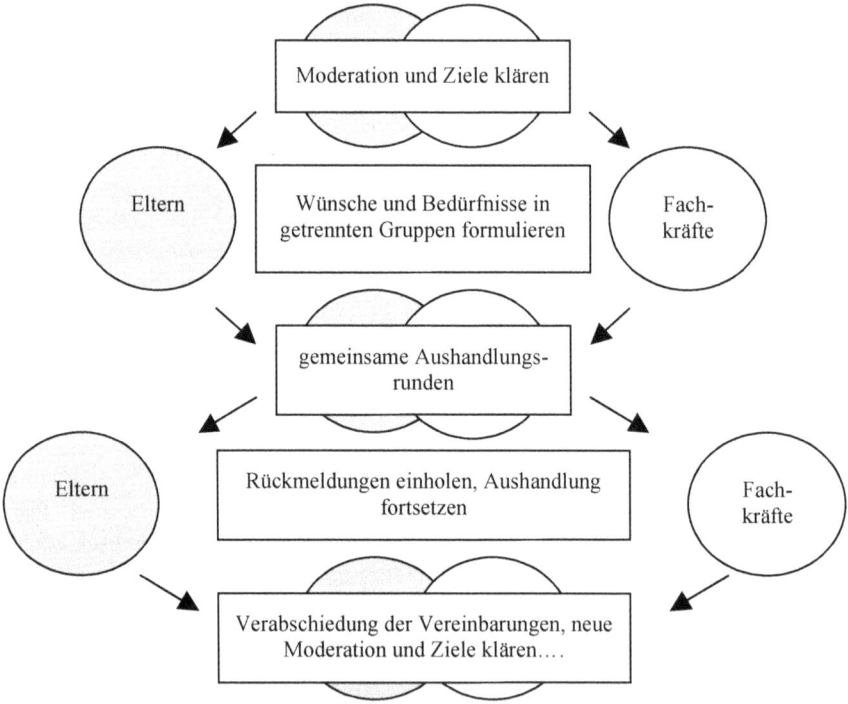

Abbildung 4: Modellhafter Ablauf eines Aushandlungsprozesses

---

[133] Der hier beschriebene Ablauf ist nahezu identisch mit dem, der auf Grundlage der Entwicklungsvorhaben zur Stärkung der Elternbeteiligung an zwei Schulen in Berlin-Kreuzberg erarbeitet wurde. Vgl. Senatsverwaltung für Bildung, Wissenschaft und Forschung 2009, S. 8.

5.3.2 Fazit

Abschließend kann aus den bisherigen Erfahrungen mit der konsensorientierten Aushandlung an Schulen folgendes Fazit gezogen werden: Aushandlungs- und Partizipationsansätze können ein Instrument sein, um Schule zu öffnen und Eltern zu motivieren, sich am Schulgeschehen zu beteiligen. Die erlernten demokratischen Umgangsformen können zu einem positiven Schulklima beitragen, in dem Gewaltvorfälle thematisiert und als ein gemeinsam zu lösendes Problem angesehen werden. Die Installation von Aushandlungsrunden setzt, zumindest zu Beginn des Entwicklungsprozesses, zusätzliche Ressourcen für eine externe Moderation voraus. Diese Ressourcen müssen zum Anfang des Prozesses eingeplant werden, damit dieser nicht ins Stocken gerät. Um Aushandlungsrunden nachhaltig im Schulkontext zu verankern, sollte die Moderation schrittweise von den (verschiedenen) schulischen Akteuren übernommen werden.

5.4 Startworkshops mit Eltern
(Bad Friedrichshall, ism)

Um eine stärkere Zusammenarbeit zwischen Institution und Eltern anzustoßen, haben sich sogenannte Startworkshops als erfolgreich erwiesen. Diese bieten einen moderierten Kontext, in dem Institutionsvertreter/innen und Eltern sich begegnen und in einen ersten Austausch gehen können. Eine dreiteilige Reihe von Startworkshops wird hier am Beispiel einer Einzelschule als zentraler Akteur einer Bildungs- und Erziehungslandschaft dargestellt.

5.4.1 Kontext und Ziele

In Startworkshops arbeiten verschiedene Vertreter/innen einer Institution an gemeinsamen Themenfeldern, Problemen oder Aufgaben. Die Veranstaltungen können von einer oder mehreren Personen/Gruppen initiiert werden. Kosten fallen in der Regel nur für Arbeitsmaterialien und Getränke/Verpflegung an, gegebenenfalls noch für eine externe Moderation.

Ziele der Startworkshops sind:

- Eine stärkere Zusammenarbeit initiieren und eine Basis für die Weiterentwicklung dieser schaffen.
- Nicht übereinander, sondern miteinander reden.

- Zentrale Informationen rechtzeitig und ausreichend bereitstellen, damit alle Beteiligten auf der gleichen Wissensgrundlage handeln.
- Themen besprechen, die wichtig für die Erziehung und Bildung des Kindes/des Jugendlichen sind, und gemeinsam überlegen, wo der junge Mensch Unterstützung braucht.
- Gemeinsame Ziele definieren und auf das Erreichen dieser hinarbeiten.
- Über den regelmäßigen Austausch eine vertrauensvolle Atmosphäre und Offenheit herstellen, in der auftretende Schwierigkeiten besser bearbeitet werden können als ohne diese Grundlage.
- Positive Erfahrungen mit Kooperation machen, aus Fehlern lernen und das Gute wiederholen.

Dazu wird nach einer Kennenlernphase zusammengetragen, wie der aktuelle Stand der Kooperation aussieht und welche Ideen es für ihre Weiterentwicklung gibt. Daraufhin werden konkrete Schritte geplant und umgesetzt und anschließend ausgewertet. Das Vorgehen der Startworkshops wird im Folgenden modellhaft am Beispiel der Institution Schule skizziert.

5.4.2 Durchführung

An den Startworkshops nimmt eine Gruppe bestehend aus interessierten Eltern und Institutionsvertreter/innen (ggf. auch unterschiedlicher Professionen und Funktionen, beispielsweise Lehrkräfte, Schulsozialarbeiter/innen, Schulleitung) teil. Die Gruppe wird moderiert, am besten von einer (oder mehreren) externen Person(en) mit Moderationskompetenz. Es bietet sich an, für die Startworkshops drei Veranstaltungstage einzuplanen, wobei zwischen dem zweiten und dritten Workshoptag ein für die Umsetzung ausreichend großer Zeitabstand liegen sollte. Es ist empfehlenswert, die Zusammensetzung der Gruppe über alle drei Veranstaltungen hinweg beizubehalten, damit ein aufbauender Prozess möglich ist.

Zu Beginn des ersten Workshops wird Zeit eingeräumt, damit die Teilnehmenden sich kennenlernen und als Gruppe zusammenfinden können. Dies kann beispielsweise über eine Soziometrie-Übung erzielt werden, bei der sich die Teilnehmenden zu verschiedenen Fragen im Raum gruppieren bzw. aufstellen. Dazu sollten Fragen ausgewählt werden, die einen niedrigschwelligen Einstieg in den Workshop und einen Übergang zum Thema ermöglichen, z. B.:

- Wie lang war Ihr Anfahrts-/Anlaufweg zum Workshop heute Morgen?
- In welcher Funktion sind Sie heute hier?
- Wie lange ist Ihr erster Schultag her?

- Wie wohl haben Sie sich in Ihrer Schulzeit gefühlt?
- Wie oft waren Ihre Eltern zu Ihrer Schulzeit in der Schule?

Innerhalb dieser Einheit wird von den Moderator/innen auch ein Austausch zu den Fragen angestoßen, der für eine positive Atmosphäre sorgen und eine aktivierende Wirkung erzielen soll, aber auch die Teilnahme der Akteure wertschätzt.

Im Anschluss folgt ein inhaltlicher Einstieg in das Thema der Workshops, etwa anhand eines Inputs zur Kooperation zwischen Eltern und Schule sowie der für sie förderlichen und hinderlichen Faktoren.

Um den Transfer von Kooperation im Allgemeinen auf die konkrete Zusammenarbeit vor Ort zu leisten, ohne Schuldzuweisungen oder Missstimmungen hervorzurufen, bietet es sich an, für die nächste Einheit einen Perspektivwechsel vorzunehmen. Alle Beteiligten schlüpfen dabei jeweils in eine andere Rolle, beispielsweise die Eltern zunächst in die Rolle der Lehrkräfte, dann in die der Schulsozialarbeiter/innen und umgekehrt. Aus den gewechselten Perspektiven sammeln die Gruppen „Eltern", „Lehrkräfte", „Schulsozialarbeiter/innen" nun Beiträge der einzelnen Akteure zur Erziehungs- und Bildungspartnerschaft zwischen Eltern und Schule. Folgende Fragen können dabei thematisiert werden:

- Was kann ich in meiner Rolle als Lehrkraft/Eltern/Schulsozialarbeiter/in dazu beitragen, dass die Erziehungs- und Bildungspartnerschaft zwischen Eltern und Schule verbessert wird?
- Was bräuchte es dazu?
- Wo liegen Ansatzpunkte dafür?

Die zusammengetragenen Antworten werden notiert, von den Moderator/innen sortiert und anschließend gemeinsam durchgegangen. Dabei können auch Fragen geklärt werden, die sich in den Kleingruppen ergeben, beispielsweise zum genauen Aufgabenfeld von Schulsozialarbeit. Die gemeinsame Betrachtung der Ergebnisse ermöglicht es den Teilnehmenden, mehr über die Arbeit der jeweils anderen Gruppen zu erfahren und so Einblicke in deren Tätigkeiten zu erhalten.

In einer letzten Arbeitseinheit werden dann Ideen für die Intensivierung der bisherigen Zusammenarbeit gesammelt. Dies kann an vorbereiteten Plakaten beispielsweise zu den Bereichen Kommunikation, Information, Verantwortungsteilung und Vereinbarungen geschehen, in dem gemischte Kleingruppen hierzu ihre Wünsche und Ideen schriftlich formulieren. Auch diese werden anschließend in der Großgruppe gemeinsam betrachtet und kommentiert. In Orientierung an den notierten Entwicklungsideen können zum Schluss diejenigen ausgesucht werden, die in einem weiteren Workshop konkretisiert und geplant werden sollen, um sie daraufhin umsetzen zu können. Die Ergebnisse des Workshops sollten schriftlich zusammengefasst und für alle Teilnehmenden dokumentiert werden.

Während der erste Workshop einem ersten Austausch sowie der Herausarbeitung des Status quo und der Erwartungen und Wünsche der Akteure an eine gelingende Zusammenarbeit dient, sollte im zweiten Workshop die Planung konkreter Schritte im Mittelpunkt stehen, um einzelne Aktivitäten angehen zu können.

Am Anfang des Workshops können für einen guten Start ins Thema eine Austauschrunde zu aktuellen Entwicklungen und ein Rückblick auf die Vereinbarungen der vorangegangenen Sitzung erfolgen. Anschließend werden die ausgewählten Aktivitäten Schritt für Schritt vorbereitet und Aufgaben auf die Teilnehmenden verteilt. So können etwa die Gestaltung von Elternabenden, Informationswege für Eltern über schulische Angelegenheiten, die Einbeziehung von Eltern in Schulveranstaltungen oder die Gestaltung von Arbeitsgemeinschaften bzw. thematischen Einheiten durch Eltern in Orientierung an ihren Interessen, Kompetenzen und Ressourcen geplant werden. Dabei ist es für die Transparenz und Aufgabenverteilung wichtig, gemeinsam eine To-do-Liste und einen Zeitplan zu erstellen. Methodisch kann dies je nach Gruppengröße über die Bearbeitung innerhalb der Gesamtgruppe und die parallele Dokumentation auf Flipcharts durch die Moderator/innen geschehen. Abschließend wird das weitere Vorgehen vereinbart und abgestimmt, wann und wie die Umsetzung die Ergebnisse in einem dritten Workshop ausgewertet wird. Auch von diesem Workshop sollten die Teilnehmenden ein Protokoll zur Verfügung gestellt bekommen, in dem die Vereinbarungen festgehalten werden.

Der dritte Workshop wird erst dann angesetzt, wenn eine gewisse Zeit verstrichen ist, in der die Vereinbarungen umgesetzt werden können. In dieser dritten Veranstaltung gilt es, auf die vereinbarten Schritte zurückzublicken und deren Realisierung auszuwerten. Dies kann entweder im Austausch in der Großgruppe oder auch in Kleingruppen erfolgen. Dabei ist es zentral, sowohl die gelungenen Prozesse zu betrachten, als auch gemeinsam zu überlegen, warum bestimmte Schritte nicht erfolgreich waren. Im Anschluss an die Auswertung geht es darum, einen Blick auf die Gestaltung der weiteren Zusammenarbeit zu werfen und gemeinsam die nächsten Schritte abzustimmen.

5.4.3 Reflexion

Die Startworkshops zur Kooperation von Eltern und Institutionen (hier am Beispiel Schule) ermöglichen es den verschiedenen Akteuren, innerhalb eines geschützten Raums unter Moderation von Dritten, ihre Zusammenarbeit zu reflektieren und zu intensivieren. Die Workshops sollten in dialogischer und produktiver Atmosphäre stattfinden. Dadurch, dass zu Beginn ausreichend Raum zur Verfügung gestellt wird, um voneinander zu erfahren und jede/n zu Wort kommen zu lassen, kann sich die Gruppe finden und leicht in einen ersten Austausch einsteigen. Über den Perspektivwechsel in der ersten thematischen Arbeitseinheit wird ermöglicht, eventuell vorhandene Vorurteile und Voreingenommenheiten zu überwinden.

Die konkret zu bearbeitenden Themen richten sich für die weiteren Arbeitseinheiten jeweils nach den individuellen Gegebenheiten, Ansatzpunkten und Bedarfen. Bei der Befassung mit diesen ist wichtig, dass der Handlungsbedarf von allen Teilnehmenden erkannt wird und diese bereit sind, daran zu arbeiten und sich in der Umsetzung von Aktivitäten mit einzubringen. Zentraler als die gewählten Themenfelder ist es innerhalb dieser Form der Kooperation, miteinander ins Gespräch zu kommen, gemeinsam Entwicklungsaufgaben zu identifizieren und zusammen die Bearbeitung dieser zu planen und anzugehen.

Die Workshops können auch mehr als drei Veranstaltungen umfassen. Die Dreiteilung zu Beginn kann sich als nützlich erweisen, um eine intensivere Kooperation in Gang zu bringen, daher auch die Bezeichnung Startworkshops. Deshalb ist es zentral, die Kooperation dann nicht zu beenden, sondern fortzusetzen. Anschließend können weitere Workshops durchgeführt werden, über die der Austausch der verschiedenen Akteure implementiert werden kann und bei denen sich das Vorgehen ähnlich der ersten Runde wiederholt (Bestands- und Bedarfsermittlung, Vereinbarungen, Umsetzung, Auswertung). Der Dialog der Beteiligten kann aber auch über andere Formen weitergeführt werden, etwa durch die Bildung eines festen Gremiums oder über anders ausgestaltete Arbeitsgruppen zu bestimmten Themen.

Ähnliche Veranstaltungen können auch in anderen Institutionen als Schulen durchgeführt werden, etwa in Kindertagesstätten oder im Rahmen der Hilfen zur Erziehung. Um die Ergebnisse für die gesamte Bildungs- und Erziehungslandschaft nutzbar zu machen, bietet es sich an, entweder Personen in koordinierender Funktion der Bildungs- und Erziehungslandschaft einzubinden oder die Ergebnisse in Gremien vorzustellen und damit einen Transfer in andere Institutionen zu ermöglichen.

5.5 Bildungslandkarte
(Itzehoe, *isp*)

Eine Bildungslandkarte stellt eine spezifische Form der Bestandsaufnahme der Angebote in einer kommunalen Bildungs- und Erziehungslandschaft oder einem räumlichen Ausschnitt der Landschaft dar. Mit ihr können Vernetzungen und Kooperationen von Institutionen und anderen Akteuren sichtbar gemacht werden und inhaltliche Schwerpunktsetzungen des Angebots bzw. der Anbieter – etwa Gewaltprävention und Elternbeteiligung – erhoben und vor allem visualisiert werden.

Um Visualisierungen nicht zu „überladen", erfordert das Instrument eine gezielte Datenerhebung und bietet sich insbesondere im Rahmen von Planungsprozessen an.

Es geht um die Erfassung der konkreten Angebote und Kooperationsbeziehungen bzw. -strukturen der Anbieter und Träger der formalen und non-formalen Erziehung, Bildung und Betreuung. Das Produkt besteht im besten Fall aus einer oder mehreren Übersichtskarte(n), mit denen bspw. folgende Aspekte abgebildet werden:

- Standort;
- Träger und Größe;
- Mitarbeiter/innen (Anzahl, Qualifikation);
- Angebote und Zielgruppen;
- Kooperationsbeziehungen mit anderen (punktuell, gelegentlich, regelmäßig);
- Quartiers- oder stadtweite Orientierung;
- Beteiligungsstrukturen: wer wird wie beteiligt?

Diese Karten werden auf Grundlage der vorhandenen Daten (Behörden, Ausschüsse) sowie eines darauf aufbauend zu entwickelnden Fragebogens erfasst, der die exemplarisch genannten und/oder weitere Aspekte enthält.

Im Kern bietet die Bildungslandkarte damit zum einen die Möglichkeit, eine Übersicht der Angebotsstruktur herzustellen – um die Fragen „Was haben wir?" und „Was fehlt?" grundsätzlich oder mit Blick auf spezifische Themen abzubilden – und bei größeren Landschaften auch mit Blick auf verschiedene Stadtteile zu beleuchten. Zum anderen lassen sich mit Bildungslandkarten Kooperationen und Kooperationsstrukturen visualisieren, die Anlass für Planungen, Vernetzungstreffen, Fragen usw. sein können.

Mit dem Instrument der Bildungslandkarten lassen sich also erstens themenspezifische Verteilungen darstellen – in Form von Diagrammen (s. u.) oder aber mit Nadeln auf einer Karte der Kommune (etwa gelbe Nadeln für alle Institutionen mit gewaltpräventiven Angeboten, rote Nadeln für alle Institutionen, die Eltern beteiligen usw.).

Zweitens lassen sich auf Basis der erhobenen Daten „Netzwerkkarten", also auch Kooperationsbeziehungen darstellen, die sowohl auf der Ebene der Gesamtsteuerung und Gestaltung einer Bildungs- und Erziehungslandschaft als auch für beteiligte Institutionen und Anbieter eine gute Arbeits-, Planungs- und Orientierungsgrundlage bilden. Die visuelle Darstellung von solchen Netzwerken ist ohne größeren technischen und personellen Aufwand insbesondere für kleinere Räume, also definierte Quartiere, oder mit Fokus auf eine Institution möglich, deren Kooperationsbeziehungen dargestellt werden – etwa mit Metaplankarten und Fäden oder mit Mind-Map-Software oder Ähnlichem.

Das kann beispielsweise so aussehen (fiktives Beispiel):

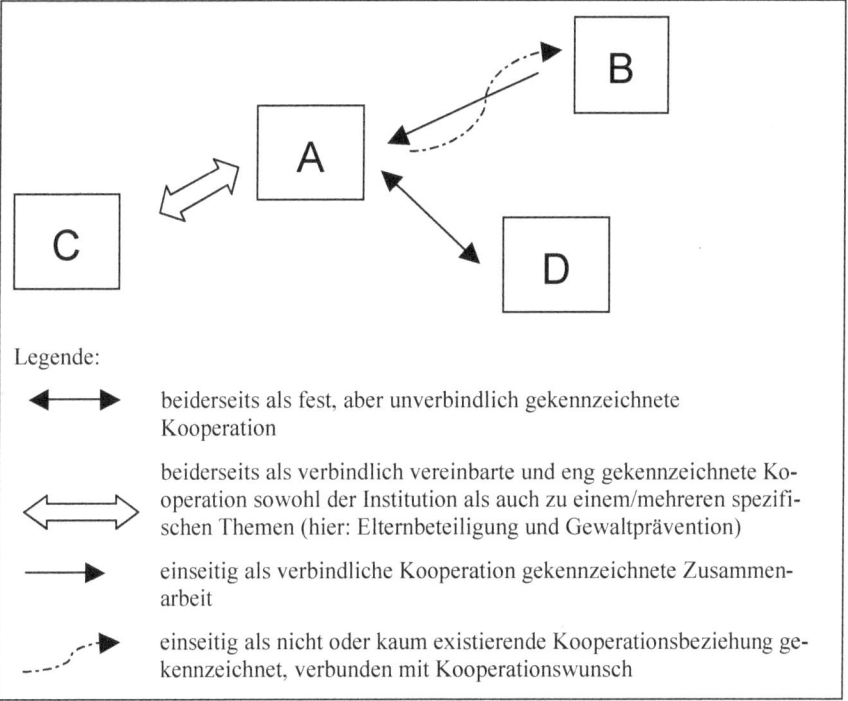

Abbildung 5: Schema Kooperationsbeziehungen

Darüber hinaus dient die Abfrage von spezifischen Themen und Strukturen – etwa bestehender Kooperationsbeziehungen, Beteiligungsformen und/oder -stufen von Elternbeteiligung oder inhaltlicher Angebote wie Gewaltprävention – dem Entdecken von Lücken im Angebot bzw. von Doppelangeboten sowie der Sensibilisierung der befragten Anbieter für bestimmte Themen (Steuerungseffekt).

Nicht zuletzt werden in einer gut geplanten Abfrage auch unterschiedliche Wahrnehmungen und Entwicklungsbedarfe in den Organisationen und Institutionen bzw. auf der Ebene der Bildungs- und Erziehungslandschaft insgesamt offenbar. In dem fiktiven Beispiel, in dem Institution A als Zentrum für die Illustration der Kooperationsbeziehungen definiert ist, wird diesbezüglich bspw. folgendes deutlich: Anbieter B gibt an, mit Anbieter A eine verbindliche Kooperationsvereinbarung zu haben, Anbieter A hingegen nennt Anbieter B nicht als Kooperationspartner, sondern gibt an, sich eine festere Kooperation mit Anbieter A zu wünschen.

5.5.1 Vorgehen und Bausteine

Zur Erstellung einer Bildungslandkarte sind folgende Schritte notwendig, die eine Steuerungsgruppe oder ein ähnliches Gremium bzw. eine Stelle voraussetzen, die den Prozess plant, initiiert und möglichst mit den entsprechenden Gremien und Institutionen abstimmt, durchführt und die Informationen auswertet bzw. zur weiteren Verwendung an die relevanten Akteure (einzelne Institutionen, Quartiersmanager usw.) zurücksteuert.

1. Definition von klaren Zielen und Erkenntnisinteressen – was soll die Bildungslandkarte abbilden?

Dieser Schritt ist von erheblicher Bedeutung, da bei Einbeziehung aller Anbieter in kommunalen Bildungs- und Erziehungslandschaften sehr schnell große Datenmengen produziert werden, die eine systematische und informative Darstellung erschweren. Diese ist für eine produktive und konstruktive Verwendung in Planungsprozessen jedoch unabdingbar, insbesondere wenn diese beteiligungsorientiert verlaufen sollen. So konnten beispielsweise am Modellstandort Itzehoe vor allem Verteilungen und Angebotsstrukturen sichtbar gemacht werden, die feinteiligeren Fragen und Analysen von Kooperationsbeziehungen ließen sich noch nicht umfänglich realisieren.

Bildungslandkarte 99

2. Zusammentragen und Bearbeiten der bereits vorhandenen Daten als Basis für die Erstellung eines Fragebogens – was ist bereits bekannt?

Diese Vorarbeit zielt zum einen ebenfalls auf die notwendige Fokussierung der relevanten Fragen. Zum anderen dient sie dazu, die Fragebögen, die an die Erziehungs- und Bildungsanbieter versendet werden, möglichst knapp zu halten und keine bereits bekannten Informationen abzufragen, was positive Auswirkungen auf den Rücklauf hat. Der Fragebogen und die Zielstellung der Bestandsaufnahme sollten auf geeignete Weise angekündigt und transparent gemacht werden (schriftlich oder auf einer kommunalen Bildungskonferenz o. ä.).

3. Erstellung des Fragebogens – was wird erfasst?

Die Erstellung des Fragebogens basiert auf den vorangegangenen Schritten und lässt sich nutzen, um weiter zu konkretisieren, was *erfasst* und wie es *ausgewertet* werden soll. Dabei können durchaus unterschiedliche Ziele bzw. Fragen verfolgt werden. So kann beispielsweise zum einen sehr allgemein abgefragt werden, wie viele Anbieter gewaltpräventive Angebote vorhalten, also mit einer Ja/Nein-Frage gearbeitet werden. Im selben Fragebogen kann, hier z. B. auf Basis des Interesses des Forschungsprojektes, eine offene Schwerpunktfrage gestellt werden: „An welchen dieser Angebote werden Eltern beteiligt und in welcher Weise?" Eine dritte, wesentliche Frageart sind skalierende Fragen, die möglichst spezifisch gestellt werden sollten: Zum Beispiel eine Frage nach den Altersgruppen, an die sich die Anbieter richten (im Anhang befindet sich das Beispiel aus Itzehoe) und/oder Formen der Elternbeteiligung, die differenziert und mehrdimensional abgefragt werden können, wenn diese im Zentrum des Interesses stehen: z. B. erstens auf der Dimension der Institutionalisierung: von punktuell und anlassbezogen bis regelmäßig und verbindlich und zweitens auf der Dimension der Beteiligungsstufen: Mitsprache, Mitwirkung, Mitbestimmung.

4. Versendung des Fragebogens und Sicherung eines größtmöglichen Rücklaufs

Die Fragebögen werden bei einer Bestandsaufnahme an alle relevanten Institutionen und Akteure versandt. Um einen möglichst hohen Rücklauf zu sichern, der für die Generierung einer Planungsgrundlage zentral ist, sind auch hierfür Zeit und Ressourcen einzuplanen – für Nachfragen, erneute Versendung, Klärung von Unklarheiten im Fragebogen oder Anderes. Gleichzeitig – und das zeigt die Erfahrung mit diesem Instrument – werden bereits in dieser Phase durch die Rückfragen Prozesse transparenter und auch Themen generiert, die relevant sind.

5. Auswertung der Daten für die definierten Fragestellungen

Je nach Ziel und Fragestellung bieten sich unterschiedliche Auswertungsverfahren an. Für einfache Häufigkeitsfeststellungen genügen Tabellenkalkulationen, bei spezifischen Fragen nach Kooperationsbeziehungen und/oder inhaltlichen Vernetzungen bieten sich neben Mind-Maps, Clustern und anderen Visualisierungsformen auch die genannten Nadelmethode an sowie die Aus- und Bewertung im Dialog mit den betreffenden Einrichtungen. Bei offenen Fragestellungen, wie der oben genannten, kann mit Clustern, Tabellen oder reduzierenden inhaltsanalytischen Verfahren[134] gearbeitet werden. Diese Aufzählung soll verdeutlichen, dass die Auswertung ein wesentlicher Schritt aber auch ein Stolperstein dieses Verfahrens sein kann – insbesondere wenn (zu) viele Daten erhoben werden.

6. Veröffentlichung der Auswertungen in entsprechenden Steuerungs- und Planungsgremien

Entsprechend der Frage- und Zielstellungen werden die Auswertungsergebnisse in den relevanten Gremien, von Arbeitsgruppen bis zu Bildungskonferenzen, vorgestellt und die Planung darauf hin abgestimmt. Dabei werden auch Fragen und Entwicklungsnotwendigkeiten deutlich, etwa die unterschiedliche Bewertung von Kooperationsstrukturen, es wird aber auch – und nicht zu unterschätzen – die Transparenz erhöht, was bereits zur Stiftung neuer Kooperationen, zu spezifischen fachlichen Austauschtreffen, mindestens aber zu einer generellen Erhöhung des Verweisungswissens führen kann.

5.5.2 Reflexion der Erfahrungen und Hinweise

Bei der Arbeit mit Bildungslandkarten ist unbedingt zu beachten, dass es sich dabei jeweils um eine Momentaufnahme handelt, die keine lange Gültigkeit beanspruchen kann. Dies wird dadurch verstärkt, dass das Ziel der Erstellung einer Bildungs- und Erziehungslandkarte ja gerade darin besteht, Veränderungsprozesse in Gang zu setzen, die die Karte selbst rasch veralten lassen.

Dies gilt umso mehr als – gerade in größeren Räumen – kaum sichergestellt werden kann, dass alle Anbieter antworten und einbezogen sind. Daher bietet es sich bei kleinräumigen und übersichtlichen Erfassungen an, die Bildungslandkarte in regelmäßigen Abständen zu erstellen. Bei größeren Bildungslandkarten ist dies aufgrund des damit verbundenen Aufwandes kaum möglich, hier lässt sich

---

[134] Etwa in Anlehnung an Mayring 2008, wobei sich insbesondere die Technik der Zusammenfassung (ebd.: S. 59ff) anbietet.

Bildungslandkarte 101

die Bildungslandkarte vor allem als Planungsgrundlage für umfassendere Entwicklungen einsetzen, ohne als solche einen längerfristigen Nutzen zu haben. Eine Bildungslandkarte produziert darüber hinaus in der Regel Fragen, die über die gemeinsam definierten Erkenntnisinteressen hinausgehen, beispielsweise zu Kooperationen oder zum Vernetzungs- und Bildungsverständnis, auf Grundlage ausbleibender Rückmeldungen. Diese Fragen können auch damit zu tun haben, dass Einrichtungen sich nicht als Bestandteil der Bildungs- und Erziehungslandschaft verstehen usw. Solche Aspekte können und sollten dann in die Planungsprozesse einbezogen werden und verändern oder präzisieren diese unter Umständen.

Die grafische Abbildung der gesamten Angebote und Vernetzungsstrukturen größerer Räume, etwa einer größeren Kommune, hat sich als schwierig und sehr ressourcenintensiv herausgestellt.

5.5.3 Exemplarische Ergebnisse aus Itzehoe

Der letzte Punkt zeigt sich in Itzehoe sehr deutlich. Dort ist die Erhebung sehr gelungen und die gesammelten Daten von 58 Anbietern haben interessante und relevante Ergebnisse gebracht, etwa zu den allgemeinen Kooperationsbeziehungen und zu den Beteiligungsstrukturen (siehe untenstehende Beispielgrafik). Eine Bildungslandkarte für die gesamte Kommune konnte bis Projektabschluss jedoch nicht erstellt worden.

Bezüglich der Schwerpunktthemen hat sich ergeben, dass 44 % der Anbieter, die geantwortet haben, gewaltpräventive Angebote haben und fast die Hälfte regelmäßige und verbindliche Beteiligungsformen vorhält, ohne hier die weitere Differenzierung auszuführen.

Gleichzeitig war es aufgrund der differenzierten Abfrage und des großen Gebietes (die ganze Kommune) trotz der guten Datenlage bis zum Ende des Praxisforschungsprojektes nicht möglich, die Kooperationsbeziehungen grafisch so umfassend darzustellen, wie es geplant war – und wie es oben modellhaft dargestellt ist.

Die folgende Übersicht zeigt die Verteilung der unterschiedlich dichten und verbindlichen Kooperationsbeziehungen der befragten Anbieter. So haben immerhin fast ein Drittel der Bildungsanbieter regelmäßige und verbindlich geregelte Kooperationsbeziehungen. Fasst an die Kategorien zusammen, so sind mehr als die Hälfte der Anbieter regelmäßig in Kooperation mit anderen tätig.

102 Instrumente und Modelle

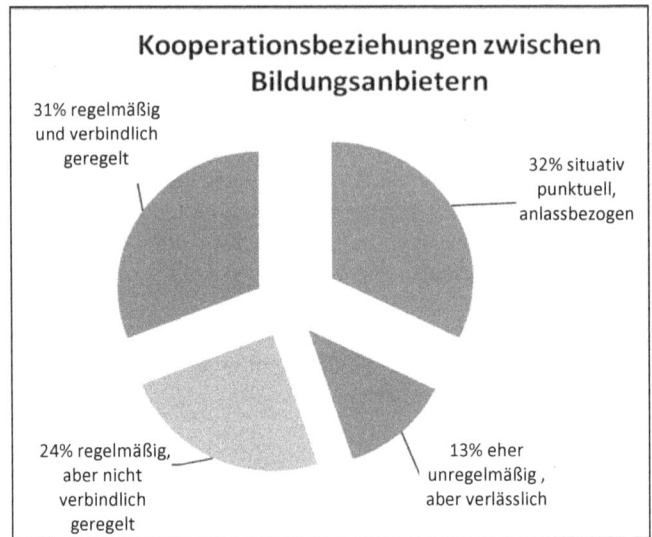

Abbildung 6: Kooperationsbeziehungen zwischen Bildungsanbietern

Mit Blick auf die Beteiligungs- und Mitbestimmungsstrukturen der Bildungsanbieter, die geantwortet haben, wird deutlich, dass die Beteiligung von Eltern und jungen Menschen – also der Zielgruppen im weiteren Sinn – bei über einem Drittel strukturell verankert ist.

5.6 Vier-Phasen-Modell
(Ludwigshafen-Gartenstadt, ism)

5.6.1 Kontext und Ziele

Zur Initiierung und Gestaltung einer lebendigen Bildungs- und Erziehungslandschaft bietet sich ein vierschrittiges Vorgehen an. Dabei geht es insbesondere darum, in Abstimmung mit allen Akteuren der Bildung, Betreuung und Erziehung einen Überblick über vorhandene Angebote zu erlangen, Bedarfe aufzudecken, zentrale Themenfelder zu identifizieren und zu bearbeiten sowie Projekte und Angebote bedarfsorientiert umzusetzen.

Der Prozess umfasst die vier Phasen der Information/Ankündigung, der Bestandsaufnahme und Bedarfsabfrage, der Auswertung und Zielfindung sowie der Umsetzung von Aktivitäten. Dieses Vorgehen wird im Folgenden idealtypisch erläutert und soll als Modell dafür dienen, die Gestaltung einer Bildungs- und Erziehungslandschaft unter Einbeziehung der zentralen Akteure anzustoßen und voranzubringen. Dabei ist zentral, dass die Schritte jeweils beteiligungsorientiert umgesetzt werden, so dass die Akteure des Netzwerks die Ausrichtung und Zielfindung in der Bildungs- und Erziehungslandschaft sowie die Umsetzung von Projekten gemeinsam vornehmen und gestalten. Auf diese Weise können auch Eltern ihre Bedürfnisse und Entwicklungsideen in die Arbeit (an) der Bildungs- und Erziehungslandschaft einbringen und den Prozess aktiv mitgestalten.

5.6.2 Phasen

Vorbereitende Schritte

Voraussetzung für den Start in die erste Phase ist ein Abstimmungs- und Legitimierungsprozess auf der politischen Ebene der Gesamtstadt, in dem die Ziele des Vorhabens, die sozialräumliche Verankerung und das Vorgehen festgelegt werden (siehe Kap. 4.1 und 4.2). Hier werden auf der obersten Entscheidungsebene in der kommunalen Bildungs- und Erziehungslandschaft (beispielsweise auf Stadtvorstands- oder Dezernatsebene) die Grobrichtung des Vorhabens vereinbart, verantwortliche Personen (z. B. Stadtteilkoordinator/innen) und Institutionen bestimmt und diese mit der Initiierung des Prozesses zu beauftragt.

1. Information/Ankündigung

Der Prozess der Initiierung der Bildungs- und Erziehungslandschaft im Stadtteil startet anschließend mit einer Informationsphase. In dieser werden die Akteure vor Ort durch die politische Ebene über das Vorhaben, eine Bildungs- und Erziehungslandschaft im Stadtteil aufzubauen, in Kenntnis gesetzt.

Dies kann mit einem Informationsschreiben an die Träger und die Einrichtungen der Bildung, Betreuung und Erziehung im Stadtteil erfolgen. Ebenso können Elterninitiativen und Elternvertretungen in Institutionen auf diesem Weg über die Geschehnisse im Stadtteil vorab informiert werden. In dem Brief werden das Vorhaben umrissen, die beteiligten Partner genannt und die Ziele und Erwartungen beschrieben. Daneben werden weitere Schritte wie etwa ein Besuch der Stadtteilkoordinator/innen in der Institution oder ein geplanter Fachtag angekündigt. Zudem kann auf diese Weise für die Mitwirkung der Akteure und die Beteiligung an der Gestaltung der Bildungs- und Erziehungslandschaft geworben werden.

Diese Informationsphase trägt dazu bei, dass die Akteure im Stadtteil frühzeitig von dem Vorhaben erfahren, die politische Legitimation desselben verdeutlicht wird und so eine gute Basis für die folgenden Schritte zustande kommt.

2. Bestandsaufnahme und Bedarfsabfrage

Innerhalb der zweiten Phase können über zwei Bausteine eine Bestandsaufnahme und Bedarfsabfrage erreicht werden. Zum einen kann dies über Institutionenbesuche der Stadtteilkoordinator/innen im persönlichen Gespräch erfolgen, zum anderen in der Gesamtschau der Akteure der Bildungs- und Erziehungslandschaft im Rahmen der Diskussionen innerhalb eines Fachtages.

Die Koordinator/innen lernen die vorhandenen Institutionen und bestehenden Angebote über die Besuche in den Einrichtungen und die Gespräche mit den Akteuren (zumeist den Leitungen) kennen. Darüber hinaus erfahren sie von den Zuständigen, welcher Bedarf im Stadtteil besteht und welche Themen für sie von zentraler Bedeutung sind. Dabei können auch zu ausgewählten Themen wie Elternbeteiligung und Gewaltprävention zusätzliche Informationen eingeholt werden. Besucht werden dabei zahlreiche Institutionen und Initiativen, die mit Kindern, Jugendlichen und Familien arbeiten: z. B. Krabbelgruppen, Kindertagesstätten, Grundschulen, weiterführende Schulen, Schulsozialarbeit, Schulelternbeirat, Kirchen, Straßensozialarbeit, Soziale Dienste, Träger von Erziehungshilfen, Familienbildungsinstitutionen, Elterninitiativen, Beratungsinstitutionen, Sportvereine, Musikschule, Volkshochschule, Bibliothek, Wohnungsbaugesellschaft, Ortsvorsteher/in und Ortsbeirat, Arbeitskreise im Stadtteil, Gewerbeverein etc.

Die Informationen zu Bestand und Bedarf werden dabei von den Koordinator/innen dokumentiert und gebündelt.

Parallel kann in dieser Phase ein Fachtag mit Teilnehmenden aus den oben genannten Institutionen und Initiativen, aber auch mit interessierten Eltern und Bürger/innen ohne institutionellen Kontext aus dem Stadtteil stattfinden. Der Fachtag dient dem Kennenlernen der Akteure vor Ort und dem Austausch über gemeinsame Ziele und Projekte (siehe Kap. 4.2). Hier kommen die Netzwerkpartner mit anderen Einrichtungen und den Projektverantwortlichen ins Gespräch. In Diskussionsrunden werden Ansatzpunkte für die Kooperation untereinander sowie Entwicklungsideen für die Bildungs- und Erziehungslandschaft gesammelt. Die so erzielten Ergebnisse werden ebenfalls protokolliert und zusammengefasst.

Diese zweite Phase ist geprägt von der Beteiligung der Netzwerkakteure, welche konstitutiv für das Zusammenwirken verschiedenster Partner in einer Bildungs- und Erziehungslandschaft ist. Auf diese Weise werden die unterschiedlichsten Institutionen und Akteure – ob professionell oder ehrenamtlich – in den Prozess einbezogen, finden Gehör und haben von Anfang an die Möglichkeit, an der Gestaltung des gemeinsamen Netzwerkrahmens teilzuhaben und mitzuwirken.

3. Auswertung und Zielfindung

In der dritten Phase gilt es, die Erkenntnisse, Themen und Entwicklungsideen aus den Institutionenbesuchen und dem Fachtag aufzubereiten und auszuwerten. Dazu werden der artikulierte Handlungsbedarf zusammengefasst und priorisiert, ein Zielfindungsprozess eingeleitet und das weitere Vorgehen abgestimmt. Dies kann auf unterschiedlichen Ebenen der Bildungs- und Erziehungslandschaft stattfinden, beispielsweise innerhalb eines Gremiums auf der Arbeitsebene der Akteure im Stadtteil oder einem übergreifenden Gremium, dem auch Vertreter/innen der Gesamtstadt angehören. Zentral ist dabei, dass die Ergebnisse über das weitere Vorgehen mit allen Beteiligten auf den verschiedenen Ebenen rückgekoppelt werden und ein grundsätzliches Einverständnis erreicht wird.

Zentral für die Bearbeitung der Themen in einer Bildungs- und Erziehungslandschaft ist immer die Partizipation der Partner an Umsetzungsprozessen, daher werden in der Regel Projekte angegangen, die eine breite Unterstützung im Netzwerk haben und die auch gemeinsam verwirklicht werden können.

Sind die Entscheidungen über die ersten Umsetzungsschritte gefallen, so werden sie – sofern noch nötig – an die Akteure vor Ort kommuniziert, um dort die Realisierung vorzubereiten.

4. Umsetzung von Aktivitäten

Die Umsetzung erster Aktivitäten beginnt in der vierten Phase des Prozesses. Aus den gesammelten Bedarfen und Entwicklungsideen werden verschiedene Mikroprojekte entworfen. Diese werden von den Stadtteilkoordinator/innen vorbereitet bzw. angestoßen und begleitet. Wichtig ist, dass die Projekte unter Beteiligung der Netzwerkpartner ins Leben gerufen werden, dass dabei vorhandene Angebote gebündelt und über die Einzelinstitution hinaus genutzt werden können und dass keine Alternativprojekte zu parallel bestehenden Angeboten implementiert werden. Für die Aktivitäten ist es von zentraler Bedeutung, dass die Partner sich gegenseitig informieren und Ressourcen gemeinsam nutzen können.

Mikroprojekte sind zu den unterschiedlichsten Themen denkbar, es kann sich dabei um eine bilaterale Kooperation, aber auch um ein Vorhaben von mehreren Partnern handeln. Beispiele dafür werden näher beschrieben. Diese stehen für die Verbindung von Angeboten über den Tag und die Biografie von jungen Menschen hinweg, die im Zusammenspiel verschiedener Akteure der Erziehung und Bildung organisiert werden.

Die Verknüpfung von Ressourcen sowie die Abstimmung von Angeboten ist in der Umsetzungsphase eine Herausforderung, die es sich aber anzunehmen lohnt, da hier Synergieeffekte für die beteiligten Partner entstehen können. So wird häufig geschildert, dass eine Einrichtung ein bestimmtes Angebot für Eltern vorhält, die Resonanz aber gering ist, während eine andere Einrichtung genau ein solches Angebot nicht allein auf die Beine stellen kann, hier aber eine große Nachfrage danach herrscht. Über das Wissen umeinander und den regelmäßigen Austausch können solche Situationen vermieden werden und ein Partner kann von den Ressourcen des anderen profitieren. Bereits bestehende Angebote einzelner Akteure der Bildungs- und Erziehungslandschaft können im Netzwerk für größere Zielgruppen geöffnet werden. So kann beispielsweise für ein Elterncafé im Rahmen eines Frühe Hilfen-Angebots breiter geworben werden und es finden Eltern Zugang, die mit dem Angebot selbst bisher nichts zu tun hatten. Vorhandene Ressourcen können auf diese Weise gemeinsam und bestehende Angebote besser genutzt werden. Für die jungen Menschen und Eltern wird so ermöglicht, dass sie Zugang zu bisher nicht bekannten Institutionen finden, neue Angebote kennen lernen und hierüber neue Erfahrungen machen können.

Auf diese Weise kann es auch gelingen, bestimmte Angebote ohne zusätzliche Ressourcen zu realisieren, weil die vorhandenen Ressourcen verschiedener Akteure gebündelt und gemeinsam eingesetzt werden.

Im Hinblick auf die Beteiligung von Eltern werden über die Vielzahl von Mikroprojekten verschiedene Partizipationsformen und -stufen angeboten. So dienen einzelne Angebote der Information, Beratung oder Familienbildung, andere sind darauf ausgelegt, dass Eltern Themen auswählen und über deren Gestaltung entscheiden, wieder andere existieren nur aufgrund der Eigeninitiative oder Selbstorganisation durch Eltern.

Einige Mikroprojekte werden nach deren Abschluss oder auch begleitend ausgewertet. So kann etwa nach einem Herbstferienprogramm ein Elternabend stattfinden, in dem die einzelnen Angebote reflektiert werden. Dabei stellt sich beispielsweise heraus, dass für bestimmte Altersgruppen mehr Angebote gewünscht sind, dass einige Eltern mit dem Programmheft nicht gut zurechtkommen oder dass andere Angebote als Regelangebote implementiert werden sollten. Eine solche Reflexion mit den Beteiligten ermöglicht es, die Mikroprojekte an den Bedarf anzupassen bzw. so zu gestalten, dass sie den Interessen und Erwartungen der Adressat/innen entsprechen.

5.6.3 *Reflexion*

Der beschriebene vierschrittige Prozess kann als Modell zur Initiierung und Gestaltung einer Bildungs- und Erziehungslandschaft dienen, muss aber an die individuellen Bedingungen vor Ort angepasst werden. Eine wichtige Rolle spielen in dem Prozess die hauptamtlichen Stadtteilkoordinator/innen, ohne deren Ressourcen der Prozess unter Umständen zeitlich ausgedehnt oder entsprechend verändert werden müsste, da vor allem die Institutionenbesuche aber auch die Koordination der Mikroprojekte einen erheblichen Zeitaufwand darstellen.

Über den vorgestellten Prozess kann es gelingen, Eltern – als aktive Bürger/innen, in Elterninitiativen oder -vertretungen – von vornherein als Akteure einzubeziehen und auch das Thema Elternbeteiligung in der Bildungs- und Erziehungslandschaft zu verankern. Ebenso können gewaltpräventive Mikroprojekte umgesetzt, Angebote zur Gewaltprävention gemeinsam gestaltet und genutzt und das Thema als zentrales Handlungsfeld im Netzwerk bearbeitet werden.

Die vier Phasen bauen aufeinander auf, müssen aber auch als Kreislauf gesehen und verwirklicht werden. Es bedarf in der Bildungs- und Erziehungslandschaft einer kontinuierlichen Information der beteiligten Partner, immer wieder der Schaffung eines Überblicks über Vorhandenes und besonders der Artikulation und Bündelung der Bedarfe durch alle Beteiligten. Darüber hinaus müssen die Erkenntnisse ausgewertet werden, Entscheidungen über umzusetzende Aktivitäten getroffen und die Aktivitäten in Zusammenarbeit der Partner verwirklicht werden.

5.6.4 Beispiele für Mikroprojekte

Krabbelgruppen

Nachdem festgestellt wurde, dass im Stadtteil Ludwigshafen-Gartenstadt ein Angebot für Eltern mit Kindern bis zu einem Jahr fehlt, wurden in Kooperation verschiedener Partner Krabbelgruppen eingerichtet bzw. reaktiviert. Räumlichkeiten stellen die Wohnungsbaugesellschaft und Kindertagesstätten zur Verfügung, geleitet und fachlich begleitet werden die Gruppen durch Fachkräfte der Frühen Hilfen, der Familienbildung oder der ambulanten Erziehungshilfen. Thematisch einbezogen werden zu Informationsveranstaltungen darüber hinaus weitere Akteure des Netzwerks, beispielsweise die Johanniter für Erste-Hilfe-Kurse. Die Beteiligung von Eltern ist hier konstitutiv und wird über verschiedene Formen und Stufen realisiert, von Beratung und Information über Mitwirkung und Mitentscheidung bei der Auswahl von Themen bis hin zur Selbstorganisation/Eigeninitiative im Sinne der Leitung einer Gruppe durch aktive Eltern. Mit den Krabbelgruppen werden folgende Ziele verbunden:

- einfache Form der Familienbildung im Rahmen eines niedrigschwelligen und freiwilligen Angebots;
- Unterstützung und Nutzung bestehender Ressourcen;
- Schaffung eines frühen Zugangs zu Eltern und
- Einbeziehung von Eltern über verschiedene Beteiligungsformen.

Präventionsprojekt

Aufgrund der vorhandenen Netzwerkstrukturen gelang es nach einem Gewaltvorfall unter Jugendlichen im Stadtteil, alle Beteiligten an einen Tisch zu holen und zusammen über die Lösung des Konflikts zu beraten. Ausschlaggebend war es, dass die zuständige Fachkraft im Haus des Jugendrechts[135] sich an die Stadtteilkoordinator/innen wandte und sie um Unterstützung bat. Unter Einbeziehung von Schule, Polizei, der jungen Menschen und ihren Eltern war es möglich, einen Schulverweis zu verhindern und ein Wiedergutmachungsprojekt im Stadtteil an der eigenen Schule zu organisieren. In Zusammenarbeit mit dem städtischen Grünflächenamt und den Koordinator/innen wurde ein Schulgartenprojekt entwickelt und durchgeführt, mit dem Folgendes bezweckt wird:

- Instandsetzung und Pflege des Schulgartens;
- Schaffung positiver Lern- und Erfahrungsorte;
- Mitarbeit und Mitgestaltung durch die Jugendlichen und
- Wiedergutmachung im eigenen Sozialraum.

Ferienprogramme

Ein kontinuierliches und regelmäßiges Mikroprojekt stellen die neu entwickelten Ferienprogramme im Stadtteil dar. Für die Schulferien wird ein umfassendes Freizeitangebot für Kinder, Jugendliche und Familien organisiert, an dem sich zahlreiche Netzwerkpartner beteiligen, beispielsweise Schulen, Kindertagesstätten, Jugendfreizeitstätte, ambulante Erziehungshilfen, Stadtteilbibliothek, Seniorentreff, Museum, Jugendtheater, Jugendkunstschule, Kinderschutzbund, Technische Werke, Ortsvorsteher, Volkshochschule etc. Ziele sind:

- ein Ferienprogramm mit allen Angeboten im Stadtteil;
- Kooperation der Ferienprogramm-Anbieter;
- Schaffung weiterer Lern- und Bildungsorte für Kinder, Jugendliche und Familien;
- Gewinnen der Eltern zur Mitwirkung und Mitgestaltung und
- bei großer Resonanz Entwicklung vom Einzelangebot zum Regelangebot.

---

[135] Das Haus des Jugendrechts („JuReLu") ist ein Kooperationsmodell der Jugendhilfe in öffentlicher und freier Trägerschaft, der Polizei und der Staatsanwaltschaft in enger Zusammenarbeit mit dem Amtsgericht Ludwigshafen zur interdisziplinären Zusammenarbeit im Falle von Jugendkriminalität. Nähere Informationen: http://www.jurelu.de.

5.7 Projektwerkstätten
(Gladbeck, Itzehoe, *isp*)

Die Entscheidung von Einzelpersonen und/oder Vertreter/innen von Institutionen und Einrichtungen, Projektwerkstätten zu gründen, fußt auf der Formulierung eines Entwicklungsanliegens, das von den Akteuren dieser Werkstätten geteilt wird (Was ist das Anliegen? Was ist das Problem? Was wollen wir erreichen?) und auf dessen Umsetzung im Prozess eine Verständigung stattfindet (Wie wollen wir es erreichen?). Grundsätzlich legen Projektwerkstätten großen Wert auf ihre Selbstbestimmung und Unabhängigkeit, schlanke Koordinationsstrukturen, hohe Flexibilität und konsensuale Entscheidungen.[136]

Ausgehend von diesen Handlungsmaximen ist die Konstituierung und Arbeit von Projektwerkstätten den spezifischen Anliegen der Akteure anzupassen. Projektwerkstätten im Rahmen des Praxisforschungsprojektes wurden eingesetzt, weil es den unterschiedlichen an der Entwicklung der Bildungs- und Erziehungslandschaft beteiligten Verantwortungsebenen, Institutionen und Akteuren u. a. darum ging, sich über die gemeinsam zu verfolgenden inhaltlichen Schwerpunkte der Gestaltung der Bildungs- und Erziehungslandschaft zu verständigen und zu diesen Schwerpunktthemen Entwicklungspotenziale und -erfordernisse zu erarbeiten.

5.7.1 Handlungsschritte

Für die Konstituierung und Durchführung von Projektwerkstätten ist eine detaillierte und genaue Planung erforderlich, deren Schritte von dem Ziel geleitet werden, am Ende ein Einverständnis zu den zu verfolgenden inhaltlichen Entwicklungsthemen hergestellt zu haben. Die Kleinschrittigkeit der (auch vorbereitenden) Abläufe kann gewährleisten, dass eine gemeinsame Verständigung auf konstruktiv bearbeitbare Handlungsfelder erfolgt.
Die vorbereitenden Schritte und ihr Gelingen können somit als integraler Bestandteil der Arbeit von Projektwerkstätten bezeichnet werden. Darüber hinaus muss gegebenenfalls von einer zuvor begründet entwickelten Schrittfolge bzw. planerisch aufeinander aufbauenden Abläufen zugunsten der Orientierung der an den vor Ort bestehenden Bedingungen und Ausgangssituationen abgewichen werden. So kann es notwendig sein, mehrere Schritte gleichzeitig und gleichwertig zu bearbeiten oder auch einen zweiten Schritt vor dem (idealtypisch) ersten Schritt zu machen. Auch wenn also die Planung von ausschlaggebender Bedeu-

---

[136] Siehe dazu auch http://www.projektwerkstatt.de [letzter Zugriff: 13.12.2011].

tung ist, ist es erforderlich, flexibel von dieser Planung abweichen zu können, ohne die Bearbeitung folgender zentraler Fragen aus dem Blick zu verlieren:

- Wie kann eine Handlungsorientierung entwickelt werden?
- Wie werden aus der Handlungsorientierung zu bearbeitende Handlungsfelder?
- Wie wird eine Projektwerkstatt legitimiert und unterstützt?
- Wie kann die Struktur- und Prozessqualität gesichert werden?
- Wie können die Handlungsfelder operationalisiert werden?
- Wie können die Ergebnisse von Projektwerkstätten in die Bildungs- und Erziehungslandschaft eingespeist werden?

Im Folgenden werden die zu bearbeitenden Themen und zu vollziehenden Schritte, wie sie aus den Prozessen an zwei Modellstandorten abstrahiert werden können, dargestellt und beispielhaft illustriert. Ausgehend von den angesprochenen und zu berücksichtigenden Spezifika in den konkreten Prozessen, sind die vorgestellten Schritte nur bedingt im Sinne einer Chronologie zu verstehen.

1. Schritt: Entwicklung von Handlungsorientierungen

Das Ziel von Projektwerkstätten besteht darin, zu definierten konkreten Frage- und Aufgabenstellungen Handlungsorientierungen zu erarbeiten, die über das Eigeninteresse und die institutionsspezifischen Perspektiven des eigenen Verantwortungsbereiches hinausweisen. Darüber hinaus wird angestrebt, dass diese die Veränderung und Entwicklung der gesamten Bildungs- und Erziehungslandschaft betreffen.

Ausgangspunkt zu konstituierenden Projektwerkstätten kann eine zentrale Veranstaltung sein, in der die Teilnehmer/innen (professionelle Akteure der Bildungs- und Erziehungslandschaft, Bürger/innen, Kinder und Jugendliche) die Gelegenheit nutzen, sich mit den Entwicklungserfordernissen der Bildungs- und Erziehungslandschaft auseinander zu setzen.

Dabei bestimmt die Ausgangssituation einer Bildungs- und Erziehungslandschaft die Zielformulierungen einer solchen Veranstaltung. Geht es um die Konzentration auf ausgesuchte Themen (wie z. B. Elternbeteiligung und Gewaltprävention), ist ein externer Input, bspw. ein Fachvortrag oder ein Workshop zu Methoden und Verfahren, zur inhaltlichen Begründung und Einbettung der Schwerpunktsetzung sinnvoll. Innerhalb dieses Rahmens findet die Gestaltung und Zielrichtung der Veranstaltung um die Diskussion der Entwicklungserfordernisse statt. Diese Fokussierung auf Themenschwerpunkte bestimmt den möglichen Adressat/innenkreis der an der Mitgestaltung zu beteiligenden Akteure insofern, als dass es sich anbietet, hier Akteure zu gewinnen, die sich qua Profession, Aufgabenprofil und Zieldefinition mit den ausgewählten Schwerpunktthemen beschäftigen. Diese Akteure entfalten im Rahmen der Veranstaltung die möglichen Entwicklungspotenziale zu den Schwerpunktthemen aus ihrer institutionellen Perspektive. Damit sind die Zugänge, Auffassungen und formulierten Erfordernisse unterschiedlicher Institutionen zu den Schwerpunktthemen veröffentlicht und begründet.

Im Rahmen eines am Modellstandort Gladbeck in der Initiativgruppe[137] kooperativ vorbereiteten und durchgeführten Herbstplenums zur Frage der „Bündnisangebote unter dem Aspekt der Elternbeteiligung und deren Relevanz und Wichtigkeit für die Gewaltprävention", stellten sich acht (vom Modellstandort ausgesuchte) explizit und/oder implizit gewaltpräventiv tätige Projekte der Gladbecker Fachöffentlichkeit mit Fokus auf das Oberthema vor. An dieser Veranstaltung waren die maßgeblichen Akteure der Bildungs- und Erziehungslandschaft auf administrativer (Bürgermeister, Amtsleitungen, Abteilungsleitungen etc.) und aus der sozialarbeiterischen Praxis beteiligt. Nach einem Input zu diesem Thema durch das *isp* stellten die Vertreter/innen der acht Projekte ihre Positionen zu der Frage dar, in welcher Weise ihre Projekte unter dem Aspekt der Elternbeteiligung nachhaltig gewaltpräventiv wirken und welche Entwicklungspotenziale sie benennen können.

2. Schritt: Handlungsfelder und Interessenbekundung

Das Ziel der Festlegung von Handlungsfeldern besteht darin, eine komplexe und vielschichtige Thematik handhab- und bearbeitbar zu machen. Erst die Generierung von Handlungsfeldern erlaubt es, konkret verfolgbare Zielvorstellungen zu formulieren, an denen in den Projektwerkstätten gearbeitet werden kann. Die Handlungsfelder markieren den konkreten Auftrag der Projektwerkstätten. Hier wird insbesondere das Gemeinsame deutlich betont und ausformuliert. Aus diesem werden mögliche Handlungsfelder – zugespitzt auf die formulierten ausgesuchten Themen – generiert.

Im Rahmen eines auf die zentrale Veranstaltung folgenden Workshops wurden die wichtigsten Ergebnisse des Gladbecker Herbstplenums und von der begleitenden Praxisforschung durchgeführter und ausgewerteten Interviews[138] mit den Vertreter/innen

---

[137] Der Begriff der „Initiativgruppe" steht hier für den Kreis der Beteiligten am Modellstandort, die den Entwicklungsprozess über die gesamte Laufzeit der Begleitung und Evaluation vor Ort initiiert, gestaltet, begleitet, befördert und unterstützt haben.
[138] Es kann erforderlich sein, vertiefende Gespräche bzw. Interviews mit den einzelnen Vertreter/innen der Institutionen zu führen, wenn die Ergebnisse der zentralen Veranstaltung keine ausreichende Grundlage für die weitere Bearbeitung der Schwerpunktthemen bilden. Hier wurden

der acht gewaltpräventiven Projekte und weiterer Akteuren der Landschaft, die am durchgeführten Herbstplenum teilgenommen hatten, diskutiert. Inhaltlicher Schwerpunkt der Diskussion war die Einbindung und Beteiligung von Eltern an gewaltpräventiven Angeboten. Einigkeit bestand darin, Eltern deutlicher als bisher zu beteiligen und sie in ihrer Verantwortung stärken zu wollen. Folgende Handlungsfelder, für die Akteure die Verantwortung übernehmen wollten, wurden erarbeitet:

- Eltern erreichen und Eltern beteiligen;
- Schule muss ins Netzwerk – Das Netzwerk muss in die Schule;
- Netzwerke brauchen Ziele;
- Kooperation mit der Kindertagestätte;
- Zentrale Koordination und Planung;
- Strukturen: Abläufe und
- Visionen – Aus Hilfen werden Angebote.

3. Schritt: Legitimation und Unterstützung gewährleisten

Bei der Gestaltung von Projektwerkstätten, deren Zusammensetzung dem formulierten Entwicklungsanliegen folgt, gilt es, die Ausgangssituation der Akteure in den Projektwerkstätten zu berücksichtigen. Sie stellen sich dieser Arbeit in der Regel zusätzlich zu ihren originären Aufgaben und haben daher ein immanentes Interesse daran, dass ihre (zusätzlich zur Verfügung gestellte) Ressource „Zeit" produktiv und konstruktiv genutzt wird. Dies gelingt u. a, wenn Projektwerkstätten mit einem Auftrag (z. B. aus der Administration) ausgestattet sind, um die Legitimität und Bedeutung der Arbeit der Mitglieder einer solchen Projektwerkstatt zu verdeutlichen. Sind die Projektwerkstätten von der Administration mit inhaltlicher Legitimation und organisatorischer Unterstützung ausgestattet, können sie sich auf die Bearbeitung von Themen konzentrieren. Gleichzeitig erhöht sich die Bedeutung der erarbeiteten Entwicklungserfordernisse. Dies entfaltet Aufforderungscharakter im Feld.

Am Modellstandort Gladbeck wurden die Projektwerkstätten mit dem Auftrag der Leitung des Amtes für Bildung ausgestattet, sich mit den Entwicklungserfordernissen der Bildungs- und Erziehungslandschaft auseinander zu setzen. Darüber hinaus wurden die Projektwerkstätten durch den Einsatz von „Kümmerer/innen" unterstützt, die ebenfalls aus Mitarbeiter/innen der Administration bestanden.

Interviews mit den Vertreter/innen der acht gewaltpräventiven Projekte zwischengeschaltet, um die im Rahmen des Herbstplenums erarbeiteten Grundlagen zur Bildung der Projektwerkstätten zu vertiefen.

4. Schritt: Struktur- und Prozessqualität sichern – Arbeitsformen und -methoden festlegen

Angesichts der begrenzten (zeitlichen) Ressourcen der Mitglieder der Projektwerkstätten ist es sinnvoll, sich im Vorwege der tatsächlichen Auseinandersetzung mit den inhaltlichen Schwerpunkten über Arbeitsregeln, -formen und -methoden zu verständigen, die dazu beitragen können, dass das erstrebte Ziel mit den zur Verfügung stehenden Mitteln erreicht werden kann.

Dabei ist es hilfreich und effektiv, nach der Entwicklung des Inhalts der Anliegen (Um was geht es?) die Art der Bearbeitung (Wie gehen wir vor und was brauchen wir?) in den Werkstätten möglichst konkret zu verabreden. Auch hier ist eine Moderation der Planung, die nicht selbst an den Projektwerkstätten beteiligt ist, hilfreich. Folgender Fragekatalog hat sich dabei als zielführend erwiesen:

- Was soll bearbeitet werden? Gemeinsame Formulierung von (bis zu drei) konkreten Anliegen auf Basis des Handlungsfeldes und der entwickelten Unterthemen.
- Wie bearbeiten wir diese Anliegen in der nahen Zukunft als Projektwerkstatt? – Schaffung von Arbeitsstrukturen?
- Was sind die nächsten Handlungsschritte? (Reihenfolge…)
- In welcher Form werden diese umgesetzt/bearbeitet?
- Welche Unterstützung wird noch benötigt? (Menschen, Räume, Expertise…)
- Bis wann soll ein (erstes) Zwischenergebnis vorliegen?
- Wer kümmert sich um was? Treffen organisieren, Protokolle, Moderation, Ergebnistransfer, Einladungen

5. Schritt: Handlungsfelder mit erkenntnisleitenden Fragen bearbeitbar machen

Nach Klärung der Handlungsfelder und Vereinbarungen darüber, wie diese Handlungsfelder zu bearbeiten sind, erfolgt die konkretisierende Bestimmung der zu bearbeitenden Fragen zum jeweiligen Handlungsfeld.

Die Gladbecker Projektwerkstätten wurden von jeweils einem oder zwei Mitgliedern der Initiativgruppe inhaltlich und organisatorisch begleitet und unterstützt (so beteiligte sich die Leitung des Amtes für Bildung an einer dieser Werkstätten). Drei Projektwerkstätten, die aus den Mitarbeiter/innen der gewaltpräventiven Projekte und aus Vertreter/innen weiterer Institutionen und Angebote der Stadt bestanden, bearbeiteten die von ihnen benannten Handlungsfelder. Die Projektwerkstätten arbeiteten (und arbeiten zum Ende der Begleitung und Evaluation durch die Praxisforschung noch) an folgenden Themen und Fragestellungen zu den jeweiligen Handlungsfeldern:

- Handlungsfeld „Eltern erreichen und Eltern beteiligen": Wie können Eltern nach der Grundschule erreicht werden? Was brauchen Eltern? Was haben Eltern von Beteiligung? Wie können Eltern für Beteiligung stark gemacht werden? Welche grundsätzliche Haltung ist auf Seiten der Professionellen erforderlich? Wie kann gemeinsam mit Eltern für die Kinder gearbeitet werden?
- Handlungsfeld „Schule muss ins Netzwerk – Netzwerk muss in die Schule": Wie kann ein nachhaltiges Netzwerk für Eltern geschaffen werden? Was macht Netzwerke notwendig und somit legitim? Wie können Netzwerke sich an den Bedürfnissen von Eltern jenseits von Trägerinteressen orientieren? Wie kann eine thematische und sozialräumliche Vernetzung befördert werden? Wie kann in Netzwerken partnerschaftlich und jenseits von Konkurrenz zusammengearbeitet werden?
- Handlungsfeld „Zentrale Koordinierung und Planung": Wie können Projekte strukturell und personell verstetigt werden? Ist der Widerspruch zwischen Projektfinanzierungen und nachhaltiger Netzwerkarbeit auflösbar?

6. Schritt: Netzwerktreffen der Projektwerkstätten durchführen

Die Projektwerkstätten sind Teile eines Netzwerkes, das sich regelmäßig (in zu definierenden Abständen zwischen den Treffen der Projektwerkstätten) trifft. Alle Projektwerkstätten und weitere Akteure der Bildungs- und Erziehungslandschaft, die (noch) nicht einzelnen Projektwerkstätten angehören, versammeln sich zu regelmäßigen Netzwerktreffen, in denen sie sich über den Stand der Dinge in den jeweiligen Projektwerkstätten austauschen, ihre (vorläufigen) Ergebnisse und ihre weiteren Planungen in der Bildungs- und Erziehungslandschaft darlegen und zur Diskussion stellen, sich neue Anregungen holen und neue Mitglieder für die Projektwerkstätten gewinnen, die sich an der Auseinandersetzung mit der formulierten Aufgabenstellung beteiligen wollen. Insbesondere mit diesen Netzwerktreffen kann die Wertschätzung und Anerkennung, die den Projektwerkstätten und ihrer Entwicklungsarbeit von Seiten der Politik und der Administration entgegen gebracht wird, sicht- und erlebbar gemacht werden.

Projektwerkstätten in Itzehoe

Im Rahmen der Netzwerktreffen am Modellstandort Itzehoe stellten sechs Projektwerkstätten ihre jeweiligen Zwischenergebnisse zur Diskussion, formulierten weiter geplante Entwicklungsschritte und etwaige Unterstützungserfordernisse. Zwei dieser Projektwerkstätten befassen sich explizit mit den Schwerpunktthemen:

„Bildungsklima durch Partizipation verbessern", „Förderung von Familien": Hier geht es den Beteiligten darum, „durch eine breite Beteiligung verschiedener Bevölkerungsgruppen das Bildungsklima zu verbessern."

„Sicherheit – in meiner Umgebung fühle ich mich sicher und wohl": Die Beteiligten an der Projektwerkstatt befassen sich mit den Themen „Mobbing und Gewalt an Schulen" und „Kommunikationstraining/Begleitung an allen Schulen und weiteren Bildungseinrichtungen".

Die Netzwerktreffen werden von Mitarbeiter/innen der Administration (Amt für Bildung) organisiert und moderiert. Auf Grundlage der von den Projektwerkstätten formulierten Erfordernissen (auf organisatorischer und inhaltlicher Ebene) im Hinblick auf ihre Themen, bieten die Mitarbeiter/innen der Administration ihre mögliche Unterstützung an (Sach- und Finanzmittel, Vermittlung von Kontakten, Organisation von Fortbildungen etc.). Darüber hinaus werden in diesen Netzwerktreffen die Potenziale gegenseitiger Unterstützung verdeutlicht. Die jeweiligen Projektwerkstätten (in Itzehoe bestehend aus insgesamt ca. 70 Akteuren unterschiedlicher Institutionen, Eltern, Politiker/innen, administrativ Tätigen etc.) erhalten hier immer die – methodisch vorbereitete und durchgeführte – Möglichkeit, von den Expertisen, Kontakten, Ideen und Aktivitäten anderer Projektwerkstätten zu profitieren. Es werden z. B. – sehr einfach, wirkungsvoll und hilfreich – zwei Stellwände mit den Überschriften „Ich brauche" und „Ich habe" aufgestellt. Die Teilnehmer/innen werden gebeten, ihre konkreten Anliegen bzw. ihre Angebote auf Karteikarten zu formulieren. Im Sinne eines „Marktes der Möglichkeiten" erfolgen dann Kontaktaufnahmen und Vereinbarungen zwischen Angebot und Nachfrage. Allein mit dieser Methode wird das große Potenzial der Bildungs- und Erziehungslandschaft deutlich und nutzbar. Die Ergebnisse der Netzwerktreffen werden (als weitere Serviceleistung) von den Moderator/innen festgehalten und den Projektwerkstätten zeitnah zur Verfügung gestellt.

5.7.2 Fazit

Projektwerkstätten können effektiv und effizient eingesetzt werden, wenn es darum geht, mit unterschiedlichen Akteuren und Funktionsebenen der Bildungs- und Erziehungslandschaft an der Weiterentwicklung der Landschaft im Hinblick auf die Schwerpunktthemen zu arbeiten. Zu beachten ist, dass die Qualität der Ergebnisse dieser Werkstätten unmittelbar mit der Qualität der Prozessgestaltung verbunden ist. Die sorgfältige Vorbereitung und Anbahnung ist konstitutiv für das Gelingen. In den Projektwerkstätten wird die tatsächliche Reichweite und Tragfähigkeit spezifischer Entwicklungsvorhaben bzw. bestimmter Schwerpunktsetzungen deutlich.

Auch mit Konsens in einer Initiativgruppe darüber, dass die Schwerpunktthemen das Hauptanliegen der Bildungs- und Erziehungslandschaft abbilden, lassen sie sich nur insoweit „einsteuern", als dass sie in ihrer Ausgestaltung für die weiteren zu beteiligenden Akteure der Bildungs- und Erziehungslandschaft, die an dieser „Setzung" nicht unmittelbar beteiligt gewesen sind, anschlussfähig, also teilbar, nachvollziehbar und schlüssig sind. Das Expert/innenwissen dieser Akteure ist unerlässlich und muss im Rahmen der Projektwerkstätten (gerade auch dann) berücksichtigt, genutzt und produktiv in den Weiterentwicklungspro-

zess integriert werden, wenn etwaige Einschätzungen und Zugänge zur Bearbeitung zur Diskussion stehender Schwerpunktthemen (scheinbar oder anscheinend) auf Abwege oder Nebengleise führen.
Bemerkenswert ist gleichzeitig, dass sich Projektwerkstätten zum Thema Gewaltprävention (wie z. B. die Projektwerkstatt „Sicherheit ..." in Itzehoe) sich ihren Weg „Bottom-up" in die Diskussion zur Weiterentwicklung der Bildungs- und Erziehungslandschaft bahnen können, auch wenn nicht alle Mitglieder der Initiativgruppe davon überzeugt sind, dass das Thema Gewaltprävention von besonderer Relevanz für die Bildungs- und Erziehungslandschaft ist.

5.8 Der „kleine Max"
(Bad Friedrichshall, Ludwigshafen-Gartenstadt, ism; Itzehoe, *isp*)

5.8.1 Kontext und Ziele

Bei der inhaltlichen Vorbereitung von größeren Veranstaltungen wurde das Instrument der „kleine Max" entwickelt und an drei Modellstandorten erprobt. Der „kleine Max" eignet sich vor allem für Veranstaltungen, bei denen verschiedene Institutionen und Akteure zu Fragen der Weiterentwicklung der Bildungs- und Erziehungslandschaft zusammenkommen.

Die Methode dient dazu,
- die Teilnehmenden zu Beginn der Veranstaltung zu aktivieren,
- in größeren Gruppen einen Überblick über die Herkunft bzw. die institutionellen Kontexte der Teilnehmenden zu schaffen,
- Ansprechpartner/innen für verschiedene Fragen vorzustellen,
- Bezüge zwischen Akteuren und Institutionen herzustellen,
- den Austausch der Teilnehmenden zu fördern und
- insbesondere die Stationen, die ein junger Mensch in einer Kommune durchläuft, anhand der zuständigen Personen und Institutionen zu visualisieren.

5.8.2 Durchführung

Es bietet sich an, den „kleinen Max" im Anschluss an die Begrüßung/Grußworte und die Vorstellung der Tagesordnung als ersten aktivierenden und beteiligenden inhaltlichen Einstieg in die Veranstaltung durchzuführen.

Der „kleine Max" 117

In der Vorbereitung wird eine Person bestimmt, die den „kleinen Max" spielt (der Name ist selbstverständlich variabel). Diese wird dem Publikum in der Veranstaltung von dem/der Moderator/in als „kleiner Max" vorgestellt, der gerade in der Kommune geboren worden ist. Die Teilnehmenden werden nun gebeten, sich dazu zu äußern, mit wem (Person/Institution) Max als erstes in Kontakt kommt. In der Regel meldet sich jemand von einer Krabbelgruppe oder einer Krippe oder je nach Zielgruppe der Veranstaltung auch Akteure aus der Geburtsvorbereitung, den Frühen Hilfen oder dem medizinischen Kontext, die schon vor bzw. bei der Geburt von Max mit seinen Eltern zu tun hatten. Die Aufgabe von Max ist es nun, seinen Weg durch das Publikum so fortzusetzen, wie er in der Kommune aufwachsen würde. Diese symbolische Reise von Max durch die Bildungs- und Erziehungslandschaft vor Ort orientiert sich chronologisch am Lebenslauf eines jungen Menschen in der Kommune und an den verschiedenen Stationen seines Aufwachsens und lässt diese sichtbar werden.

Max kann an verschiedenen Stationen die Teilnehmenden befragen, was ihn in ihren Einrichtungen erwartet, wie mit ihm gearbeitet wird, was er selbst mitgestalten kann oder warum sich seine Eltern, beispielsweise bei Kindertagesstätten- oder Schulwahl, für genau diese Einrichtung entscheiden sollten. Erfahrungsgemäß ist die Methode bereits nach der zweiten Station, an der Max anhält, ein Selbstläufer und die Teilnehmenden bestimmen seinen Weg, indem sie sich aktiv zu Wort melden. Gerät die Reise ins Stocken, kann Max durch Fragen dazu anregen, dass sich Personen melden, die bisher noch nicht in Erscheinung getreten sind. Hilfreich ist es, wenn die Moderation immer mal wieder darauf hinweist, welches Alter Max nun erreicht hat und welcher Übergang eventuell ansteht. Ist Max erwachsen geworden und meldet sich niemand mehr, sollte auf jeden Fall noch gefragt werden, ob Max denn überall war oder ob er eine Institution ausgelassen hat. Dies bietet Teilnehmenden, die sich nicht in den Lebens- oder Tagesverlauf von Max einordnen lassen, die Möglichkeit, sich und ihren Kontext zu nennen.

So machte z. B. im Rahmen einer der Veranstaltungen eine Fachkraft aus einem Jugendmigrationsdienst an dieser Stelle darauf aufmerksam, dass Max, wenn er einen Migrationshintergrund hätte, auch mit ihrer Institution in Berührung käme. Zum Lachen regten dabei immer wieder einzelne Teilnehmende an, etwa der Polizist, der Max klar machte, dass er besser gerade nicht mit ihm in Kontakt treten sollte, die Elternvertreterin, die sich als Max' Mutter vorstellte, oder der Bürgermeister, auf dessen Stuhl Max bei einem Ausflug der Klasse ins Rathaus sicherlich einmal Platz nehmen darf.

Die Methode ist abgeschlossen, wenn alle vertretenen Institutionen in Erscheinung getreten sind.

5.8.3 Reflexion

Der „kleine Max" hat sich im Rahmen des Praxisforschungsprojekts bewährt, um das Kennenlernen und den Austausch der Akteure vor Ort auf aktivierende und beteiligende Art und Weise zu initiieren und zu intensivieren. Darüber hinaus wird in kürzester Zeit (für nicht wenige Beteiligte erstmalig) sichtbar, wie vielfältig die Angebote der Bildungs- und Erziehungslandschaft gestaltet sind und mit welch großer Anzahl von unterschiedlichen Institutionen es ein Mensch im Laufe seines Lebens zu tun haben kann, die nicht selten nur wenig voneinander wissen. Dieses Sichtbarwerden der verschiedenen Akteure der Bildungs- und Erziehungslandschaft sorgt bei vielen Teilnehmenden für einen ersten und schnellen Aha-Effekt bezüglich der Vielzahl an Institutionen und Angeboten in der eigenen Kommune. Die Methode wird positiv aufgenommen und sorgt für eine gute und kollegiale Atmosphäre sowie für Gesprächsstoff in den Pausen und bei der Reflexion der Veranstaltung.

Je nach Größe der Gruppe und zeitlichem Rahmen kann die Methode unterschiedlich intensiv durchgeführt werden. Bei kleineren Gruppen kann den Teilnehmenden mehr Zeit eingeräumt werden, um ihre Einrichtung vorzustellen, bei größeren Gruppen oder weniger Zeit reicht es aus, die Institutionen zu benennen und beispielsweise per Handzeichen alle Einrichtungen eines Kontexts, beispielsweise alle vertretenen Grundschulen, zu visualisieren. Eine Viertelstunde sollte auf jeden Fall zur Verfügung stehen, die Methode lässt sich aber auch auf eine gute halbe Stunde ausdehnen. Es wird keine spezielle Ausstattung benötigt, es bedarf lediglich eines/r Darstellers/in für Max (oder Melanie) und einer Moderation, die bei Bedarf auf die Übergänge zu den unterschiedlichen Altersphasen hinweist.

In der Reflexion des Instruments entstanden Ideen zur Weiterentwicklung und Ergänzung des „kleinen Max". So könnte Max noch ein Mädchen oder ein junger Mensch mit Migrationshintergrund zur Seite gestellt werden, um geschlechts- oder auch herkunftsspezifische Unterschiede bei den Angeboten zu verdeutlichen. Eine solche Ausrichtung der Methode könnte aufzeigen, welche Lücken in einer Kommune für die Unterstützung verschiedener Zielgruppen bestehen. Dies würde die Potenziale der Methode erweitern und dem aktivierenden und informierenden Charakter eine analytische Komponente hinzufügen, deren erste Eindrücke in die weitere Auseinandersetzung mit der Gestaltung der Bildungs- und Erziehungslandschaft (etwa im Hinblick auf zu generierende Handlungsfelder und darauf gründende Projektwerkstätten) einfließen können.

5.9 Stadtteilbildungskonferenzen
(Itzehoe, *isp*)

Stadtteilbildungskonferenzen sind moderierte Verfahren, die auf größtmögliche Beteiligung bei der Gestaltung einer kommunalen Bildungs- und Erziehungslandschaft bzw. von konkreten Entwicklungsvorhaben zielen. Dieses Verfahren eignet sich sowohl zur Identifikation und Generierung von Handlungsfeldern und Themen in einem Sozialraum (und darüber hinaus) als auch zur Aktivierung von Eltern, Institutionen und Bürger/innen sowie zur Information und Vernetzung. Die letztgenannten Aspekte, von denen insbesondere die Aktivierung und Beteiligung von Eltern in diesem Praxisforschungsprojekt zentral ist, sind gewissermaßen immanente Nebeneffekte von Stadtteilbildungskonferenzen.

In der folgenden Darstellung geht es um Stadtteilbildungskonferenzen als Bestandteil einer partizipativen Planung und Gestaltung von kommunalen Bildungs- und Erziehungslandschaften in größeren Kommunen. Das Verfahren lässt sich jedoch als solches mit entsprechenden Anpassungen an die Bedingungen vor Ort auch für kleinere Sozialräume, etwa ein Quartier oder eine kleinere Kommune einsetzen, um Handlungsfelder zu identifizieren und Schwerpunkte in der Gestaltung partizipativ zu beschließen.

Dieses Verfahren wurde am Modellstandort Itzehoe als Teil der Vorbereitung auf die erste Stadtbildungskonferenz eingesetzt, mit der gewissermaßen der offizielle Startschuss für die gemeinsame, partizipative Gestaltung der Bildungs- und Erziehungslandschaft Itzehoe gegeben wurde.

Die vorbereitenden Stadtteilbildungskonferenzen sollten unter anderem über die Idee der gemeinsamen Gestaltung der kommunalen Bildungs- und Erziehungslandschaft Itzehoe nach dem Beschluss durch die Ratsversammlung informieren, also dieses Vorhaben bekannt machen. Das zentrale Ziel bestand darin, möglichst viele Akteure und Nutzer/innen – Eltern, Professionelle, Bürger/innen, Vertreter/innen der Administration und Politik usw. – zu erreichen und zusammenzubringen. Gemeinsam haben diese unterschiedlichen Beteiligten Themen bzw. Handlungsfelder im Bereich Bildung und Erziehung identifiziert – für den jeweiligen Stadtteil und für die Stadt. Damit wurde die angestrebte größtmögliche Beteiligung an der Gestaltung der Bildungs- und Erziehungslandschaft Itzehoe erreicht.

In insgesamt drei Stadtteilbildungskonferenzen, die an Orten der Bildung (Grundschule, Begegnungsstätte) stattgefunden haben, wurden die Themen und Handlungsfelder durch die Akteure generiert und anschließend gemeinsam nach ihrer Bedeutung gewichtet. Die dort erarbeiteten Handlungsfelder wurden zusammen mit den parallel in Workshops, jeweils mit Schlüsselpersonengruppen (Schüler/innen, Kinder, Jugendliche, Eltern, Kommunalverwaltung, Schule, Kindertagesstätten, Politiker/innen usw.) erarbeiteten Handlungsfeldern und Themen auf einer Stadtbildungskonferenz, zu der alle Bürger/innen, also auch die Teilnehmer/innen an den Stadtteilbildungskonferenzen und den Workshops, eingeladen waren, weiter bearbeitet. Dabei haben sich die Stadtteilbildungskonferenzen als gut erreichbar (niedrigschwellig) erwiesen, zum einen durch den Stadtteilbezug und die Veranstaltung an Orten, die den Nutzer/innen und Akteuren bekannt waren, zum anderen aber auch aufgrund der Überschaubarkeit sowie der Möglichkeit der ortsnahen und direkten Werbung (Mundpropaganda) auch über Bildungsinstitutionen (etwa an Elternabenden usw.). Zur Erreichbarkeit trug darüber hinaus bei, sowohl zeitlich (durch unterschiedliche Zeiten: morgens, abends und am Wochenende) alle Bürger/innen und deren Verfügbarkeit zu berücksichtigen als auch durch das Angebot einer Kinderbetreuung vor Ort auch Eltern mit kleineren Kindern die Teilnahme zu ermöglichen. So ist es in Itzehoe gelungen, sehr unterschiedliche Menschen zu erreichen, die zum Teil mit ganz konkreten Anliegen, etwa für mehr Teilhabemöglichkeiten von Kindern mit Behinderungen einzutreten, kamen, oder auch Bürger/innen, die sich engagieren wollten, und Eltern, die bereits aktiv waren oder es werden wollten.

5.9.1 Vorgehen und Bausteine

Um das Ziel einer größtmöglichen Beteiligung so weit wie möglich sicher zu stellen, erfordern Stadtteilbildungskonferenzen einen zeitlichen Vorlauf und eine Vorbereitung (von der Steuerungs- oder einer speziellen Vorbereitungsgruppe), die den lokalen Gegebenheiten angepasst wird. Daher werden zunächst wesentliche Elemente der Vorbereitung beschrieben, bevor das Verfahren der Stadtteilbildungskonferenz als „Fish-Bowl"[139] auf Basis des im obigen Kasten dargestellten Beispiels der Itzehoer Stadtteilbildungskonferenzen vorgestellt wird.

1. Vorbereitung und Einladung

In der Vorbereitungsphase sollten der Anlass und die Ziele der Stadtteilbildungskonferenz(en) präzise und gut verständlich formuliert werden, um sie in der Einladung entsprechend transportieren zu können und möglichst viele Akteure zu erreichen. Dabei ist zu beachten, dass im Rahmen eines partizipativen Verfahrens in drei bis vier Stunden nicht zu viele Inhalte bearbeitet werden können, da ansonsten der Raum für die Bedürfnisse und Themen der Teilnehmer/innen schnell eingeschränkt wird. Vor diesem Hintergrund ist der Ablauf der Veranstaltung genau zu planen. Wie viel Zeit soll für die Einführung und Information zur Verfügung stehen? Wie viel Zeit wird für den gemeinsamen Diskussionsprozess veranschlagt und wie werden Stimmigkeitsüberpüfung und Gewichtung der

---

[139] Siehe dazu ausführlicher: Klebert (1985) sowie Lipp/Will (2001) sowie die Kurzbeschreibung im Internet: http://regionale-prozesse-gestalten.de/Fishbowl.14.0.html [letzter Zugriff 30.04.2012].

Ergebnisse durchgeführt? Nicht vergessen werden dürfen dabei die Pausen, die ein wesentliches Element darstellen, gerade für Vernetzung.

Ein wesentlicher Gesichtspunkt für die Vorbereitung ist die Planung der Veranstaltungsräume und der Zeiten, die so weit wie möglich sicherstellen sollen, dass alle Akteursgruppen die Möglichkeit haben, die – bzw. eine von mehreren – Stadtteilbildungskonferenzen zu besuchen. Da unterschiedliche Akteure – Professionelle, Eltern, junge Menschen, Politiker/innen usw. – gerade zeitlich unterschiedlich gut erreichbar sind, bietet es sich an, mehrere Veranstaltungen zu unterschiedlichen Tageszeiten anzubieten und sowohl eine Kinderbetreuung bereit zu stellen als auch in einem kleinen Rahmen für Getränke und/oder einen kleinen Imbiss (gerade bei Veranstaltungen nach Feierabend) zu sorgen. Dies erhöht auch die Attraktivität der Veranstaltungen und signalisiert Wertschätzung. Auch die Auswahl des Ortes bzw. der Orte sollte sich daran orientieren, Räume und Institutionen auszuwählen, die bekannt sind, und daran, welche Orte für welche Gruppen möglicherweise eine Zugangsschwelle beinhalten. So eignen sich Stadtteilzentren besser als Gymnasien oder repräsentative Räume der Kommunalverwaltung.

In der Vorbereitung ist auch die Frage der Moderation der Stadtteilbildungskonferenzen zu berücksichtigen. Es hat sich als hilfreich erwiesen, wenn diese nicht durch kommunale Verantwortungsträger/innen bzw. durch die Steuerungsgruppe oder andere Akteure mit eigenen Interessen moderiert werden, sondern durch Dritte. Das können professionelle Moderator/innen sein oder Kolleg/innen aus einem anderen Stadtteil bzw. einer anderen Kommune.

Ganz wesentlich für die Teilnahmequote und das Erreichen unterschiedlicher Akteure ist neben den genannten Rahmenbedingungen eine gute Information bzw. Werbung für die Veranstaltungen. Dazu gehört eine transparente und möglichst gut verständliche (ggf. in mehreren Sprachen) Information darüber, was das Ziel der Veranstaltung ist und was dort geschehen soll, also kurz: Anlass, Inhalt, Ziel(e) und zeitlicher sowie örtlicher Rahmen.[140]

Hilfreich ist die Bitte um Rückmeldung, ohne dies verpflichtend zu gestalten, insbesondere für Angebote wie Kinderbetreuung. Die Einladung sollte frühzeitig und durch die Kommune, möglichst den/die Bürgermeister/in, erfolgen und (wie die Durchführung) im besten Falle von Pressemitteilungen und -berichten begleitet werden, um die Relevanz des Beteiligungsprozesses für alle Akteure zu verdeutlichen. Bei mehreren Veranstaltungen trägt dies – so die Erfahrung – dazu bei, dass Presse und Mundpropaganda die Beteiligung in den späteren Veranstaltungen erhöhen.

---

[140] Im Anhang befindet sich als Beispiel die Einladung zu den drei Stadtteilbildungskonferenzen in Itzehoe.

Ein ganz wesentlicher Schritt der Vorbereitung besteht darin, die weitere Arbeit und Verarbeitung der generierten Handlungs- und Themenfelder strukturell zu planen und dabei zu bedenken, wo und in welcher Weise die Teilnehmer/innen der Stadtteilbildungskonferenzen an der weiteren Bearbeitung beteiligt sind bzw. welche Kontrollmöglichkeiten diese haben. Die Stadtteilbildungskonferenzen setzen als explizit beteiligungsorientiertes Verfahren ein hohes Maß an Transparenz voraus und implizieren das Ermöglichen von weiterer Beteiligung.

2. Die Stadtteilbildungskonferenz als „Fish-Bowl"

Im Folgenden wird modellhaft der mögliche Ablauf einer Stadtteilbildungskonferenz vorgestellt, die etwa drei bis vier Stunden dauert. Die Zeiträume für die unterschiedlichen Phasen und Abschnitte müssen entsprechend der konkreten Zielsetzungen angepasst werden.

Schritt 1: Begrüßung und Einstimmung

Die Stadtteilbildungskonferenz beginnt mit einer Begrüßung und Einstimmung (ca. 60 Minuten). Nach einem kurzen aufgelockerten Ankommen mit Begrüßungsgetränk und ggf. kleinem Imbiss, stellen sich die Einladenden und Moderator/innen kurz vor und erläutern den Ablauf, d. h. die Organisation sowie das Anliegen und Ziel der Stadtteilbildungskonferenz. Als hilfreich hat sich hier das Einbeziehen eines kurzen, themenbezogenen spielerischen Elements als „Eisbrecher" erwiesen. Das kann der kleine Max (siehe Kap. 5.8) oder etwas Ähnliches sein.

Schritt 2: Generieren von Themen und Handlungsfeldern

Im Hauptteil der Stadtteilbildungskonferenzen geht es um das gemeinsame Generieren von Themen und Handlungsfeldern für den Stadtteil, das Quartier oder die kommunale Bildungs- und Erziehungslandschaft. In dieser Form kann auch die Weiterentwicklung eines bereits begonnenen Prozesses erörtert werden. Hier ist darauf zu achten, dass es um die gemeinsame und partizipative Entwicklung von Ideen für die Zukunft geht. D. h. gerade aufgrund der sehr unterschiedlichen Teilnehmer/innen sollte die Moderation darauf achten, dass Partikularinteressen oder Konkurrenzen nicht ausdiskutiert werden und die Veranstaltung dominieren.

Als sehr erfolgreiche Methode hat sich der „Fish-Bowl" oder „Innenkreis/Außenkreis"[141] herausgestellt. Dieser wird von einer/m Moderator/in erläutert und angeleitet. Daneben benötigt diese Methode zwei bis drei Protokollant/innen, die den Diskussionsverlauf von außen beobachten und zentrale Themen und Handlungsfelder, Wünsche, Konflikte usw. auf Karten notieren.

Der Einstieg in die Diskussion erfolgt anhand von Fragen, die auf die Generierung von Handlungsfeldern und Themen zielen und eine möglichst öffnende Funktion haben, z. B.:

- „Was gehört (alles) zu Bildung, um welche Bildung geht es?"
- „Wie sehen die derzeitigen Angebote der Erziehung, Bildung und Betreuung aus?"
- „Welche Interessen und Anliegen haben die Teilnehmer/innen?"
- „Welche Themengebiete sind wichtig?"
- „Was muss geschehen? Welche Entwicklungen sind zu initiieren, voranzutreiben, zu verstetigen?"

Diese Fragen werden entsprechend der Methode im Innenkreis mit wechselnder Besetzung diskutiert (etwa 45-60 Minuten) und parallel zentrale Themen und Handlungsfelder von den Protokollant/innen auf Karten dokumentiert.
In einer kurzen Pause (15 Minuten) werden die Karten sortiert und entsprechend der diskutierten Inhalte zu Themen- und Handlungsfeldern gruppiert.
Auf dieser Basis ziehen die Protokollant/innen eine Art Zwischenfazit und stellen die im „Fish-Bowl" generierten, auf Karten visualisierten, Handlungsfelder und Themen sortiert vor.

Dieses Zwischenergebnis wird erneut im Innenkreis (ca. 15 Minuten) erörtert, präzisiert und gegebenenfalls verändert, korrigiert und/oder erweitert. Nach dieser so genannten Stimmigkeitsüberprüfung stehen die gemeinsam entwickelten Handlungsfelder und Themen für die Entwicklung bzw. Weiterentwicklung der kommunalen Bildungs- und Erziehungslandschaft bzw. des Stadtteils oder Quartiers fest. Durch die erneute Überprüfung wird sichergestellt, dass nicht über die Köpfe der Akteure hinweg entschieden wird, etwa beim Sortieren und Gruppieren.

Das Zwischenergebnis besteht dann aus den Handlungsfeldern, die von den Beteiligten als relevant angesehen werden.

---

[141] Für eine prägnante Darstellung dieses Verfahrens, siehe http://regionale-prozesse-gestalten.de/Fish bowl.14.0.html [letzter Zugriff 30.04.2012].

Schritt 3: Gewichtung der Handlungsfelder und Verabredungen

In einer längeren Pause für die Teilnehmer/innen (ca. 30 Minuten, ggf. mit Imbiss) werden diese Handlungsfelder von der Moderation auf neue Karten geschrieben und je nach Zielsetzung der Veranstaltung untereinander oder nebeneinander auf Stellwänden oder Plakaten zur Präsentation vorbereitet.

Im letzten gemeinsamen Schritt geht es um die gemeinsame Bestimmung der Relevanz der erarbeiteten Handlungsfelder sowie, wenn geplant, um die Aktivierung zur weiteren Bearbeitung und Verabredungen.

Das heißt, die Handlungsfelder werden von allen (mit Klebepunkten o. ä.) gewichtet und – sofern dies vorgesehen ist – Interessensbekundungen abgefragt, d. h. gefragt, wer von den Teilnehmer/innen sich in einem bestimmten Handlungsfeld engagieren möchte. Darüber hinaus besteht auch in dieser Phase noch die Möglichkeit, gemeinsam Erweiterungen oder Konkretisierungen vorzunehmen.

Schritt 4: Abschluss

In einem gemeinsamen Abschluss werden die Ergebnisse von der Moderation und/oder der Vorbereitungsgruppe zusammengefasst und gewürdigt. Dabei ist ein Ausblick darauf zentral, wie mit den Ergebnissen weiter verfahren wird. Dabei ist konkret und transparent zu machen, in welcher Form die Ergebnisse weiter verwendet werden und auf welche Weise die teilnehmenden Akteure davon Kenntnis erhalten bzw. wie sie sich weiter an der Verarbeitung beteiligen können. Diese Transparenz und das Offerieren von Möglichkeiten, weiter aktiv sein zu können, sind zentrale Bestandteile für echte Partizipation, die keine Alibi-Veranstaltung sein darf.

5.9.2 Fazit

Die Stadtteilbildungskonferenzen sind eine effektive Methode der Beteiligung von unterschiedlichen Akteursgruppen an der Gestaltung und Planung von kommunalen Bildungs- und Erziehungslandschaften bzw. Quartieren. Gerade im Vorfeld von größeren Beteiligungsverfahren, die für einige Akteursgruppen auch hohe Hürden darstellen können, eignen sie sich als relativ niedrigschwelliger Zugang insbesondere für Eltern, junge Menschen und Bürger/innen aber auch für Akteure aus der Praxis. Gleichwohl stellt auch dieses Verfahren Anforderungen an die Teilnehmer/innen und auch mit diesem Verfahren kann nicht sichergestellt werden, dass alle Gruppen erreicht werden. Aufgrund der Erfahrungen an einem Modellstandort kann jedoch begründet vermutet werden, dass eine Wiederholung dieser Veranstaltungen im Rahmen der Weiterentwicklung die Hürden für Beteiligung gerade von Eltern und Bürger/innen weiter senken wird. So hat sich in Itzehoe gezeigt, dass die Erfahrungsberichte der Teilnehmer/innen aus der ersten Stadtteilbildungskonferenz schon für eine höhere Beteiligung an der folgenden Stadtteilbildungskonferenz gesorgt haben.

Durch die Heterogenität der Zusammensetzung und die Offenheit für Themen und Handlungsfelder, die zu diesem Verfahren gehören, ist es auch möglich, so die Erfahrung, dass Themen angesprochen werden, die heikel sind oder „schlummern". Das heißt, dadurch, dass die Leute das sagen, was sie angeht, können auch Tabu- oder problembehaftete Themen wie zum Beispiel Gewalt, Mobbing, strukturelle Benachteiligung bestimmter Gruppen usw. angesprochen werden.

5.10 Qualitätsentwicklung für gewaltpräventive Maßnahmen
(Berlin-Neukölln, Camino)

Im Folgenden werden zwei Instrumente zur Qualitätsentwicklung gewaltpräventiver Aktivitäten an und für Einrichtungen[142] vorgestellt, die im Rahmen des Praxisforschungsprojektes umgesetzt bzw. entwickelt und erprobt worden sind.

Vor dem Hintergrund, dass beide Instrumente auf konkrete Einrichtungen der begleiteten Bildungs- und Erziehungslandschaft zugeschnitten sind, werden sie – stärker als andere Instrumente in diesem Kapitel – entlang der konkreten Arbeit am Modellstandort beschrieben.

Beide hier vorgeschlagenen Qualitätsentwicklungsinstrumente können sowohl einrichtungsbezogen als auch einrichtungsübergreifend, für sich bzw. auch miteinander verknüpft einen kontinuierlichen Qualitätsdialog in der gewaltpräventiven Arbeit anstoßen und zur weiteren Qualitätsentwicklung, Professionalisierung und Kooperation in diesem Feld beitragen.

5.10.1 Das Logische Modell

Das Logische Modell ist ein Instrument, das u. a. zur Qualitätssicherung und Selbstevaluation von Projekten, Programmen oder Vorhaben eingesetzt wird. Es bildet die verschiedenen Ebenen dieser Projekte, Programme oder Vorhaben ab und stellt die Beziehungen zwischen diesen Ebenen dar. Es schafft Gewissheit darüber, wo das Vorhaben gerade steht und wo bei Bedarf umgesteuert werden

---

[142] Dieser Begriff wurde gewählt, um Kindertagesstätten, Schulen und Jugendhilfeeinrichtungen gleichermaßen anzusprechen.

muss.[143] Beim Logischen Modell handelt es sich um eine vereinfachende, ggf. grafische Darstellung pädagogischer Handlungspraxis. Die Ausrichtung, der Grad der Detaillierung und der Abstraktheit Logischer Modelle orientieren sich an dem Erkenntniszweck und können sich hinsichtlich ihrer Tiefe und Differenziertheit unterscheiden.[144] Das Logische Modell kann regelmäßig – z. B. einmal jährlich – als Instrument der Selbstevaluation in der Qualitätssicherung von einzelnen Einrichtungen bzw. auch auf Ebene einer Bildungs- und Erziehungslandschaft eingesetzt werden. Es bietet für die Beteiligten am Entwicklungsprozess die Möglichkeit, im Rahmen eines systematischen und partizipativen Verfahrens zu einer Selbstvergewisserung und Bestätigung der gemeinsamen Ziele zu kommen. Außerdem können Bedarfe systematisch erfasst und diskutiert werden. Einrichtungen bzw. auch Projekte, die dieses Instrument in ihre Qualitätssicherung eingebaut haben, berichten, dass es sehr hilfreich gewesen ist, sich anhand des Logischen Modells kontinuierlich zu vergewissern, wo sie mit ihrer Arbeit gerade stehen, und zu prüfen, ob für jede Problemlage mindestens ein Ziel formuliert wurde, ob alle Ziele durch Aktivitäten abgedeckt werden und ob die Ergebnisse breit gefächert sind oder sich auf bestimmte Ziele konzentrieren.[145] Sehr positive Erfahrungen wurden mit dem Logischen Modell in der Evaluation von pädagogischer Kriminalitätsprävention im Kindes- und Jugendalter gemacht.[146]

Im Rahmen der Arbeit des Praxisforschungsprojektes wurde das Instrument vor allem zur Bestandsaufnahme der Gewaltpräventionsarbeit auf Stadtteilebene genutzt.

5.10.2 Der Qualitätsleitfaden

Der Qualitätsleitfaden zur Selbstevaluation gewaltpräventiver Maßnahmen wurde in der Arbeitsgemeinschaft (AG) Gewaltprävention des Lokalen Bildungsverbundes (LBV) Reuterquartier entwickelt und erprobt.[147] Es orientiert sich an dem

---

[143] Zur Arbeit mit dem Logischen Modell vgl. z. B. Siebert/Hilgers 2005.
[144] Vgl. Arbeitsstelle Kinder- und Jugendkriminalitätsprävention des DJI (o. J.), S. 5.
[145] Vgl. Karliczek/Behn 2010.
[146] Vgl. http://www.dji.de/bibs/jugendkriminalitaet/Logisches_Modell-Zentrale_Ergebnisse.pdf [letzter Zugriff: 05.12.2011].
[147] Die Arbeitsgemeinschaft wurde gegründet, um das Thema Gewaltprävention systematisch im Bildungsverbund zu verankern und die punktuelle Arbeit an dem Thema zugunsten einer strategischen Steuerung und eines kontinuierlichen Austausches zu überwinden. Ziel war und ist es, einen Überblick zu erhalten, welche gewaltpräventiven Aktivitäten im Verbund bereits umgesetzt werden, um entsprechende erfolgreiche Strategien zu identifizieren und diese dann stärker auszubauen bzw. auf andere Einrichtungen zu übertragen.

Auditverfahren des Projektes „Ein Quadratkilometer Bildung", das über einen Stiftungsverbund gefördert und zur Qualitätssicherung in Schulen, Kindergärten und Jugendhilfeeinrichtungen eingesetzt wird.[148] In Audits werden mithilfe eines Kriterienkatalogs auf systematische Weise Entwicklungsfortschritte in der Qualitätsentwicklung von Institutionen festgestellt, reflektiert und gesteuert. Dabei handelt es sich um ein partizipatives Verfahren, das alle an der Einrichtung beteiligten Gruppen einbezieht und so in besonderem Maße auf Kommunikation setzt. In diesem Sinne beschreiben Audits ein Verfahren intern gesteuerter Qualitätsentwicklung, das auch – auf Basis von Freiwilligkeit – zur externen Begutachtung und Zertifizierung von Einrichtungen genutzt wird.[149]

Der Kriterienkatalog zum Auditverfahren im Projekt „Ein Quadratkilometer Bildung" befasst sich mit insgesamt sieben Qualitätsfeldern.[150] Er orientiert sich an dem Aufbau des Handlungsrahmens Schulqualität in Berlin, in dem Qualitätsbereiche und Qualitätsmerkmale „guter Schulen" festgeschrieben sind, und knüpft an das Berliner Bildungsprogramm für die Bildung, Erziehung und Betreuung in Kindertageseinrichtungen und das Qualitätsmanagement der Berliner Jugendfreizeitstätten an. Folglich kann das Audit dem Inhalt und Verfahren nach als ein Instrument für die kontinuierliche Qualitätsentwicklung an Schulen, Kindertagesstätten und Jugendhilfeeinrichtungen angesehen werden.[151] Es soll in erster Linie Bildungseinrichtungen helfen, die eigene Entwicklung unter Einbeziehung aller Beteiligten zu betrachten und planvoll zu gestalten.[152] Aus der Reflexion des Entwicklungsstandes der Einrichtung sollen gemeinsame Vorschläge für Ziele und Maßnahmen im Sinne ausgewählter Entwicklungsschwerpunkte für das folgende Jahr abgeleitet und umgesetzt werden. Im Rahmen des Auditverfahrens bilden der (etwa vierstündige) Selbstbewertungsworkshop und die Ziele- und Maßnahmen- bzw. Umsetzungsplanung zwei entscheidende Elemente. Beim Selbstbewertungsworkshop kommen möglichst viele unterschiedliche Beteiligte der Einrichtung zusammen und nehmen anhand des Kriterienkatalogs zunächst eine persönliche Einschätzung zur Förderqualität der Einrichtung vor (Einzelbewertung), bevor es dann vor allem darum geht, sich in einem mode-

---

[148] Das Projekt ist eine langfristig angelegte, gemeinsame Lern- und Entwicklungsplattform für Personen und Institutionen, die in einem Stadtteil Verantwortung für den Bildungserfolg aller Kinder und Jugendlichen übernehmen. Es wurde Ende 2006 durch die Freudenberg Stiftung, die Karl-Konrad-und-Ria-Groeben-Stiftung und die RAA Berlin in Zusammenarbeit mit der Berliner Senatsverwaltung für Bildung, Wissenschaft und Forschung initiiert. Erster Standort des Programms „Ein Quadratkilometer Bildung" ist seit dem Frühjahr 2007 der Berlin-Neuköllner Reuterkiez. Vgl. http://www.raa-berlin.de/RAASeiten/Quadrat.html [letzter Zugriff: 18.11.2011].
[149] Vgl. bspw. RAA 2008, S. 4.
[150] Diese sind: (1) Förderziele, (2) Lernkultur, (3) Kultur der Einrichtung, (4) Eltern, (5) Kooperation und Vernetzung, (6) Professionalisierung und (7) Qualitätsentwicklung und Transfer.
[151] Vgl. Pädagogische Werkstatt 2009, S. 4-5.
[152] Vgl. Pädagogische Werkstatt 2009, S. 8.

rierten Prozess gemeinsam über die Qualität der Einrichtung auszutauschen und Stärken sowie Verbesserungsbedarfe aufzudecken und festzulegen (Gruppenbewertung). Am Ende des Workshops liegt neben den Einzeleinschätzungen eine gemeinsam ausgehandelte und dokumentierte Einschätzung zum jeweiligen Qualitätsfeld vor, die eine Einigung auf drei Schwerpunktaufgaben für das folgende Jahr einschließt. Die Selbstbewertung wird anhand von einzeln und gemeinsam ausgefüllten Fragebögen vorgenommen. Zur Durchführung des ersten Selbstbewertungsworkshops wird eine professionelle Moderation empfohlen. Dem Selbstbewertungsworkshop schließen sich die Zieldefinition und die Maßnahmen- sowie Umsetzungsplanung an. Hier wird empfohlen, die Maßnahmen- und Umsetzungsplanung nicht mehr als vier Wochen nach dem Selbstbewertungsworkshop durchzuführen, da sie noch im unmittelbaren Zusammenhang zu den Ergebnissen der Selbstbewertung stehen sollte. Ferner werden im Umsetzungsplan entsprechende Verantwortlichkeiten und Zeitschienen bestimmt. Der Prozess der Selbstbewertung ist zyklisch angelegt und sollte sich jährlich wiederholen.

Im Zuge der Arbeit des Praxisforschungsprojektes wurde dieses Verfahren zur Qualitätssicherung um das Qualitätsfeld Gewaltprävention erweitert und für Einrichtungen des LBV Reuterquartier erstellt und erprobt.

5.10.3 Schritte zur Umsetzung bzw. Entwicklung und Erprobung der Qualitätsentwicklungsinstrumente

Für die Umsetzung bzw. Entwicklung und Erprobung der Qualitätsentwicklungsinstrumente zur Selbstbewertung gewaltpräventiver Maßnahmen an und für Einrichtungen des LBV waren verschiedene aufeinander aufbauende Schritte erforderlich. Diese fanden in enger Zusammenarbeit mit der AG Gewaltprävention des LBV statt. Vor dem Hintergrund, dass beide Instrumente im Rahmen der Arbeit am Modellstandort miteinander verknüpft wurden, werden die Umsetzungsschritte zusammen dargestellt.

Schritt 1: Bestandsaufnahme zu den Problemlagen, Zielen und Aktivitäten elternorientierter Gewaltprävention im Bildungsverbund

Zu Beginn des Entwicklungsprozesses wurde im Rahmen der AG Gewaltprävention eine Bestandsaufnahme zum Thema „Elternorientierte Gewaltprävention im LBV Reuterkiez" durchgeführt, die von Camino initiiert und begleitet worden ist. In diesem Zusammenhang sollten in einem gemeinsamen Prozess die Problemlagen, Ziele und Aktivitäten hinsichtlich der elternorientierten Gewaltprävention im Verbund reflektiert und daraus eventuelle Handlungsbedarfe abgeleitet werden. Zu diesem Zweck wurden mittels des Logischen Modells die Problemlagen, Ziele und Aktivitäten des LBV visualisiert (vgl. nachfolgendes Schema).

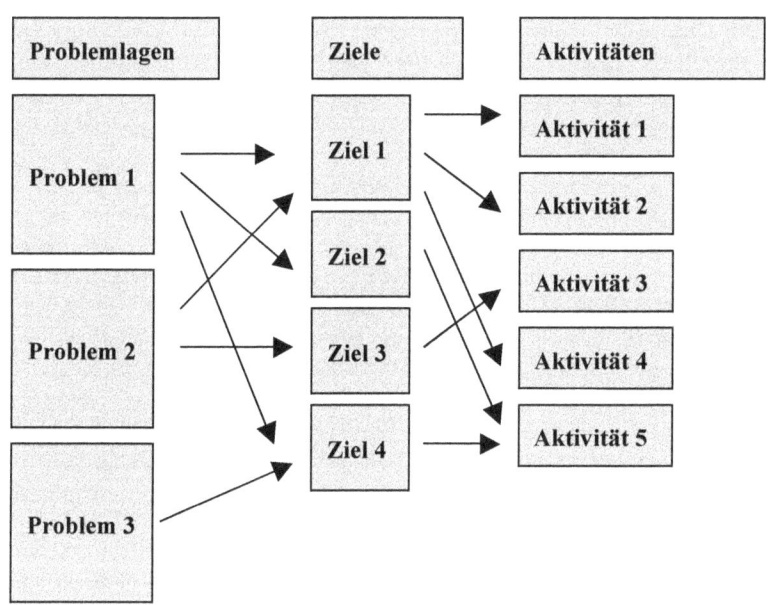

Abbildung 7:   Schema des Logischen Modells

Die Arbeit mit dem Logischen Modell zog sich über mehrere AG-Sitzungen hin und ermöglichte einen qualitativen und prozessorientierten Austausch zum Thema elternorientierte Gewaltprävention. Die Mitglieder der AG Gewaltprävention erhielten die Möglichkeit, sich über den aktuellen Stand der Gewaltpräventionsarbeit im Reuterkiez klar zu werden und zu gemeinsamen Zielen des Verbundes zu kommen. Außerdem konnten Bedarfe auf Verbundsebene systematisch erfasst und diskutiert werden. So wurde beispielsweise die Verständigung über gemeinsame Werte und Normen im Kiez als ein wichtiges Ziel des LBV genannt. Gleichzeitig wurde festgestellt, dass dieses Ziel noch nicht ausreichend im Rahmen entsprechender Maßnahmen bearbeitet wurde. Es wurde beschlossen, ein Projekt umzusetzen, dessen Ziel es ist, einen Dialog zwischen Fachkräften und Eltern aus unterschiedlichen Einrichtungen im Stadtteil zum Thema Gewaltprävention anzustoßen.

Schritt 2: Initiierung eines Dialogs zum Thema Gewalt zwischen Eltern und Fachkräften im Kiez

Die in der AG Gewaltprävention vertretene Elterninitiative Reuterkiez e.v. hat sich nach Abschluss der Arbeit mit dem Logischen Modell bereit erklärt, einen Dialog zwischen Eltern und pädagogischen Fachkräften im Reuterkiez zum Thema Gewaltprävention zu initiieren. Der Verein hatte sich Anfang des Jahres 2011 im Reuterkiez gegründet und erhielt so die Möglichkeit, ein erstes Projekt in Eigenregie durchzuführen, dessen Zielgruppe nicht nur Eltern, sondern auch Fachkräfte sind.[153] Dass Eltern für Fachkräfte eine inhaltliche Veranstaltung vorbereiten (und nicht umgekehrt), ist als Form der Selbstbestimmung zu werten, die über Beteiligung hinausgeht.[154] Der Verein wurde in der Projektentwicklung und Umsetzung von Camino beraten und begleitet. Der Workshop „Wie ich dir, so du mir! Gemeinsam für einen Kiez ohne Gewalt" fand im November 2011 statt und war für alle Beteiligten ein großer Erfolg. Es waren über vierzig Eltern und pädagogische Fachkräfte anwesend, die unterstützt durch eine externe Moderation und verschiedenen Arbeitsgruppenphasen über die unterschiedlichen Facetten von Gewalt im Reuterkiez und diesbezüglichen Lösungsvorschlägen diskutierten. Alle Teilnehmer/innen des Workshops waren sich einig darüber, den Dialog fortzusetzen und äußerten den Wunsch, dass er weiterhin in Regie der Elterninitiative bleiben soll.

Schritt 3: Entwicklung eines Qualitätsleitfadens für den Bereich Gewaltprävention in Anlehnung an das Auditverfahren im Projekt „Ein Quadratkilometer Bildung"

Auf Basis der Ergebnisse der Arbeit mit dem Logischen Modell wurde von Camino ein Vorschlag für einen Leitfaden für das Qualitätsfeld Gewaltprävention erstellt. Dieser Qualitätsleitfaden orientiert sich – wie bereits erwähnt – an dem Auditverfahren des Projektes „Ein Quadratkilometer Bildung", das die Methode der Selbstbewertung eigener Qualität mit einem bestimmten Kriterienkatalog verbindet.

Der für das Qualitätsfeld Gewaltprävention entwickelte Leitfaden unterteilt sich in die Struktur des Auditverfahrens im Projekt „Ein Quadratkilometer Bildung". Dieser beinhaltet a) die Bezeichnung des Qualitätsfeldes, b) eine kurze Erläuterung zum Qualitätsfeld, c) einen Leitsatz, der anzeigt, worauf die Quali-

---

[153] Mehr zur Elterninitiative unter http://www.elterninitiative-reuterkiez.de/ [letzter Zugriff: 18.11.2011].
[154] Stange hat in Anlehnung an Schröder eine Systematisierung von Beteiligungsformen nach Steigerungsgraden entwickelt; eine Unterteilung erfolgt in den drei Kategorien Fehlformen der Beteiligung, Beteiligung und Selbstbestimmung. Vgl. dazu Stange o. J.

tätssicherung insgesamt abzielt, d) mehrere Kriterien, die den Leitsatz des Qualitätsfeldes genauer und detaillierter beschreiben, e) mögliche Nachweise innerhalb des Qualitätsfeldes und f) Arrangements, Methoden und Maßnahmen, die die unterschiedlichen Arten von Strategien zur Förderung der Qualitätsentwicklung des jeweiligen Feldes angeben.

Vor dem Hintergrund, dass das Auditverfahren ein ausgesprochen partizipativ ausgerichtetes Steuerungs- und Bewertungsinstrument ist, wurden alle Mitgliedseinrichtungen des LBV in die Diskussion um den Leitfaden für das Qualitätsfeld Gewaltprävention einbezogen. So wurde der erste Entwurf verschiedenen Steuerungsgremien des LBV vorgelegt und an alle Mitgliedseinrichtungen verschickt. Nach Überarbeitung und Fertigstellung sollte der Leitfaden zur Selbstbewertung der Gewaltpräventionsarbeit an einer Einrichtung des LBV in Form eines Selbstbewertungsworkshops erprobt werden.

Der Leitfaden für das Qualitätsfeld Gewaltprävention ist im Anhang abgebildet.

Schritt 4: Durchführung eines Selbstbewertungsworkshops zur Erprobung des Qualitätsleitfadens für den Bereich Gewaltprävention

Um den entwickelten Leitfaden im Qualitätsfeld Gewaltprävention zu erproben, wurde eine Grundschule des LBV mit vielfältigen Erfahrungen im Bereich der Gewaltprävention angefragt, einen Selbstbewertungsworkshop an ihrer Einrichtung durchzuführen. Beteiligt waren Lehrkräfte, Mitarbeiter/innen der Ganztagsbetreuung und der Schulsozialarbeit, Eltern und außerschulische Partner. Moderiert wurde der Workshop von einem Vertreter des Projektes „Ein Quadratkilometer Bildung", der maßgeblich an der Entwicklung und Umsetzung des Auditverfahrens beteiligt ist.[155] In einem ersten Schritt wurden die Aktivitäten zur Gewaltprävention an der Schule diskutiert. Alle waren sich einig, dass die Bemühungen der letzten Jahre erkennbare Ergebnisse zeigten und sich die Atmosphäre an der Schule positiv verändert hat. In einem zweiten Schritt wurde überlegt, wo es noch Entwicklungsbedarf gibt. Die Öffentlichkeitsarbeit und die Informationsweitergabe nach innen und außen sollen im kommenden Jahr verbessert werden, so dass präventive Maßnahmen noch mehr in die Breite wirken und alle Kolleg/innen miteinbezogen werden. Insgesamt wurden die Erfahrungen mit dem entwickelten Instrument sehr positiv gewertet. Es ermöglichte einen Verständigungsprozess über die eigenen Erfolge, zeigte aber auch auf, an welchen Punkten aus Sicht der Beteiligten noch Handlungsbedarf besteht. Schließ-

---

[155] Der Fragebogen und weitere Materialien zur Qualitätsentwicklung im Projekt „Ein Quadratkilometer Bildung" sind unter http://www.raa-berlin.de/PDF-Daten/Audit%20Foerderqualitaet%20im%20Quadratkilometer%202008.pdf [letzter Zugriff: 16.11.11] verfügbar.

lich wurden Verabredungen zur Weiterarbeit beschlossen, wie z. B. die Einspeisung und Diskussion der Ergebnisse in die schulische Steuerungsrunde zur Gewaltprävention.

Schritt 5: Interne und externe Kommunikation der Ergebnisse

Im letzten Schritt wurden allen Workshopbeteiligten die im Konsens getroffenen Diskussionspunkte und Entscheidungen schriftlich zur Verfügung gestellt. Darüber hinaus wurden die Ergebnisse des Selbstbewertungsworkshops an die schulische Steuerungsrunde zur Gewaltprävention weitergegeben, die die Maßnahmenplanung für das kommende Jahr vornimmt. Ferner sind die Ergebnisse in den gemeinsam mit den Eltern gestalteten „Respekttag" an der Schule eingegangen. Über die Schulgrenzen hinaus wurden die Erfahrungen mit dem Instrument den Mitgliedern der AG Gewaltprävention rückgekoppelt und im Rahmen des gemeinsam mit den Verbundmitgliedern veranstalteten Praxistages öffentlich (zugänglich) gemacht.

5.10.4 Fazit

Abschließend kann aus den vorliegenden Erfahrungen mit der Umsetzung bzw. Entwicklung und Erprobung von Instrumenten zur Selbstevaluation gewaltpräventiver Maßnahmen folgendes Fazit gezogen werden: Beide hier vorgestellten Instrumente eignen sich für die Qualitätsentwicklung im Bereich der Gewaltprävention. Das erste Instrument, die Arbeit mit dem Logischen Modell, kann der Bestandserhebung und dem Qualitätsdialog auf Ebene der Bildungs- und Erziehungslandschaft dienen. Es lassen sich Stärken und Handlungsbedarfe in der Gewaltpräventionsarbeit identifizieren und diesbezügliche Aktivitäten und Projekte anstoßen. Das zweite Instrument knüpft an Qualitätsentwicklungsverfahren von Schulen, Kindertagesstätten und Jugendfreizeitstätten an und bietet eine Reflexionsfläche zur Einschätzung der internen Qualität auf Einrichtungsebene.

Die Instrumente sind in einem hohen Maße partizipativ angelegt und können einzeln bzw. miteinander kombiniert einen kontinuierlichen internen und externen Qualitätsdialog im Bereich der Gewaltprävention in Gang setzen und Anregungen zur eigenen und gemeinsamen Qualitätssicherung bieten.

5.11 Migrantische Schlüsselpersonen als Mittler/innen
(Berlin-Neukölln, Camino)

Die Erfahrungen aus dem Praxisforschungsprojekt zeigen, dass es sinnvoll ist, spezifische Strategien zu entwickeln, um migrantische Zielgruppen an der aktiven Gestaltung der Bildungs- und Erziehungslandschaft zu beteiligen.[156] Bei der konkreten Ausgestaltung dieser Strategien sollte allerdings darauf geachtet werden, dass Kinder mit Migrationshintergrund und ihre Eltern selbst eine heterogene Gruppe darstellen, deren Lebenslagen in Abhängigkeit von sozioökonomischen Voraussetzungen, Bildungshintergrund, Geschlecht, Religion, Aufenthaltsstatus etc. erheblich differieren können. Im Gesamtbild verfügen Kinder und Jugendliche mit Migrationshintergrund jedoch nicht über die gleichen Bildungschancen wie Gleichaltrige ohne Migrationshintergrund[157], weshalb die spezielle Berücksichtigung und Förderung von Kindern mit Migrationshintergrund und ihren Eltern eine große Relevanz hat.

Als eine besonders erfolgreiche Strategie zur Erreichung von migrantischen Eltern hat sich in den untersuchten und/oder begleiteten Bildungs- und Erziehungslandschaften die Einbindung von migrantischen Schlüsselpersonen als Mittler/innen erwiesen. Diese zielen im Kern darauf, Brücken zwischen heterogenen Lebenswelten und Sozialisationsfeldern zu bauen, beispielsweise zwischen Schule und Familie.[158] Damit tragen sie nicht nur zum Zusammenwachsen der unterschiedlichen Lebensbereiche und Sozialisationsfelder bei, sondern auch zu einer interkulturellen Öffnung der Institutionen – zumindest dann, wenn die migrantischen Mittler/innen fest in das Gesamtkonzept der Institution eingebunden sind.

Die Strategie, migrantische Schlüsselpersonen als Mittler/innen einzusetzen, wird in unterschiedlicher Form und auf unterschiedlichen Ebenen in verschiedenen Bildungs- und Erziehungslandschaften umgesetzt. Im Folgenden werden drei grundsätzliche Modelle vorgestellt; dabei fließen Erfahrungen aus mehreren Bildungs- und Erziehungslandschaften in die Darstellung ein, insbesondere aus dem Modellstandort Reuterkiez.

---

[156] Ausführlicher zu Strategien zur Erreichung von migrantischen Zielgruppen in Bildungs- und Erziehungslandschaften vgl. Schwenzer/Koch 2011.
[157] Vgl. Fürstenau/Gomolla 2009, S. 8.
[158] Gomolla nennt vier Perspektiven der Beteiligung von Eltern an Schule: Eltern unterstützen die Schule, Unterstützung der Familien, Brücken zwischen vielfältigen Lebenswelten schaffen, Selbstorganisation von Eltern und Gemeinden (vgl. Gomolla 2009, S. 21ff.). Der Einsatz von migrantischen Mittler/innen lässt sich als Strategie der dritten Handlungsperspektive zuordnen, auch wenn er nicht explizit Erwähnung findet.

5.11.1 Mittler/innen auf drei Ebenen

Die Strategie, migrantische Schlüsselpersonen[159] als Mittler/innen einzusetzen wird – wie bereits erwähnt – in den untersuchten Bildungs- und Erziehungslandschaften in drei unterschiedlichen Modellen umgesetzt: Erstens werden sozialpädagogische Fachkräfte als professionelle Mittler/innen eingesetzt, zweitens fungieren geschulte Mütter aus der Community als semi-professionelle Mittler/innen und drittens agieren migrantische Eltern ehrenamtlich als Multiplikator/innen, um weitere Eltern anzusprechen, zu aktivieren und zu vernetzen. Alle drei Modelle haben sich als sehr erfolgreich erwiesen. Wobei hier einschränkend hinzugefügt werden muss, dass in allen drei Modellen überwiegend Mütter erreicht werden, was damit zusammenhängen kann, dass auch überwiegend Frauen als Mittler/innen eingesetzt werden. Väter dagegen werden weniger erreicht, was allerdings kein Spezifikum migrantischer Gruppen darstellt, da Väter in kommunalen Bildungs- und Erziehungslandschaften insgesamt weniger beteiligt sind als Mütter.

Sozialpädagogische Fachkräfte als Mittler/innen

„Interkulturelle Moderator/innen" (IKM) sind sozialpädagogisch ausgebildete Fachkräfte an Schulen[160], die aufgrund ihrer eigenen (arabischen, türkischen, serbokroatischen etc.) Herkunft, ihrer Geschichte und ihrer Kompetenzen in besonderem Maße dazu in der Lage sind, Brücken der Verständigung zwischen Schüler/innen, Eltern und Lehrer/innen zu schlagen, gegenseitige Vorurteile und Missverständnisse zu überwinden, gegenseitige Erwartungen transparent zu machen und einen interkulturellen Dialog zu fördern.[161] Sie leisten sozialpädagogische Arbeit mit Schüler/innen, Eltern und Lehrer/innen mit einem interkulturellen Ansatz. Aufgrund ihrer doppelten Zugehörigkeit nehmen sie eine Vorbildfunktion ein, wecken das Interesse der Eltern am Bildungsweg der Kinder,

---

[159] Unter Schlüsselpersonen werden hier allgemein diejenigen Personen verstanden, die aufgrund ihrer fachlichen und/oder persönlichen Kompetenzen sowie ihrer Position in der migrantischen Community in besonderem Maße dazu in der Lage sind, Zielgruppen anzusprechen und zu aktivieren.

[160] Dieses Modell lässt sich zwar unter Umständen auch auf andere Institutionen (z. B. Kindertagesstätten) übertragen, wenn die jeweiligen Bedingungen der Institution berücksichtigt werden. Die Schule bietet sich aus verschiedenen Gründen jedoch besonders für den Einsatz von sozialpädagogischen Fachkräften mit Mittlerfunktion an (aufgrund der Hierarchiestrukturen der Institution und ihrer Bewertungshoheit, der unterschiedlichen beruflichen Qualifikation von Lehrer/innen und Sozialpädagog/innen, der Ängste und Missverständnisse, die mit Schule verbunden sind etc.).

[161] Siehe auch die Darstellung der IKM im Internet: http://www.reuter-quartier.de/uploads/media/Kurzbeschreibung_IKM.pdf [letzter Zugriff: 20.11.2011].

erleichtern den Eltern den Zugang zur Schule und stärken ihre (Erziehungs-) Kompetenzen. Dabei kooperieren sie auch mit außerschulischen Institutionen, wie z. B. Erziehungsberatungsstellen und dem Jugendamt. Außerdem unterstützen sie die Schüler/innen bei ihrer schulischen und außerschulischen Lebensbewältigung und der Entwicklung ihrer sozialen Kompetenzen. Übergeordnetes Ziel ist es, ein offenes, respektvolles und gewaltfreies Miteinander in der Schule zu fördern. Die IKM verfolgen eine Doppelstrategie, bei der Komm- und Gehstrukturen verknüpft werden: Zum einen bieten sie niedrigschwellige individuelle Beratung für Eltern in der Schule an und ermutigen die Eltern, in die Institution zu kommen, z. B. durch das Angebot eines Elternfrühstücks. Zum anderen machen sie aber auch Hausbesuche, um Beratungsgespräche mit der ganzen Familie im häuslichen Umfeld zu führen.

Zu den positiven Ergebnissen des Projektes zählt nach Auskunft der befragten IKM[162] u. a., dass die Fachkräfte insbesondere „schwer erreichbare" Gruppen (wie Flüchtlinge mit unsicherem Aufenthaltsstatus) einbinden und zu den Familien ein Vertrauensverhältnis aufbauen. Die Eltern suchen, so die Befragten, von alleine die Unterstützung der IKM, nehmen das Beratungsangebot wahr und werden in ihrer Selbstverantwortung so gestärkt, dass sie sich aktiver ins Schulgeschehen einbringen. Die befragten IKM berichten weiter von einer Verbesserung des Schulklimas, einer Überwindung der Vorstellung von getrennten Erziehungswelten zugunsten einer gemeinsamen Erziehungsverantwortung[163] von Eltern und Fachkräften sowie dem Abbau von Berührungsängsten gegenüber der Institution Schule. Da die Schüler/innen spüren, dass Eltern und Fachkräfte sich an den gleichen oder zumindest ähnlichen Werten und Regeln orientieren, leistet die Arbeit der IKM auch einen Beitrag zur Gewaltprävention.[164]

Das hier geschilderte Modell benötigt finanzielle und personelle Ressourcen und muss von der Bildungs- und Erziehungslandschaft unterstützt werden. Die IKM im Reuterkiez werden über Mittel des Programms „Soziale Stadt" gefördert; die Projektidee entstand aufgrund einer Bedarfsanalyse im Rahmen der Vorarbeiten für den Lokalen Bildungsverbund und war das erste gemeinsame Projektvorhaben des Verbundes.

---

[162] Die folgenden Ausführungen basieren auf den Evaluationsergebnissen des Modellstandorts Reuterkiez (Koch/Schwenzer 2011).

[163] Die IKM berichteten, dass viele Eltern die Erziehungsverantwortung zunächst häufig komplett an die Schule delegieren, da Elternhaus und Schule als zwei getrennte Welten betrachtet werden. Das Fehlverhalten des eigenen Kindes in der Schule wird demnach als Problem der Pädagog/innen wahrgenommen, das auch von diesen gelöst werden muss, da ihnen der ausschließliche Expertenstatus zugeschrieben wird.

[164] Ausführlicher zu diesem gewaltpräventiven Beitrag der Arbeit der IKM vgl. Koch/Schwenzer 2011, S. 52ff.

Mütter aus der Community als semi-professionelle Mittler/innen

An dem Modellstandort Reuterkiez werden auch Mütter aus der Community als semi-professionelle Mittler/innen eingesetzt. Stadtteilmütter sind erwerbslose Frauen migrantischer Herkunft, die im Rahmen des Berliner Integrationsprojektes „Stadtteilmütter in Neukölln" geschult werden. Für ihre Tätigkeit als Stadtteilmütter werden sie mehrheitlich über Beschäftigungsmaßnahmen finanziert, ein kleiner Teil von ihnen erhält Honorarmittel. Stadtteilmütter suchen Frauen ihrer Communities zuhause auf, um sie zu Themen der frühkindlichen Erziehung, Bildung und Gesundheit zu informieren. Die Stadtteilmütter kombinieren zwar wie die „Interkulturellen Moderator/innen" niedrigschwellige Komm- und Gehstrukturen; ihr Schwerpunkt im Unterschied zu den IKM liegt jedoch bei der aufsuchenden Arbeit in Form von Hausbesuchen. Sie sind aber zunehmend auch in Institutionen aktiv und werden z. B. unterstützend in den Elterncafés von Schulen eingesetzt oder in der interkulturellen und sprachlichen Vermittlung bei Elternabenden. Die Anbindung an Institutionen wie Kindertagesstätten und Schulen ermöglicht den Stadtteilmüttern darüber hinaus auch einen besseren Zugang zu Familien, die sie für ihre Hausbesuche gewinnen möchten. Das Projekt „Stadtteilmütter" hat einen doppelten Effekt: Zum einen profitieren die besuchten Mütter von hohen Wissenszuwächsen und nachhaltigen Veränderungen im Erziehungs- und Gesundheitsverhalten, zum anderen profitieren die Stadtteilmütter von dem Projekt, da die Tätigkeit von den Frauen selbst als ein Türöffner zu mehr gesellschaftlicher Teilhabe angesehen wird.[165]

Ehrenamtliche Eltern aktivieren Eltern

Ein drittes Modell umfasst die Ausbildung von Eltern zu ehrenamtlichen Elternbotschafter/innen. Dieses Modell wird in einer Berliner Bildungs- und Erziehungslandschaft umgesetzt, die im Rahmen der Bestandsaufnahme Ost untersucht wurde.[166] Dabei werden Mütter und/oder Väter als „Elternbotschafter/innen" geschult, die ihre Erfahrungen in der Schule und im Kiez an andere Eltern weitergeben und ihnen Tipps und Anregungen geben, wie sie sich noch mehr in das Schulleben einbringen können. Sowohl Fachkräfte als auch Eltern werden durch die Elternbotschafter/innen ermutigt, die Zusammenarbeit zwischen Schule und Elternhaus zu verbessern. Die aktive Mitarbeit der überwiegend migrantischen Eltern im Bereich der Elternvernetzung und der demokratischen Schulentwicklung befördert die Qualifizierung und Kompetenzsteigerung

---

[165] Ausführlicher zu den Evaluationsergebnissen der zweiten untersuchten Phase des Modellprojektes vgl. Behn/Bischof/Koch 2010.
[166] Bestandsaufnahme Ost 2009, vgl. hierzu auch die Ausführungen zu Beteiligung und Migration im Zwischenbericht 2010, S. 56ff.

der Eltern – sowohl in Bezug auf die Weiterentwicklung der eigenen Deutschkenntnisse als auch in Bezug auf Präsentations-, Moderations- und Kommunikationsfähigkeiten.

Die Aktivierung der Eltern kann dann dazu führen, dass die Elternbotschafter/innen sich auch auf Ebene der Bildungs- und Erziehungslandschaft mit ihren Wünschen und Ideen einbringen und weitere Projekte entwickeln. So können die Maßnahmen im Rahmen der demokratischen Schulentwicklung als Keimzelle für die Elternbeteiligung an der gesamten Bildungs- und Erziehungslandschaft dienen.

Die Erfahrungen zeigen, dass eine konsequente und aktive Einbeziehung der Eltern innerhalb einer Institution, die die Eltern als Partner in der Erziehung und Bildung des Kindes ernst nimmt, eine große Ausstrahlungskraft auf die Bildungs- und Erziehungslandschaft haben kann. Von zentraler Bedeutung ist es dabei, dass ein entsprechendes Beteiligungsklima geschaffen wird, das den Eltern vermittelt, dass ihre Stimme wichtig ist, gehört wird und dass ihre Wünsche, Ideen und Anregungen ernst genommen werden und auch Konsequenzen haben. Das kann wie im untersuchten Beispiel dazu führen, dass sich ursprünglich professionell moderierte Gremien verselbständigen und von Eltern dann selbst vorbereitet, organisiert und moderiert werden.

Zur Bedeutung von Schlüsselpersonen: Praxisbeispiel aus Saalfeld

Wie wichtig die Aktivierung von entsprechenden Schlüsselpersonen ist, die in der Lage sind, andere Eltern zu begeistern, zeigt auch ein Beispiel aus dem Modellstandort Saalfeld. Eine Mutter, die durch eine niedrigschwellig organisierte Elternwerkstatt aktiviert wurde, hat inzwischen eine muslimische Frauengruppe gegründet, die sich zweimal im Monat trifft, um Fragen von Religion im Kontext von Migration zu besprechen und die Isolation der Frauen, die überwiegend Flüchtlinge sind, zu überwinden – eine Idee, die aus der Elternwerkstatt entstanden ist (vgl. Kap. 5.1). Die aktive Mutter ist eine Integrationsfigur, die multilingual ist und durch ihre persönliche Ausstrahlung viele Frauen ermutigen kann, sich in der Bildungs- und Erziehungslandschaft einzubringen und die vorhandenen Angebote und Institutionen zu nutzen. Im Saalfelder Stadtgebiet ist inzwischen zu beobachten, dass die Frauen aus der Gruppe ihren Mobilitätsradius erweitert haben und inzwischen auch stärker in der Innenstadt präsent sind.

5.11.2 Was zeichnet das Modell der migrantischen Mittler/innen aus?

Da mit dem Einsatz von migrantischen Mittler/innen große Erfolge erzielt werden, stellt sich die Frage, welche Besonderheiten diese Strategie aufweist und was sie auszeichnet. Alle drei vorgestellten Modelle beruhen auf spezifischen Kompetenzen, über die migrantische Mittler/innen verfügen müssen, sowie auf Bedingungen, die mit dem Migrationshintergrund verbunden sind. Diese werden im Folgenden dargestellt.

Mehrsprachigkeit

Die Arbeit der migrantischen Mittler/innen erfordert sowohl die Beherrschung der eigenen Muttersprache als auch der deutschen Sprache. Dies ermöglicht eine fachlich kompetente Arbeit mit Eltern (insbesondere bei den professionellen Mittler/innen) bzw. eine Aktivierung von Eltern in der Muttersprache. Die Mehrsprachigkeit erleichtert den Kontakt, baut Barrieren ab und fördert eine vertrauensvolle Beziehung. Sie hilft auch, sprachliche Missverständnisse zu vermeiden und die Scham, die Eltern mitunter haben, wenn sie über geringe Deutschkenntnisse verfügen, zu überwinden. Als Kontaktpartner/innen zwischen Eltern und Institutionen können die migrantischen Schlüsselpersonen also auch sprachliche Vermittlungstätigkeit ausüben, z. B. Übersetzungen bei Veranstaltungen. Die migrantischen Mittler/innen, insbesondere die professionellen Mittler/innen, sollten jedoch von der Institution nicht auf ihre Dolmeschertätigkeit reduziert werden, da diese nur ein Mittel darstellt, um den Zugang zu erleichtern.

Interkulturelle Kompetenz und Lebensweltkenntnis

Die migrantischen Mittler/innen benötigen interkulturelle Kompetenzen, um einen interkulturellen Dialog zwischen den verschiedenen Sozialisationsfeldern zu initiieren. So können z. B. interkulturelle Missverständnisse zwischen Eltern und Institutionen, die aufgrund von mangelndem interkulturellem Wissen oder der Unkenntnis der Lebenswelt und der kulturellen Alltagspraktiken des jeweils anderen entstehen können, bearbeitet werden. Über diese interkulturelle Kompetenz hinaus, die auch herkunftsdeutsche Fachkräfte oder Eltern erwerben können, fühlen sich migrantische Mittler/innen in der Regel in beiden Kulturen „zuhause" und können sich in der jeweiligen migrantischen Community genauso wie in der deutschen Gesellschaft ganz selbstverständlich bewegen. Hierzu zählen im optimalen Fall auch Ähnlichkeiten im sozialen Milieu und ähnliche biografische Erfahrungen, die dazu führen können, dass der Zugang und das Verständnis noch leichter werden. Dies gilt insbesondere für Familien, die eine belastende Migrationsgeschichte aufweisen und/oder stark stigmatisiert und marginalisiert sind, wie z. B. Flüchtlinge.

Vorbildfunktion

Die migrantischen Mittler/innen haben für die Eltern eine Vorbildfunktion, da sie sowohl in die deutsche Gesellschaft integriert sind als auch in die eigene Community. Ihre Mehrfachzugehörigkeit ist eine Selbstverständlichkeit. Damit stehen sie für ein Integrationsverständnis, das Integration nicht als einseitige Anpassungsleistung versteht, sondern als einen dynamischen kulturellen Prozess der Aneignung. Die Aktivierung durch die migrantischen Mittler/innen kann dazu führen, dass Eltern, die sich sehr stark in die eigene Community zurückgezogen haben, zu mehr Verantwortungsübernahme und gesellschaftlicher Teilhabe ermutigt werden.

Unabhängige Mittlerposition zwischen Eltern und Institution

Auch wenn die Mittler/innen zum Teil an Institutionen angesiedelt sind, wie im Falle der dargestellten professionellen und semi-professionellen Mittler/innen, sind sie jedoch nicht Teil dieser Institution (oder werden zumindest nicht als ein solcher Teil wahrgenommen, da sie eine unabhängige Position einnehmen). Dies gilt insbesondere für die Institution Schule: So werden beispielsweise die IKM weniger mit der Schule als staatlicher Institution, die von Eltern aufgrund ihrer Bewertungshoheit häufig als machtvoll erlebt wird, identifiziert als die Lehrer/innen. Diese Position erleichtert es ihnen, auch problematische Themen (wie z. B. häusliche Gewalt) und weitere Erziehungsfragen anzusprechen. Die Mittler/innen stoßen deshalb auch mit ihren pädagogischen Interventionen auf größere Akzeptanz. Die Mittlerposition mindert Statusunterschiede zwischen Eltern und Professionellen, was durch die interkulturelle Kompetenz, die fundierten Kenntnisse über Herkunftskultur und Gesellschaft sowie durch eine angemessene Ansprache der Eltern verstärkt wird.

Abschließend kann formuliert werden, dass der Einsatz von migrantischen Mittler/innen ein Weg ist, um migrantische Eltern besser zu erreichen und an den Institutionen bzw. der gesamten Bildungs- und Erziehungslandschaft zu beteiligen. Dieser Weg muss jedoch durch eine interkulturelle Öffnung der Institutionen selbst und der Bildungs- und Erziehungslandschaft als Ganzes[167] flankiert werden; der Einsatz von Mittler/innen kann diese Öffnung beschleunigen. Zu einer solchen interkulturellen Öffnung gehören sowohl konkrete Prozesse der Organisationsentwicklung (z. B. regelmäßige Fortbildungen zu interkulturellen

---

[167] Im Zwischenbericht des Projektes konnte bereits aufgrund der Erfahrungen einer Bildungs- und Erziehungslandschaft gezeigt werden, dass die Aufnahme von vorurteilsbewusster Bildung und Erziehung in die Zielstellung bzw. das Leitbild der Landschaft einen förderlichen Faktor bei der Erreichung von migrantischen Eltern darstellt.

Themen, Verankerung von Interkulturalität im Leitbild) als auch eine entsprechende Haltung aller Beteiligten (z. B. Offenheit gegenüber und Wertschätzung von Vielfalt, vorurteilsbewusstes Handeln, Auseinandersetzung mit Rassismus und Diskriminierung).[168]

5.12 Mobile Bildungsberatung
(Gladbeck, *isp*)

Schwerpunkte originärer Bildungsberatung sind Beratungsprozesse zu Fragen der beruflichen Laufbahn und der Weiterbildung. Die bildungsberaterischen Angebote sind als eine Konsequenz des bildungspolitisch ausgerufenen Konzeptes des „lebenslangen Lernens" zu verstehen. Dabei soll das „Lernen vor Ort" u. a. mit Hilfe (zu entwickelnder) regionaler Strukturen der Vernetzung von Bildungsangeboten befördert und qualifiziert werden.

Der regionalen oder auch lokalen Ausrichtung des Beratungsangebotes soll mit einer Facette der Bildungsberatung, der Mobilen Bildungsberatung, Rechnung getragen werden. In der Mobilen Bildungsberatung geschieht das, was der Begriff schon ausdrückt: Mitarbeiter/innen von z. B. Bildungsbüros (verortet meist im Zentrum einer Stadt) beraten mobil zu Bildungsfragen. Sie fahren z. B. mit einem Beratungsmobil in die Stadtteile einer Stadt oder die Regionen einer Kommune oder sie bieten ihre Beratung in Institutionen und Einrichtungen vor Ort (etwa einem Familienzentrum) an, um über Bildungsangebote zu informieren und um zu konkreten Bildungsanliegen (auch und insbesondere unter Berücksichtigung der individuellen Bildungsbiografie) zu beraten.

In der Mobilen Bildungsberatung geht es in einem Schwerpunkt darum, Menschen mit Beratungsangeboten zu erreichen, die mit der herkömmlichen Form der (Bildungs-)Beratung, die mit dem Merkmal einer „Kommstruktur" markiert werden kann, nur schwer zu erreichen sind. Mit der Mobilen Bildungsberatung und ihrem wichtigsten Merkmal, der „Gehstruktur", sollen Zielgruppen erreicht und beraten werden, die in der (fach-)öffentlichen Diskussion unter den Bezeichnungen „schwer erreichbar" und „bildungsfern" geführt werden. Zudem wird in Teilen des Fachdiskurses die Auffassung vertreten, dass die Mobile Bildungsberatung das Mittel der Wahl für bestimmte Bevölkerungsgruppen (wie z. B. Migrant/innen) ist. Festzuhalten ist, dass mit dem stationären Angebot einer Bildungsberatung (wie etwa das Angebot eines Bildungsbüros) nicht alle Bewohner/innen eines Sozialraums, einer Stadt oder einer Kommune erreicht wer-

---

[168] Näheres zu interkulturellen Öffnungsprozessen vgl. z. B. Koch/ Bischof 2005.

den, bei denen begründet davon ausgegangen werden kann, dass eine solche Beratung von Nutzen bzw. notwendig für sie ist.

Immer dann, wenn die Herausforderung darin besteht, die Beratungsangebote für die unterschiedlichen Anliegen und Bevölkerungsgruppen zugänglicher zu machen, kann die Mobile Bildungsberatung das Mittel der Wahl sein, die – als Grundvoraussetzung und Gelingensbedingung – Teil oder Baustein eines integrierten und vernetzten Gesamtkonzeptes der vor Ort gestalteten oder zu gestaltenden Bildungs- und Erziehungslandschaft ist. Mobile Bildungsberatung bietet somit z. B. für Menschen oder Bevölkerungsgruppen mit einer gebrochenen Bildungsbiografie, mit der ein problematischer Umgang (nicht nur) mit dem Thema „Bildung" in der weiteren Lebensbiografie verbunden wird, die Chance des niedrigschwelligen und beteiligenden Zugangs zur professionell unterstützten Thematisierung ihrer Bildungs- und auch weiterer Unterstützungsbedarfe.

Im Folgenden werden die Potenziale der Mobilen Bildungsberatung im Hinblick auf ihren Gebrauchswert zur Initiierung und Beförderung elternorientierter Gewaltprävention vor dem Hintergrund der Durchführung einer so spezifisch fokussierten aufsuchenden Beratung am Modellstandort vorgestellt und Schlüsselprozesse markiert. Es wird verdeutlicht, wie sich ein weit gefasster Bildungs- und Beratungsbegriff, der als lebensweltbezogene Bildungsberatung bezeichnet werden kann, von einem klassischen Verständnis von Bildungsberatung (z. B. ausschließlich zur beruflichen Laufbahn bzw. zur Weiterbildung) unterscheidet.

5.12.1 Verständigungsprozesse

Grundlegend ist ein erfolgter Verständigungsprozess (zunächst innerhalb der Institution) darüber, welches Selbstverständnis diese Institution (wie z. B. ein Bildungsbüro), die eine Mobile Bildungsberatung installieren will, unter dem Label „Bildungsberatung" für sich formuliert. Erst nach Klärung des Selbstverständnisses einer Mobilen Bildungsberatung, die für sich in Anspruch nimmt, die Lebenswelt der Adressat/innen zu einem der Ausgangspunkte für das eigene Beratungsangebot zu machen, werden die Themen Elternbeteiligung und Gewaltprävention zum integralen Bestandteile einer Mobilen Bildungsberatung. Dieses Selbstverständnis drückt sich mit folgender Handlungsorientierung aus: Das Ziel der elternorientierten Gewaltprävention wird a) aus einem breit angelegten und mehrdimensionalen Bildungsbegriff (die Einheit von Bildung, Betreuung und Erziehung) abgeleitet und ist b) von der Absicht geleitet, die Angebotsgestaltung an den Bedarfen „schwer erreichbarer" Adressat/innen anzupassen.

5.12.2 Haltung

Ein so entwickeltes Selbstverständnis drückt sich in einer spezifischen Beratungs- und Sozialkompetenz aus und macht im ersten Zugang die subjektiven Bedürfnisse der Adressat/innen zum Ausgangspunkt von Beratungsprozessen, auch wenn weitere bzw. andere Problemlagen durchaus identifizierbar sind. Wenn insbesondere „schwer erreichbare" Eltern in möglichen konfliktträchtigen Situationen einen Zugang zu den Beratungsangeboten finden sollen, ist eine akzeptierende Haltung, die nicht als Gutheißen jeglicher Verhaltensweise missverstanden werden sollte, die vertrauensbildende Grundlage für die Thematisierung und Bearbeitung sensibeler Problembereiche wie z. B. von Gewalt und ihrer Prävention. Hier ist implizite Prävention (Vertrauen schaffen, Bedarfe ernst nehmen, Zugänge ohne explizit formulierte Hilfebedarfe ermöglichen) von expliziter Prävention zu differenzieren, die immer wieder notwendig zu erfolgen hat und die gleichwohl auf der Grundlage einer geschaffenen Vertrauensbasis erfolgen sollte.

5.12.3 Vernetzung – Regelmäßigkeit – Langfristigkeit

Die Mobile Bildungsberatung ist mit den vor Ort bestehenden Institutionen und gewaltpräventiven Angeboten vernetzt und nutzt diese vorhandenen Strukturen im Sozialraum (bestehende Beteiligungsformen und -prozesse, gewaltpräventive Angebote). Dabei ist zu berücksichtigen, dass insbesondere diese Kooperation ein voraussetzungsvolles Unterfangen sein kann, in dem Themen und Aspekte wie Doppelstrukturen oder auch Konkurrenzen verständigungsorientiert zu bearbeiten sind.[169] Hier macht es Sinn, an den Kompetenzen, Erfahrungen, Beobachtungen und Wirklichkeitskonstruktionen der Institutionen vor Ort anzusetzen, um auf dieser Grundlage den Mehrwert der Spezifik des eigenen Angebotes im Sinne einer hilfreichen Ergänzung und Unterstützung deutlich zu machen.

Die Mobile Bildungsberatung
- macht sich damit die von Institutionen im Sozialraum identifizierten und/oder von den Adressat/innen dieses Sozialraums selbst formulierten Problemlagen zu eigen,
- passt den eigenen Arbeitsauftrag und seine Gestaltung diesen Problemlagen an und

---

[169] Zwischenbericht, 2010: Vernetzung und Kooperation. Wege zu einer gewaltpräventiven Elternbeteiligung im Rahmen kommunaler Bildungs- und Erziehungslandschaften, S. 119-133.

- formuliert und definiert eigene Anliegen und Aufträge auf der Grundlage von eigenen Beobachtungen und Erfahrungen sowie auf Basis der Einschätzungen der vor Ort gewaltpräventiv tätigen Institutionen.

Die Mobile Bildungsberatung wird in Kooperation mit Institutionen (etwa einem Frauen- und Mädchenzentrum, einem Familienzentrum, einem Elterncafé, einem Bücherbus) durchgeführt. Hier ist die Kooperation insbesondere mit Institutionen und Angeboten zu empfehlen, deren Nutzung nicht unmittelbar von der Thematisierung von Hilfebedarfen und Problemen abhängig ist und die ohne die Formulierung eines spezifisches Anliegens aufgesucht werden können. In diesen niedrigschwelligen Einrichtungen werden vor Ort regelmäßige, verlässliche und langfristig angelegte Sprechstunden für die Nutzer/innen dieser Angebote durchgeführt. Durch die regelmäßige Präsenz an zentralen und von den Adressat/innen häufig frequentierten Orten werden die selbstverständlichen Zugänge der Adressat/innen zu diesen etablierten und gut angenommenen Angeboten genutzt.

Die Mobile Bildungsberatung wird damit zu einem zentralen und direkten Zugang zur besseren Einbindung von Eltern und Familien in bestehende bzw. neu zu entwickelnde Angebote der Gewaltprävention. Das Erreichen und die Beteiligung „schwer erreichbarer" Eltern werden in Kooperation mit vor Ort bestehenden Angeboten initiiert. Im Zuge der aufsuchenden Beratung werden alternative und neue Formen der Beteiligung von Eltern und Familien, die bisher nicht erreicht werden, entwickelt.

5.12.4 Niedrigschwellig – offen – adressatenorientiert – zielgruppenspezifisch

Die Mobile Bildungsberatung findet an den Orten und in den Sozialräumen statt, deren Sozialstruktur durch spezifische Faktoren gekennzeichnet ist (wie z. B. so genannte „Soziale Brennpunkte"). Sie macht (auf Stadtteilfesten, auf Märkten) auf ihre Angebote aufmerksam.

Die Mobile Bildungsberatung ist:
1. *niedrigschwellig*, indem sie informiert, Bedarfe, Wünsche und Ressourcen erfasst, leicht zu erreichen ist, Hemmschwellen minimiert und zielgruppenadäquat ausgerichtet ist,
2. *offen*, indem sie begleitete Kontaktangebote (Elterntische, Gesprächskreise etc.) offeriert, in denen z. B. auch Erziehungsprobleme besprochen werden können,
3. *adressatenorientiert* z. B. in der Arbeit für Eltern im Sinne problemorientierter Elternbildung (z. B. mit der Durchführung von Elternkursen mit und

für Eltern, die ein Beratungsanliegen z. B. in Erziehungsfragen formulieren).

Insbesondere durch diese zielgruppenspezifisch gestaltete Präsenz vor Ort ist die Mobile Bildungsberatung ein Ansatz zur Beteiligung „schwer erreichbarer" Eltern. Die Beratung setzt stringent an den Bedarfen der Nutzer/innen des Beratungsangebotes an. Erfahrungen zeigen z. B., dass häufig soziale und ökonomische Notlagen den Anlass eines Beratungsprozesses bilden, in dessen Prozess weitere Problemlagen thematisiert werden können. So bilden die Gespräche über mögliche berufliche Perspektiven eine vertrauensbildende Grundlage zur Thematisierung von Fragen und Problemen jenseits oder in Folge von dargestellten (z. B.) finanziellen Notlagen. Hier liegt ein ganzheitliches Beratungsverständnis zu Grunde, dass sich insofern für alle formulierten Anliegen zuständig erklärt, als dass die Mitarbeiter/innen der Mobilen Bildungsberatung selbst tätig werden und/oder über das notwendige Lotsenwissen verfügen, um an die entsprechenden (z. B. gewaltpräventiven) Angebote des Sozialraums oder der Stadt verweisen und den Übergang zu diesen Angeboten gestalten zu können.

5.13 Gesamtmodell der Gewaltprävention und Elternarbeit
(Berlin-Neukölln, Camino)

Im Folgenden wird ein Gesamtpräventionsmodell vorgestellt, das durch die Evaluation des Praxisforschungsprojektes identifiziert werden konnte. Anliegen der Evaluation war es, die vielfältigen Aktivitäten im Bereich der Gewaltprävention und Elternarbeit an einer Einrichtung eines Bildungsverbundes zu untersuchen und zu einem Gesamtpräventionsmodell zusammenzuführen.[170]

Dieses Gesamtmodell sowie seine ersten Erfolge werden am konkreten Beispiel einer Grundschule – der Elbe-Schule – dargestellt, an der das Modell umgesetzt wird, um die verschiedenen Bausteine, die im Rahmen der Evaluation herausgearbeitet werden konnten, zu verdeutlichen. Daraus ableitend werden wichtige Bereiche für die Verankerung von Gewaltprävention in die Schulsystemstruktur aufgezeigt sowie Maßnahmen zur Übertragung des Gesamtpräventionsmodells auf andere Einrichtungen einer Bildungs- und Erziehungslandschaft formuliert.

---

[170] Die ausführlichen Ergebnisse der wissenschaftlichen Evaluation des Modellstandortes Berlin-Neukölln sind in einer eigenen Dokumentation festgehalten. Vgl. Koch/Schwenzer 2011.

Gesamtmodell der Gewaltprävention und Elternarbeit

5.13.1 Das Gesamtpräventionsmodell

Grundsätzlich lässt sich anhand der Elbe-Schule ein Gesamtpräventionsmodell aufzeigen, das die Befähigung zur konstruktiven Konfliktbearbeitung von Schüler/innen, Pädagog/innen und Eltern gleichermaßen zum Ziel hat. Dabei ist die gewaltpräventive Arbeit an der Schule strategisch in den Schulentwicklungsprozess eingebunden, sie ist fester Bestandteil des Unterrichts und systematisch mit Elternarbeit an der Schule verknüpft. Ferner beinhaltet die Gewaltpräventionsarbeit ein umfängliches Schulungs- und Partizipationskonzept aller an der Schule beteiligten Personen sowie eine gut funktionierende interne und externe Kooperationsstruktur.[171]

Nachfolgend wird das Gesamtpräventionsmodell an der Elbe-Schule grafisch dargestellt. Daran anknüpfend werden die einzelnen Bausteine erläutert.

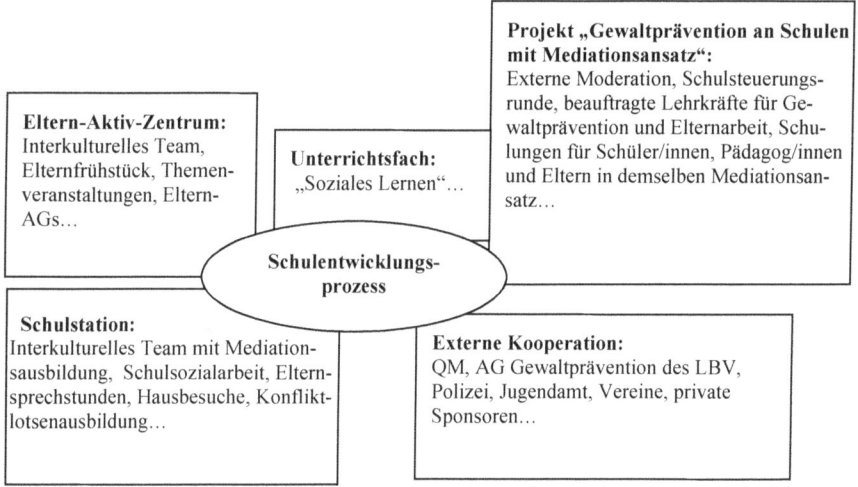

Abbildung 8: Gesamtpräventionsmodell an der Elbe-Schule

Soziales Lernen und Konfliktmanagement als Entwicklungsschwerpunkte

Bereits seit dem Jahr 2006 gehört die gewaltfreie, tolerante sowie sozial und demokratisch ausgerichtete Bildung und Erziehung von Schüler/innen der Elbe-Schule zum Leitbild des Schulprogramms, dessen Grundlage eine permanente Förderung der deutschen Sprache zu ausreichender Sprachkompetenz ist. Dies

---

[171] Vgl. Koch/Schwenzer 2011, S. 23-36.

muss vor dem Hintergrund der Zusammensetzung der Schülerschaft an der Schule verstanden werden: Die Grundschule wird fast ausschließlich von Kindern nicht-deutscher Herkunftssprache besucht, im Schuljahr 2010/11 waren es 91 %. Hinzu kommt der soziale Hintergrund der Kinder. Fast 90 % der Schüler/innen der Elbe-Schule kommen aus Familien, die von der Zuzahlung zu Lernmitteln befreit sind.[172] Diese und weitere Entwicklungen im Zuge schulischer Reformvorhaben, wie z. B. die Einführung der Ganztagsbetreuung oder des jahrgangsübergreifenden Lernens, haben Anlass zu Diskussionen an der Schule gegeben, die das Lernen grundlegend verändern und an die Lebensrealitäten der Schülerschaft anpassen sollten. So wurde das Soziale Lernen in Verbindung mit einem integrativ ausgerichteten Ansatz der Sprachförderung zu einem wesentlichen Entwicklungsschwerpunkt der Schule. Ferner sollte an der Schule ein Konzept zum Konfliktmanagement entwickelt werden mit dem Ziel, gewaltpräventive Strukturen aufzubauen und gleichzeitig schulische Akteure zur aktiven Konfliktbewältigung zu befähigen. Allgemein erklärtes Ziel der auf Soziales Lernen und Konfliktmanagement ausgerichteten Entwicklungsschwerpunkte war die Verbesserung des Schulklimas an der Elbe-Schule. Im Kern ging es darum, ein Lernklima und eine Lernkultur zu schaffen, die es ermöglichen, Konflikte in der Schule gewaltfrei und nach festgelegten Regeln auszutragen. Für die erfolgreiche Umsetzung der oben genannten Entwicklungsschwerpunkte war die Einbeziehung von Eltern ein wichtiges Anliegen.

Das Projekt „Gewaltprävention an Schulen mit Mediationsansatz"

Durch die Anbindung der Elbe-Schule an das Quartiersmanagement (QM)[173] bzw. den Lokalen Bildungsverbund (LBV) Reuterkiez bekam die Schule die Möglichkeit, ihre Entwicklungsschwerpunkte im Bereich des Sozialen Lernens und Konfliktmanagements systematisch auszuweiten und längerfristig zu installieren. So startete Anfang 2009 auf Verbundebene das Projekt „Gewaltprävention an Schulen mit Mediationsansatz", das vom QM finanziert und modellhaft an

---

[172] Vgl. Senatsverwaltung für Bildung, Wissenschaft und Forschung Januar 2011, S. 15.
[173] Ein Quartiersmanagement kümmert sich durch verbesserte Zusammenarbeit verschiedener lokaler Akteure und ganz unterschiedliche Projekte, Initiativen und Maßnahmen um den Erhalt und die Stärkung des sozialen Zusammenhaltes eines Stadtteils. Es wird in den Stadtteilen eingerichtet, in denen das Leben durch soziale Probleme geprägt ist und die Gefahr droht, dass die Menschen mit ihrem Stadtteil von der gesamtstädtischen Entwicklung ausgeschlossen werden. Empowerment und Partizipation sowie fachübergreifende Zusammenarbeit sind für ein erfolgreiches QM ausschlaggebend (vgl. http://www.quartiersmanagement-berlin.de/ [letzter Zugriff: 12.12.2011]).

Gesamtmodell der Gewaltprävention und Elternarbeit 147

zwei Schulen umgesetzt wird.[174] Ziel des Projektes an der Elbe-Schule ist es, langfristig ein gutes Konfliktmanagement einzurichten, das sowohl Präventions- als auch Interventionsmaßnahmen an der Schule etabliert, um Gewaltvorfälle zu vermeiden. Voraussetzung für die Bewilligung des Projektes war die Einrichtung einer schulischen „Steuerungsrunde Konfliktbearbeitung", in der Schüler/innen, Pädagog/innen, Eltern sowie externe Kooperationspartner/innen vertreten sind. Das QM finanziert hierfür eine professionelle, von außen kommende Moderation sowie verschiedene Maßnahmen, die – nach Beratung in der Steuerungsrunde – schrittweise an der Schule umgesetzt werden sollen. Ferner war Voraussetzung für das Projekt, dass es zwei feste Ansprechpersonen an der Schule gibt, die die aufgebauten Strukturen, wie z. B. die Ausbildung von Schüler/innen zu Konfliktlots/innen, noch während der Projektlaufzeit fortführen sollten. Konkret beauftragt wurden hiermit eine Lehrkraft, die Mitglied der erweiterten Schulleitung ist, sowie eine Mitarbeiterin der Schulstation, die bei einem freien Träger der Jugendhilfe angestellt ist.

Insgesamt geht es dem Mediationsprojekt darum, mit Schlüsselpersonen zu arbeiten, die alle nach demselben Mediationsansatz im Schulalltag handeln und über die möglichst viele weitere Akteure für das Thema Konfliktbearbeitung erreicht werden sollen.[175]

Die Arbeit des Projektes basiert auf drei Säulen:
- Arbeit mit Schüler/innen: In diesem Zusammenhang werden Schüler/innen der fünften Klassen zu Konfliktlots/innen geschult (40 h), die Ausbildung von Schüler/innen der vierten Klassen zu Pausenbuddys[176] unterstützt (1,5 h/Woche) sowie ab der dritten Klassestufe Konfliktbewältigungstrainings im Unterrichtsfach „Soziales Lernen" durchgeführt (10 h). Ebenfalls finden regelmäßig Schulungen für Klassensprecher/innen statt (8 h), die das Thema Konfliktbewältigung mit einschließen.
- Arbeit mit Pädagog/innen: Hier werden verschiedene pädagogische Fachkräfte zu Mediator/innen ausgebildet (80 h) und wöchentliche Treffen mit Erzieher/innen des Horts durchgeführt, um ein pädagogisches Konzept zum Umgang mit Konflikten zu erarbeiten. Ferner werden Lehrkräfte mithilfe

---

[174] Mit Beginn des Schuljahres 2008/2009 gab es an der Rixdorfer Schule ein Vorläuferprojekt. Dieses wurde ab Januar 2009 auf Verbundebene auch auf die Elbe-Schule ausgeweitet. Das Verbundprojekt läuft an beiden Schulen bis Ende 2011.
[175] Als Schlüsselpersonen gelten z. B. die (erweiterte) Schulleitung, die koordinierende Erzieherin im Hort und die Schüler- und Elternvertreter/innen.
[176] Das Buddy-Pausen-Team sorgt während der Pausen für ein möglichst konfliktfreies Miteinander der Kinder. Die „Buddys" sind in Konfliktmanagement gut ausgebildet und für die Mitschüler/innen an ihren Buttons zu erkennen.

von Studientagen für die Umsetzung des Fachs „Soziales Lernen" geschult.[177]
- Arbeit mit Eltern: In diesem Kontext werden Elternabende im Rahmen der Konfliktlotsenausbildung angeboten, Fortbildungen zu interkulturellen Themen veranstaltet (vier Nachmittage im Jahr; teilweise auch gemeinsam mit Lehrkräften) und Schulungen für Elternvertreter/innen durchgeführt (8 h), die ebenfalls Konfliktbearbeitung als Thema mit einbeziehen. Eine Elternvertreterin nimmt an der oben erwähnten Mediationsausbildung teil.

Kennzeichnend ist, dass die Schüler/innen, Eltern und Pädagog/innen als schulische Akteure auf unterschiedlichen Ebenen in die Gewaltpräventionsarbeit einbezogen werden, die drei unterschiedliche Stufen von Beteiligung aufzeigen:

- schulische Akteure als Zielgruppen (Schüler/innen nehmen am Unterrichtsfach „Soziales Lernen" teil, Eltern werden für die Elternabende im Rahmen der Konfliktlotsenausbildung und Pädagog/innen für die Mediationsausbildung gewonnen),
- schulische Akteure als Mitwirkende (Schüler/innen wirken als Konfliktlots/innen und Pausenbuddys, geschulte Schüler- und Elternvertretungen wirken in schulischen Gremien mit und Pädagog/innen und Eltern fungieren als Mediator/innen),
- schulische Akteure als Mitentscheider/innen (Schüler/innen, Eltern und Pädagog/innen entscheiden in der Schulsteuerungsrunde über Maßnahmen der Gewaltprävention an der Schule).

Neben der Einrichtung einer Steuerungsrunde zum Thema Konfliktbearbeitung und der Arbeit mit schulischen Akteuren auf Basis des beschriebenen Mehrebenenkonzeptes ist die institutionelle Anbindung von zwei Einrichtungen an der Elbe-Schule, die von einem externen interkulturellen Träger geführt werden, in das Gesamtpräventionskonzept der Elbe-Schule von zentraler Bedeutung. Gemeint sind hier die Schulstation und das Eltern-Aktiv-Zentrum, die vor allem für migrantische Eltern mit Sprachbarrieren einen vertrauensvollen und niedrigschwelligen Zugang zur Schule ermöglichen.

Die Schulstation

Die Schulstation an der Elbe-Schule existiert seit dem 1. August 2008 und ist ein Projekt der schulbezogenen Sozialarbeit, das vom Jugendamt des Bezirks finan-

---

[177] Das Unterrichtsfach „Soziales Lernen" wird an der Elbe-Schule mit einer zusätzlichen Schulstunde zur Stundentafel für alle Klassenstufen (1 bis 6) durchgeführt.

ziert wird. Als eigenständige Einrichtung der Jugendhilfe ist sie Anlaufstelle für alle Schüler/innen, Eltern und Pädagog/innen an der Elbe-Schule. Sie setzt sich zusammen aus einem sozialpädagogisch qualifizierten, interkulturellen Team, das über eine Mediatorenausbildung verfügt. Das Team hilft beim Lösen von innerschulischen (auch familiär bedingten) Konflikten und unterstützt bei Sprachproblemen. Es bietet regelmäßig Elternsprechstunden an, führt bei Bedarf Hausbesuche durch und ist kontinuierlich im Eltern-Aktiv-Zentrum der Elbe-Schule vertreten, um einen vertrauensvollen Kontakt zur Elternschaft aufzubauen. Eine Mitarbeiterin der Schulstation ist – wie bereits erwähnt – gemeinsam mit der beauftragten Lehrkraft für Gewaltprävention für die Ausbildung von Schüler/innen zu Konfliktlots/innen und darüber hinaus auch für die Pausenbuddys an der Elbe-Schule zuständig. So bilden Konfliktmanagement und Elternarbeit feste Bestandteile der Arbeit der Schulstation.

Das Eltern-Aktiv-Zentrum

Seit Beginn des Schuljahres 2008/2009 existiert an der Elbe-Schule eine Begegnungsstätte für Eltern, die als Eltern-Café startete und sich mit der Zeit zu einem Eltern-Aktiv-Zentrum (EAZ) weiter entwickelt hat. In dem EAZ werden, unterstützt durch zwei arabisch und türkisch sprechende Honorarkräfte, wichtige Themen rund um Schule und Erziehung beraten. Die Personalkosten des Eltern-Aktiv-Zentrums werden – wie auch das bereits erwähnte „Projekt an Schulen mit Mediationsansatz" – vom QM finanziert. Notwendige Sachmittel für die laufende Arbeit des EAZ werden durch die Akquirierung zusätzlicher Mittel bei privaten Sponsoren beglichen. Um Eltern für schulische Belange zu gewinnen, wird im EAZ an zwei Tagen in der Woche ein Elternfrühstück zu thematischen Schwerpunkten und zum Erfahrungsaustausch angeboten. So fanden im EAZ, zum Teil in Kooperation mit dem Jugendamt oder mit Sportvereinen, Informationsveranstaltungen zum Thema „Häusliche Gewalt" und „Gewalt unter Kindern" statt, die explizit vonseiten der Elternschaft gewünscht wurden. Dabei steht nicht nur die Auseinandersetzung mit Themen der Erziehung, Bildung und Gesundheit von Kindern im Fokus, sondern auch die Stärkung der Selbstkompetenz (insbesondere) von Frauen, die das EAZ besuchen. So wird Empowerment von Frauen als eine wesentliche Strategie der Arbeit des EAZ angesehen. Unterdessen bieten z. B. Mütter, die das EAZ besuchen, einzelne Arbeitsgemeinschaften für Schüler/innen an und werden hier durch unterschiedliche Pädagog/innen an der Schule (Lehrkräfte, Sozialarbeiter/innen, EAZ-Mitarbeiterinnen) unterstützt; zurzeit existieren eine Koch- und eine Sport-AG.

Die Mitarbeiterinnen des EAZ fungieren als Ansprechpersonen für generelle Bildungs- und Erziehungsfragen, aber auch für schulbezogene Probleme. Sie übersetzen bei Sprachbarrieren, vermitteln in Deutschkurse oder Projekte zum

Kinderschutz wie „Starke Eltern – starke Kinder" und organisieren Ausflüge mit den Eltern. Außerdem sind sie regelmäßig auf Einschulungsfeiern und Elternabenden für die zukünftigen ersten Klassen präsent, um frühzeitig Kontakt zur Elternschaft zu knüpfen. Die Arbeit des EAZ ist inzwischen über die schulischen Grenzen hinaus bekannt. So besuchen Eltern angehender Schulkinder aus dem Einzugsgebiet bereits vor der Einschulung das EAZ, weil sich herumgesprochen hat, dass sie hier Unterstützung bei der Schulanmeldung erhalten. Zum Teil suchen auch andere Bewohner/innen des Einzugsgebietes das EAZ auf, um sich Informationen und Rat in verschiedensten Lebens- und Problemlagen zu holen. Neben dem pädagogischen Personal der Schulstation sind auch Lehrkräfte im EAZ vertreten, um sich mit Eltern über schulische Belange auszutauschen. Kontinuierlich im EAZ vertreten ist eine Lehrkraft, die explizit für Elternarbeit an der Schule verantwortlich ist. Wie auch die Beauftragte für Gewaltprävention, ist der Beauftragte für Elternarbeit Mitglied der erweiterten Schulleitung. Beiden Lehrkräften stehen jeweils zwei Schulstunden in der Woche für die Gewaltpräventions- bzw. Elternarbeit an der Elbe-Schule zur Verfügung.

Interne und externe Kooperationsstrukturen

Ferner kann die vielfältige interne, aber auch externe Kooperation als ein wesentlicher Baustein des Gesamtmodells an der Elbe-Schule rund um die Themen Gewaltprävention und Elternarbeit konstatiert werden. So arbeiten die Mitarbeiter/innen der Schulstation, des EAZ sowie die beauftragten Lehrkräfte eng zusammen, um vorhandene Ressourcen zu bündeln und Doppelstrukturen zu vermeiden. Auch in Bezug auf schulische Aktionen findet eine enge Kooperation zwischen ihnen statt, wie beispielsweise bei den gemeinsam veranstalteten „Respekttagen" oder der Durchführung von interkulturellen Festen an der Schule. Auch bei der feierlichen Zertifikatsübergabe an die ausgebildeten Konfliktlots/innen, die einen Höhepunkt des Schullebens darstellt, wirken diese Akteure zusammen. Die Kooperation auf der Steuerungsebene umfasst sowohl die innerschulische Steuerungsrunde zum Thema Konfliktbearbeitung als auch die außerschulische Arbeitsgemeinschaft zur Gewaltprävention im Reuterkiez des LBV (vgl. auch Kap. 3.2). Durch die kontinuierliche Mitarbeit in der AG Gewaltprävention ist die Elbe-Schule in eine institutionenübergreifende Steuerung und Planung gewaltpräventiver Aktivitäten eingebunden. Diese zielt auf ein abgestimmtes Handeln der gewaltpräventiven Arbeit im Kiez, aber auch auf verbesserte Rahmenbedingungen zur Entwicklung konkreter Problemlösungsstrategien auf der operativen Ebene. Als weitere wichtige Kooperationspartner/innen der Schule können das Jugendamt, die Polizei und die Straßensozialarbeit genannt werden, die ebenfalls in den beiden Steuerungsrunden vertreten sind.

Gesamtmodell der Gewaltprävention und Elternarbeit

5.13.2 Gewaltpräventive Effekte des Gesamtmodells

Das Ineinandergreifen der verschiedenen Bausteine der Gewaltpräventionsarbeit an der Elbe-Schule zeigt erste gewaltpräventive Effekte. Dies belegen der bereits erwähnte Berliner Schulinspektionsbericht von Januar 2011, der im Herbst 2011 durchgeführte Selbstbewertungsworkshop an der Schule (siehe auch Kap. 5.10) sowie die Ergebnisse der wissenschaftlichen Evaluation des Praxisforschungsprojektes. Nachfolgend sollen drei gewaltpräventive Effekte vorgestellt werden:

1. Umfängliche Sensibilisierung und Mobilisierung für das Thema Konfliktbearbeitung

Insgesamt betrachtet kann in Bezug auf die Arbeit mit den Schüler/innen, Pädagog/innen und Eltern an der Elbe-Schule eine umfängliche Sensibilisierung und Mobilisierung für den Bereich der Konfliktbearbeitung konstatiert werden. Sowohl die Einführung des Unterrichtsfachs „Soziales Lernen" als auch die umfänglichen Schulungen von Schüler/innen zu Pausenbuddys, Konfliktlots/innen sowie die Trainings der Klassensprecher/innen führen dazu, dass eine große Anzahl an Kindern einen konstruktiven Umgang mit Konflikten erlernen und diesen im Schulalltag anwenden können. Auch die Schulung von Lehrkräften bezüglich des Unterrichtsfachs „Soziales Lernen" und die Mediationsausbildung für Pädagog/innen sollen das Kollegium befähigen, den Bereich der Konfliktbearbeitung in den Unterricht bzw. in den Schulalltag zu integrieren. Die Schulsozialarbeit, die ebenfalls die Mediationsausbildung durchlaufen hat, ist inzwischen mitverantwortlich für die Konfliktlotsenausbildung von Schüler/innen. Bei den Eltern kann festgehalten werden, dass sie insbesondere über die Konfliktlotsenausbildung für das Thema Konfliktbearbeitung erreicht werden. So besuchen sie zu 100 % die Elternabende, die in diesem Kontext angeboten werden. Zudem nehmen sie an Elterntreffs teil, bei denen die Kinder zeigen können, was sie in der Konfliktlotsenausbildung gelernt haben. Auch bei der feierlichen Übergabe der Zertifikate an die Konfliktlots/innen sind die Eltern anwesend und tragen zu der wertschätzenden Haltung bei, die den Schüler/innen in Hinblick auf ihr Engagement im Bereich der Konfliktbearbeitung an der Schule entgegengebracht wird. Die Hälfte der Elternvertreter/innen wurde mittlerweile in Schulungen auf ihre Rolle und für Konfliktfälle vorbereitet. Schließlich bieten die an der Schule durchgeführten Aktionstage zum Thema „Respekt!", die gemeinsam von Schüler/innen, Eltern und Pädagog/innen durchgeführt werden, die Möglichkeit, sich mit Themen des Konfliktmanagements auseinanderzusetzen und in diesem Feld aktiv zu werden.

2. Verbesserung des Schulklimas und Rückgang gewalttätiger Vorfälle

Ein zentraler Effekt der bisherigen gewaltpräventiven Arbeit an der Elbe-Schule betrifft das zu Beginn formulierte Ziel, das Schulklima zu verbessern und damit verbunden einen Rückgang konfliktreicher Vorfälle zu erreichen. Dies wird beispielsweise im Rahmen der Evaluation des Praxisforschungsprojektes aus unterschiedlichen Akteursperspektiven bestätigt. Sowohl das Lehrerkollegium als auch die Mitarbeiter/innen der Schulstation beschreiben, dass es merklich friedlicher an der Schule geworden ist und dass die Schüler/innen regelbewusster geworden sind und besser wissen, wenn etwas falsch läuft. Eine Lehrkraft, die für die Ausbildung von Konfliktlots/innen zuständig ist, weist konkret auf den Rückgang konfliktreicher Vorfälle an der Schule hin und schildert, dass die ausgebildeten Konfliktlots/innen inzwischen viel weniger (bis gar keine) Einsätze haben. Eine QM-Vertreterin verweist auf den aktuellen Schulinspektionsbericht, der der Elbe-Schule im Qualitätsfeld „Schulkultur – Soziales Klima und Soziales Lernen" die Bestnote erteilt hat.[178]

3. Positive Nebeneffekte der gewaltpräventiven Arbeit

Darüber hinaus wurden im Rahmen der Evaluation des Praxisforschungsprojektes mehrere positive Nebeneffekte der gewaltpräventiven Arbeit an der Elbe-Schule identifiziert, die nachfolgend kurz skizziert werden.

Als sehr wichtiger Effekt kann hier der Zuwachs an Deutschkenntnissen der Schüler/innen an der Elbe-Schule bezeichnet werden. Insbesondere die Lehrkräfte berichten davon, dass die gewaltpräventive Arbeit an der Schule das sprachliche Ausdrucksvermögen der Schüler/innen enorm geschult hat und ein hohes Sprachbildungspotenzial besitzt. Vor allem das Unterrichtsfach „Soziales Lernen", indem sich alle Kinder einmal in der Woche nach bestimmten festgelegten Regeln unterhalten, trägt dazu bei, dass sich viele Sprachmuster bei den Kindern festigen. Dies ist insbesondere in dem sozial schwierigen Einzugsgebiet der Schule von großer Bedeutung.

Durch die Verbesserung des Schulklimas hat sich zudem der Bezug der Eltern zur Schule verändert. Sie halten sich häufiger im Schulhaus auf und sind insgesamt selbstbewusster im Umgang mit der Institution Schule geworden. Auch die Besucherfrequenz von Elternabenden hat sich deutlich erhöht.

Ein weiterer Effekt betrifft die Ebene der (damaligen) Schulleitung. Sie meldete zurück, dass sie sich um einen Großteil der Konfliktfälle an der Schule nicht mehr selbst kümmern müsse und sie dadurch wieder über mehr freie Kapazitäten verfügen würde.

---

[178] Vgl. Senatsverwaltung für Bildung, Wissenschaft und Forschung Januar 2011, S. 31ff.

Gesamtmodell der Gewaltprävention und Elternarbeit 153

Verankerung des Gesamtpräventionsmodells im System Schule

Die erläuterten Erfahrungen im schulischen Bereich verdeutlichen, dass eine systematische, nachhaltig in den Alltag integrierte Gewaltprävention strukturell im System Schule verankert werden muss und zwar in folgenden Bereichen:

- im Schulprogramm (Gewaltprävention als Leitbild der Schule),
- in der erweiterten Schulleitung (beauftragte Lehrkräfte für Gewaltprävention und Elternarbeit),
- im Unterricht (Konfliktbearbeitung im Unterrichtsfach „Soziales Lernen"),
- in den Klassen (Konfliktlotsenausbildung, Klassensprechertrainings),
- in den Pausen (Ausbildung von Pausenbuddys),
- im Lehrerkollegium (Mediationsausbildung, Schulungen Unterrichtsfach „Soziales Lernen"),
- im Hort (Mediationsausbildung, pädagogisches Konzept zur Konfliktbearbeitung),
- in der Schulstation (Gewaltprävention durch schulbezogene Sozialarbeit),
- in internen und externen schulischen Gremien (Schulsteuerungsrunde Konfliktbearbeitung, AG Gewaltprävention des LBV),
- in der Elternarbeit (Elternabende im Rahmen der Konfliktlotsenausbildung, Elternvertreterschulungen),
- im Eltern-Aktiv-Zentrum (Elternfrühstück und Veranstaltungen zu Themen der Gewalt),
- in der Kooperation mit externen Partnern (Polizei, Jugendamt, Straßensozialarbeit) und
- in schulischen Aktivitäten (Aktionstag zum Thema Respekt).

5.13.3 Maßnahmen zur Übertragung des Gesamtmodells auf andere Einrichtungen

Die Erfahrungen am Beispiel Schule lassen sich im Hinblick auf eine systematische und dauerhaft betriebene Gewaltprävention auch auf andere Einrichtungen einer Bildungs- und Erziehungslandschaft übertragen. Dafür wird die Umsetzung folgender Maßnahmen empfohlen:

- die Durchführung einer individuellen Analyse der Problemsituation und der Strukturen an der Einrichtung,
- die Festschreibung von Gewaltprävention und Elternarbeit im pädagogischen Konzept der Einrichtung und die kontinuierliche Weiterentwicklung des Konzeptes,

- die Unterstützung durch die Einrichtungsleitung und die Aufteilung von Steuerungsaufgaben in der Einrichtung (hier insbesondere für die Bereiche Konfliktbearbeitung, Elternarbeit, Vernetzungsarbeit),
- die Unterstützung durch eine externe Gesamtkoordination/Moderation der Prozesse, dann schrittweise interne Übernahme der Verantwortung durch die Einrichtung,
- die Durchführung einer Auftaktveranstaltung an der Einrichtung, um verschiedene Akteure über das Vorhaben im Bereich der Gewaltprävention zu informieren und für die Mitarbeit zu gewinnen,
- die Einrichtung einer Steuerungsrunde zum Thema Konfliktbearbeitung zur Umsetzung einzelner Maßnahmen unter Einbeziehung aller relevanten Akteure an der Einrichtung (Kinder, Pädagog/innen, Eltern, externe Kooperationspartner/innen),
- ein Schulungsangebot für Schlüsselpersonen nach dem Mehrebenenkonzept in demselben Mediationsansatz und die anschließende Begleitung der geschulten Personen bei der Anwendung der erlernten Fähigkeiten,
- die Schaffung von Räumlichkeiten für einen Erfahrungsaustausch von Eltern untereinander und mit Pädagog/innen in der Einrichtung,
- die interne und externe Kooperation im Bereich der Gewaltprävention (Pädagog/innen, Elterncafé, Projekte, Straßensozialarbeit, Jugendamt, Polizei) und
- die Suche nach zusätzlichen Finanzierungsquellen (für eine externe Moderation, die Umsetzung einzelner gewaltpräventiver Maßnahmen).

5.13.4 Fazit

Bisherige Erfahrungen mit dem Gesamtmodell der Gewaltprävention und Elternarbeit aus dem Kontext Schule zeigen, dass alle an einer Einrichtung beteiligten Akteure (wie z. B. Kinder, Pädagog/innen und Eltern) sich auf einen längerfristigen Prozess einlassen und auf ihre Rolle in der Einrichtung bzw. im Kooperationszusammenhang vorbereitet werden müssen. Um die neu erworbenen Rollen wahrnehmen zu können, sollten die verschiedenen Akteure geschult und bei Bedarf pädagogisch begleitet werden. Durch das Ineinandergreifen der verschiedenen Bausteine des Gesamtpräventionsmodells werden erste gewaltpräventive Effekte deutlich. Wesentlich ist dabei, dass sämtliche an der Einrichtung beteiligten Akteure auf dieselbe Art Regeln und soziale Kompetenzen sowie den Umgang mit Konfliktsituationen erlernen. Aber nicht nur die Angebote zum Sozialen Lernen und die Befähigung zur konstruktiven Konfliktbearbeitung, sondern auch die Verteilung von Steuerungsaufgaben in der Einrichtung, die vielfältige Kooperation mit Institutionen sowie das Leitungshandeln in Bezug auf die Akquirierung zusätzlicher Mittel tragen wesentlich zum Gelingen des Gesamtmodells bei. Letztlich bildet jedoch die Verknüpfung von einrichtungs- und stadtteilbezogenen Strategien der Vernetzung einen Erfolgsfaktor für die nachhaltige Implementierung eines ganzheitlichen Modells der Gewaltprävention und Elternarbeit in Einrichtungen einer Bildungs- und Erziehungslandschaft.

5.14 Curriculum „Moderator/innen für Elternbeteiligung"
(Saalfeld, Camino)

Im folgenden Beitrag wird das Curriculum zur Fortbildung von „Moderator/innen für Elternbeteiligung" vorgestellt, das im Rahmen der wissenschaftlichen Begleitung entwickelt und umgesetzt wurde. Dabei stehen nicht die konkreten Ergebnisse der Fortbildung am Modellstandort im Vordergrund der Darstellung; vielmehr wird das Curriculum als übertragbares Modell präsentiert, das die Themenbereiche Elternbeteiligung und Gewaltprävention erfolgreich verknüpft. Im Rahmen der Darstellung wird auf die Ziele der Fortbildung, auf den Aufbau der Qualifizierung sowie auf wichtige Hinweise zur Übertragbarkeit eingegangen.

5.14.1 Inhaltliche und organisatorische Grundlagen der Fortbildung

Ziele und grundsätzlicher Aufbau der Fortbildung

Durch die Fachkräftefortbildung „Moderator/innen für Elternbeteiligung" sollen die Kinder- und Jugendbeteiligungsprozesse, die bereits in der Stadt Saalfeld flächendeckend durch die Ausbildung und den Einsatz von „Prozessmoderator/innen für Kinder- und Jugendbeteiligung" erfolgreich umgesetzt werden, weiterentwickelt und um Elternbeteiligungsprozesse ergänzt werden.
  Langfristiges Ziel dieser Maßnahme ist es, ein integriertes und vernetztes Gesamtsystem der Elternbeteiligung in der beteiligten kommunalen Bildungs- und Erziehungslandschaft zu implementieren, welches auch das Thema Gewaltprävention systematisch mit einbezieht.
  Der Aufbau von Elternnetzwerken beschreibt ein mittelfristiges Ziel der Fortbildung, die sich an pädagogische Fachkräfte der beteiligten Bildungseinrichtungen – wie beispielsweise Schulen, Kindertagesstätten, Jugend- und Begegnungszentren – richtet. Im Anschluss oder parallel zur Fortbildung sollen mit diesen Elternnetzwerken gemeinsam Praxisprojekte der Elternbeteiligung und/oder der Gewaltprävention umgesetzt werden.

Die Basis der Fortbildung beruht auf Wertschätzung. Die Vermittlung der Inhalte kann nur dann erfolgreich sein, wenn in der Fortbildung ein Klima der Wertschätzung und Anerkennung geschaffen wird. Themen wie Demokratie und Beteiligung spielen in den Seminaren/Qualifizierungsbausteinen eine zentrale Rolle. Wertschätzung muss die Grundlage der Zusammenarbeit in den Fortbildungsteams (Trainer/innen, Seminarleitung, Seminarorganisation, Auftrag gebende Kommune) und mit den Eltern sein.

Das Curriculum „Moderator/innen für Elternbeteiligung" beinhaltet drei thematische Qualifizierungsbausteine: „Elternbeteiligung", „Kooperation und Vernetzung" sowie „Gewaltprävention". Dabei zieht sich der Baustein „Kooperation und Vernetzung" durch alle drei Seminare, da die Kursteilnehmenden neben den Kompetenzen im Bereich Elternbeteiligung und Gewaltprävention auch für den Aufbau und die Strukturierung von Elternnetzwerken qualifiziert werden. Ein weiteres Ziel der drei Qualifizierungsbausteine bezieht sich auf die Erarbeitung von Rollenklarheit und einer eigenen Haltung. Die Moderatorenrolle basiert auf den zu vermittelnden Theorien, Methoden und Praxiserfahrungen und der Möglichkeit, sich mit den persönlichen Werten und Normen reflexiv auseinanderzusetzen. Hierbei handelt es sich um eine unabdingbare Basis für das Gelingen und die authentische Umsetzung der Fortbildungsinhalte. Das folgende Schaubild verdeutlicht den beschriebenen Aufbau der Fortbildung:

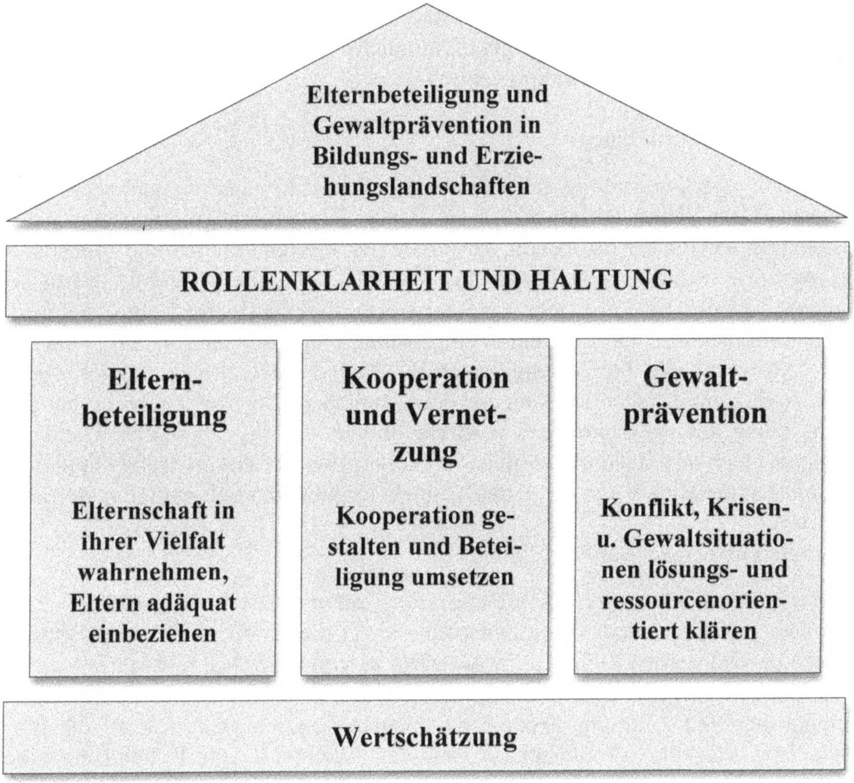

Curriculum „Moderator/innen für Elternbeteiligung" 157

Elternbeteiligung und Gewaltprävention in Bildungs- und Erziehungslandschaften

ROLLENKLARHEIT UND HALTUNG

Elternbeteiligung	**Kooperation und Vernetzung**	**Gewaltprävention**
Elternschaft in ihrer Vielfalt wahrnehmen, Eltern adäquat einbeziehen	Kooperation gestalten und Beteiligung umsetzen	Konflikt, Krisen- u. Gewaltsituationen lösungs- und ressourcenorientiert klären

Wertschätzung

Abbildung 9: Aufbau der Fortbildung

Leitsätze der Fortbildung

Die Entwicklung der Fortbildungsinhalte basiert auf drei Leitsätzen. Diese finden bei der Umsetzung der Qualifizierungsbausteine Berücksichtigung.

- Die Teilnehmenden verfügen nach Abschluss der Fortbildung über Methodenkompetenz in den Bereichen Elternbeteiligung, Vernetzung/Kooperation und Gewaltprävention und haben Techniken und Methoden praktisch erprobt. Sie lernen diese in ihrem Praxisfeld adäquat anzuwenden.
- Die Teilnehmenden haben durch die Fortbildung ein Rollenverständnis als (Prozess-) Moderator/innen für Vernetzung/Kooperation in Bildungs- und Erziehungslandschaften entwickelt.

- Die Teilnehmenden initiieren in ihrer Bildungs- und Erziehungslandschaft niedrigschwellige Praxisprojekte, möglichst unter besonderer Berücksichtigung des Themas Gewaltprävention.

Methoden der Fortbildung

Innerhalb der Fortbildung kommen unterschiedliche Seminarmethoden zum Einsatz. Dazu zählen vor allem Präsentationen, Kartenvorträge, praxisorientierte Kleingruppenarbeit, Einzelarbeit, Diskussionen in Kleingruppen und in der Gesamtgruppe, Posterpräsentationen und -ausstellungen, Lern- und Lockerungsspiele, Rollenspiele, kollegiale Praxisberatung sowie die Vorstellung von gelungenen Praxisbeispielen (z. B. durch eingeladene Projektvertreter/innen).

Außerhalb der Fortbildung setzen die Teilnehmer/innen ein Praxisprojekt um. Außerdem erhalten sie kleinere Praxisaufgaben. Zur Unterstützung bei der Umsetzung des Praxisprojektes wird ein Projektcoaching angeboten. Die Teilnehmer/innen nehmen darüber hinaus an kollegialen Beratungssitzungen teil. Die Seminarmaterialien werden von den Teilnehmer/innen im Selbststudium vertieft.

Zeitraum und Dauer der Fortbildung

Der Gesamtzeitraum der Fortbildung sollte auf mindestens drei bis ca. sechs Monate verteilt werden. Diese Zeitspanne bietet die Möglichkeit, in den Praxisphasen zwischen den Modulen das Gelernte zu verinnerlichen und in das berufliche Handeln zu übertragen und damit die didaktischen Prinzipien umzusetzen. In einem kürzeren Zeitraum sind die dargelegten Leitziele, die sich auf die Entwicklung von Praxiskompetenzen und das Ausbilden von Rollen/Haltungen beziehen, nicht zu erreichen.

Die niedrigschwelligen Praxisprojekte werden parallel zu den Seminaren geplant und begonnen. Sie werden in Teams umgesetzt. Es ist wahrscheinlich, dass die Praxisprojekte erst nach der Fortbildung beendet werden. Der quantitative Umfang der Qualifizierungsbausteine ist den Gegebenheiten der jeweiligen Kommune anzupassen. Was konkret in der Fortbildung umgesetzt wird, sollte im Vorfeld abgestimmt werden. Hier sind die Vorkenntnisse der Fachkräfte, die an der Fortbildung teilnehmen, eine zentrale Ausgangsvoraussetzung für die konkrete Planung.

Am Modellstandort Saalfeld wurde das Curriculum innerhalb von drei Seminaren (je 2,5 Tagen) mit ca. 50 Stunden reiner Seminarzeit umgesetzt. Hier war die Zielgruppe der Fortbildung pädagogische Fachkräfte, die bereits über grundlegende Partizipations- und Moderationserfahrungen verfügen und idealerweise bereits Prozessmoderator/innen für Kinder- und Jugendbeteiligung in der Kommune sind. Sollten diese Vor-

Curriculum „Moderator/innen für Elternbeteiligung"

erfahrungen bei den Fortbildungsteilnehmer/innen nicht vorhanden sein, ist eine Aufstockung der Seminarzeit unbedingt zu empfehlen.

Rahmenbedingungen der Fortbildung

Die folgenden Voraussetzungen bilden die Grundlage für das Gelingen der Fortbildung. Die Kommunikation dieser Voraussetzungen ist im Vorfeld der Fortbildung mit den Verantwortlichen der betreffenden kommunalen Bildungs- und Erziehungslandschaft abzustimmen.

- Die maximale Anzahl der Teilnehmenden an der Fortbildung umfasst 18 Personen.
- Die Teilnehmenden bilden über drei Seminare eine feste Gruppe.
- Die Teilnehmenden verpflichten sich, aktiv an den Seminaren teilzunehmen.

Bildungs- und Erziehungslandschaften zeichnen sich dadurch aus, dass sie eine langfristige Gestaltungsperspektive vor Augen haben. Um die Inhalte der Fortbildung optimal in das Gesamtvorhaben der Bildungs- und Erziehungslandschaft zu integrieren, bedarf es eines Projektauftrags für die Praxisvorhaben (angelehnt an die Gesamtstrategie der Kommune). Dieser Auftrag sollte vor Beginn der Fortbildung formuliert und mit den Teilnehmer/innen kommuniziert werden.

Praxisvorhaben benötigen Ressourcen. Diese müssen den Teilnehmenden zur Verfügung stehen. So sollten die Teilnehmenden das Praxisprojekt im Rahmen ihrer beruflichen Tätigkeit durchführen können (Freistellung), die notwendigen Räume und Sachmittel nutzen können und die konzeptionelle Freiheit zur Erprobung eigener Ansätze erhalten.

In Saalfeld konnten die Teilnehmer/innen zusätzlich zu den Ressourcen, die von den einzelnen Einrichtungen zur Verfügung gestellt wurden, bis zu 500 Euro für Sachmittel bei der Kommune für das jeweilige Praxisvorhaben beantragen. Dies hat sich bewährt.

Die freiwillige Teilnahme ist eine Voraussetzung für das Gelingen der Fortbildung. Angeregt wird, einen schriftlichen Fortbildungsvertrag mit den Teilnehmenden zu schließen.

Teilnahmevoraussetzungen und Zertifikatsbedingungen

Bei Erfüllung der genannten Bedingungen erhalten die Teilnehmenden nach Beendigung der Fortbildung und des Praxisprojektes ein Zertifikat. Auf dem Zertifikat sind in einem Beiblatt die Inhalte der Fortbildung verzeichnet.

Die Bedingungen zur Erreichung des Zertifikats sind:
- die aktive Teilnahme an allen drei Modulen (maximale Fehlzeit 20 % der Gesamtfortbildungszeit),
- die Durchführung, schriftliche Dokumentation und Reflexion des Praxisvorhabens,
- die Bereitschaft, sich zwischen den Seminaren mit Fortbildungsinhalten zu beschäftigen,
- die Umsetzung der Aufgaben in den Praxisphasen,
- die aktive Teilnahme am Projektcoaching und
- die Teilnahme an kollegialen Beratungssitzungen in den Praxisphasen (außerhalb der Seminare).

Die Teilnahmevoraussetzungen und Zertifikatsbedingungen sollten allen Fortbildungsteilnehmer/innen im Vorfeld der Fortbildung bekannt sein.

Im Folgenden werden die drei Qualifizierungsbausteine vorgestellt. Die dargelegten Modulinhalte werden im Verlauf der drei Fortbildungsseminare thematisiert. Inhalte aus den einzelnen Modulen können sich über mehrere Seminare verteilen und werden nicht automatisch im Verlauf eines Seminars abgeschlossen.

5.14.2 Qualifizierungsbaustein Elternbeteiligung

Leitziel des Qualifizierungsbausteins

Die Fortbildungsteilnehmer/innen lernen die Kooperation mit Eltern sowie anderen Netzwerkpartnern (z. B. mit dem Jugendamt und Vertreter/innen von Einrichtungen) zu moderieren und zu gestalten. Sie setzen sich dabei mit der Vielfalt von Elternschaft, Erziehungszielen und -werten sowie Unterstützungsmodellen auseinander und den Möglichkeiten, diese in die praktische Arbeit zu integrieren.

Modul 1: Grundlagen der Kooperation mit Eltern

In diesem Modul werden zunächst die Grundlagen der partnerschaftlichen Elternarbeit vermittelt und ein Überblick über aktuelle Definitionen, Felder und Themen der Elternpartizipation gegeben. Bestandteil dieser Einführung ist auch ein Überblick über die rechtlichen Aspekte der Elternpartizipation (z. B. das Spannungsfeld „Elternrecht vs. Kinderrecht")

Anschließend erhalten die Teilnehmenden einen Einblick in besondere Themen und Anlässe der Zusammenarbeit mit Eltern (z. B. Erziehungsstile, Umgang mit Anliegen und Kritik von Eltern). Diese zu kennen ermöglicht neue Zugänge zu Eltern und sensibilisiert für den Umgang mit speziellen Fragen von Müttern und Vätern.

Modul 2: Zielgruppen der Kooperation mit Eltern

In diesem Modul geht es insbesondere um die Auseinandersetzung mit der Heterogenität der Zielgruppen in den Bildungseinrichtungen. Der Fokus liegt dabei auf der Veränderung innerhalb des Systems „Familie" und den unterschiedlichen Lebensmodellen, die in Familien heute gelebt werden. Neben einer Einführung in das Thema „Familie früher – Familie heute" werden unterschiedliche Aspekte von Elternschaft nachgezeichnet und vorgestellt. Themen sind beispielsweise unterschiedliche elterliche Milieus, Erziehungsziele und Zielgruppen (z. B. Mütter, Väter, Alleinerziehende, Migrant/innen). Im Fokus steht dabei immer die Frage, wie die verschiedenen Zielgruppen angesprochen und für eine Mitwirkung gewonnen werden können.

Modul 3: Methoden und Praxis

Im dritten Modul des Qualifizierungsbausteins Elternbeteiligung befassen sich die Teilnehmer/innen mit Methoden der Elternarbeit. Diese werden vorgestellt, reflektiert und im Rahmen von Rollenspielen oder Transferübungen auf ihre Anwendbarkeit in der eigenen beruflichen Praxis hin überprüft. Zudem werden Praxisprojekte („Good-practice-Modelle") präsentiert. Die Moderator/innen bekommen Praxisbeispiele an die Hand, die sie in ihren Einrichtungen umsetzen können, wie beispielsweise die Arbeitsweise von Elternbotschafter/innen, konkrete Beteiligungsmodelle (wie Elterncafés, Eltern-Aktiv-Zentren, Elternforen, Eltern-Workshops, thematische Elternstammtische etc.), die Funktionsweise von Aushandlungs- und Steuerungsrunden unter Beteiligung von Eltern usw. Dabei geht es vor allem darum, zu prüfen, welche Bestandteile der vorgestellten Projekte für die Praxis vor Ort übertragbar sind.

Modul 4: Eigene Haltungen und Werte reflektieren

Dieses Modul zieht sich – wie bei den Qualifizierungsbausteinen „Netzwerkarbeit" und „Gewaltprävention" – quer durch die gesamte Fortbildung. Es geht dabei vor allem darum, sich über die Reflexion von eigenen Familienbildern und Erziehungszielen der eigenen Haltung bewusster zu werden und sich mit den dahinter stehenden Werten auseinander zu setzen. Dabei werden die Inhalte der ersten drei Module aufgegriffen und auf den subjektiven Erfahrungshintergrund übertragen.

5.14.3 Qualifizierungsbaustein Kooperation und Vernetzung

Leitziel des Qualifizierungsbausteins

Die Moderator/innen für Elternbeteiligung lernen, wie Elternnetzwerke initiiert werden können. Sie haben dabei die Rolle der Unterstützer/innen der Eltern inne, arbeiten partizipativ und begleiten diese in ihrer Netzwerkaktivität.

Modul 1: Grundlagen der Kooperation und Netzwerkarbeit

Die Teilnehmenden erhalten im ersten Modul ein Grundwissen zum Thema Netzwerke. Diese Inhalte bilden die Basis für den Einstieg in die Moderation von Elternnetzwerken innerhalb der eigenen Institution. Sie lernen verschiedene Netzwerktypen kennen, um entscheiden zu können, welcher Typ von Netzwerk für das jeweilige, von den Teilnehmenden zu moderierende Elternnetzwerk in Frage kommt. Die Teilnehmenden reflektieren den Nutzen, den Elternnetzwerke für alle Beteiligten, für die Institution und für die Bildungslandschaft haben können. Außerdem werden Erfolgsfaktoren gelingender Elternnetzwerke vorgestellt.

Modul 2: Phasen der Netzwerkmoderation und Begleitung

Die Teilnehmenden erlernen im zweiten Modul die idealtypischen Phasen der Entwicklung (Initiierung, Start, Verstetigung, Auflösung) von Elternnetzwerken. Der Initiierungs- und Startphase soll in den Seminaren eine erhöhte Aufmerksamkeit geschenkt werden. Instrumente und Methoden für die Initiierung und für den Start von Elternnetzwerken werden vorgestellt und praktisch ausprobiert (z. B. Methoden zur Ansprache von Eltern, zur Erwartungsklärung aller Beteiligten, zur gemeinsamen Definition von Inhalten und Zielen sowie zur Analyse der vorhandenen Ressourcen). Das Modul vermittelt Kompetenzen, um die Elternbeteiligung in der Praxisphase praktisch zu moderieren und zu begleiten, damit gemeinsam Projekte und Aktionen umgesetzt werden können.

Modul 3: Rolle und Werte der Moderator/innen für Elternbeteiligung

Das dritte Modul befasst sich mit der eigenen Rolle als Moderator/in für Elternbeteiligung. Die Moderator/innen prägen maßgeblich das Arbeitsklima innerhalb der Elternnetzwerke. Sie werden keine neutrale Rolle in der Moderation der

Curriculum „Moderator/innen für Elternbeteiligung" 163

Elternnetzwerke einnehmen, da sie Teil der jeweiligen Institution sind und diese repräsentieren. Hier gilt es, die Vor- und Nachteile dieser Situation zu erkennen und zu reflektieren und Lösungsmöglichkeiten für eventuell auftretende Schwierigkeiten zu entwickeln.

Die Moderation von Elternnetzwerken beinhaltet mehr als eine klassische Moderation, da ein komplexes Bündel von Aufgaben umzusetzen ist. So ist beispielsweise ein hohes Maß an Sozialkompetenz und Einfühlungsvermögen bei der Integration von Eltern notwendig. Weiterhin ist eine Prozesssensibilität erforderlich, um Störungen im Prozess und in der Projektentwicklung wahrzunehmen und zu erkennen, welche Inhalte des Projekts wann initiiert und durchgeführt werden können. Um den richtigen Ton und den Zugang zu den unterschiedlichsten Positionen der Eltern zu finden ist ein hohes Maß an Kommunikationskompetenz erforderlich.

5.14.4 Qualifizierungsbaustein Gewaltprävention

Leitziel des Qualifizierungsbausteins

Die Moderator/innen für Elternbeteiligung werden für das Thema Gewalt sensibilisiert. Auch bei diesem Thema ist Rollenklarheit und eine reflektierte Haltung erforderlich. Methoden und Ansätze der Gewaltprävention und Intervention werden vermittelt und auf individueller wie auf institutioneller Ebene angewendet.

Modul 1: Gewalt verstehen, Gewalt benennen

Das erste Modul vermittelt Grundlagen für das Verstehen von Gewaltphänomenen. Mithilfe von Interaktionsübungen werden die Teilnehmenden für das Thema Gewalt sensibilisiert. Sie setzen sich mit ihrer subjektiven Wahrnehmung und interpersonalen Bewertung des Gewaltbegriffs auseinander. Die Teilnehmenden benennen objektivierbare Faktoren von Gewalt und entwickeln eine Gewaltdefinition, die innerhalb ihrer pädagogischen Praxis anwendbar ist. Darüber hinaus wird der Frage nachgegangen, wie die Teilnehmenden unter der Beteiligung aller Betroffenen in den jeweiligen Institutionen zu einer gemeinsamen Gewaltdefinition kommen können.

Modul 2: Grundlagen lösungs- und ressourcenorientierter Prozessbegleitung in
 der Arbeit mit Kindern, Jugendlichen und ihren Eltern

Durch dieses Modul werden die Teilnehmenden für lösungs- und ressourcenorientierte Sichtweisen sensibilisiert und erlernen Methoden, um Kinder, Jugendliche und deren Eltern in Konflikt- und Krisensituationen zu beraten (z. B. durch ressourcenorientierte Fragetechniken). Gewaltprävention wird hier als koproduktiver Prozess verstanden. Koproduktion meint das produktive Zusammenwirken zwischen Fachkräften auf der einen und Kindern bzw. Jugendlichen und deren Eltern auf der anderen Seite, um gemeinsam situationsgerechte und angemessene pädagogische Interventionen zu entwickeln.

Modul 3: Entwicklung eines gemeinsamen Werte- und Normenrahmens als Grundlage für pädagogische Interventionen

Kindern, Jugendlichen und auch Erwachsenen fällt es leichter, sich an Regeln zu halten, wenn sie an deren Erarbeitung mit beteiligt werden und deren Sinnhaftigkeit für sich erfahren konnten. Das Modul vermittelt den Teilnehmenden Fähigkeiten und Kenntnisse zur Entwicklung eines gemeinsamen Werte- und Normenrahmens, der mit Kindern, Jugendlichen und Eltern partizipativ erarbeitet wird. Die Teilnehmenden werden mithilfe einer Auswahl didaktischer Methoden aus dem Bereich der Demokratieerziehung befähigt, Regeln dialogisch auszuhandeln. Die Sensibilisierung für demokratische Entscheidungsprozesse steht dabei ebenso im Vordergrund wie das Erlernen der Methode des Konsensverfahrens.

Modul 4: Interventionsverhalten und konstruktive Konfliktregelung

Das Modul stärkt die Teilnehmenden darin, in Konflikt-, Krisen- und Gewaltsituationen kontrolliert und deeskalierend zu handeln. Dabei werden diejenigen Techniken und Methoden vorgestellt und erprobt, die in den unterschiedlichen Phasen eines Konfliktverlaufes Anwendung finden können. Der Schwerpunkt des Moduls liegt auf der konstruktiven Klärung von Konflikten. Die Teilnehmenden lernen Konflikte als Lernchance wahrzunehmen und der Eskalation von Konflikt- und Krisensituationen entgegenzuwirken.

Handlungs- und erfahrungsorientiert lernen die Teilnehmenden, wie sie in Krisen- und Konfliktsituationen für ihre eigene Stabilität, Balance und Souveränität sorgen können. Diesbezüglich wird in praktischen Übungen und Rollenspielen sowohl auf die körpersprachlichen Botschaften als auch auf die verbalen Äußerungen einer konsequenten und wertschätzenden Vorgehensweise eingegangen. Die Techniken der Deeskalation werden ebenso trainiert wie das Durchstehen konfrontativer Konflikte. Die Teilnehmenden reflektieren ihr eigenes Verhalten in belastenden Krisensituationen. Dabei entwickeln sie individuelle Strategien, um sich einer eskalierenden Konfliktdynamik zu entziehen, das Muster von Machtkämpfen zu durchbrechen, schützend eingreifen zu können und die hinter dem Konflikt liegenden Bedürfnisse und Interessen zu klären.

Curriculum „Moderator/innen für Elternbeteiligung" 165

Neben den individuellen Fähigkeiten werden auch die notwendigen Rahmenbedingungen für gelingende Krisenintervention und konstruktive Konfliktregelung in den jeweiligen Institutionen thematisiert. In diesem Zusammenhang werden institutionelle Interventionskonzepte vorgestellt, die allen am Konflikt Beteiligten Sicherheit und Orientierung für die Klärung von Konflikten geben.

5.14.5 Umsetzung der Praxisprojekte, Dokumentation und Präsentation

Die Umsetzung der Praxisprojekte ist ein wichtiger Bestandteil des Curriculums. Dafür wurde ein Leitfaden entwickelt, der den Fortbildungsteilnehmer/innen zur Verfügung gestellt wurde und der wichtige Kriterien für die Durchführung der Praxisprojekte enthält. Der erstellte Leitfaden wird in der Originalfassung im Anhang dokumentiert.

Die Praxisprojekte sollten dokumentiert werden. Für diese schriftliche Dokumentation wurde ein Raster entwickelt, anhand dessen die Vorüberlegungen zu dem Projekt sowie Ausführungen zu Planung und Bewertung dargestellt werden sollten. Hierbei wurde auf folgende Aspekte eingegangen: Zielgruppenbestimmung und Bedarfsanalyse, Zielbestimmung, praktisches Vorgehen, Nachhaltigkeit und Gesamtfazit. Das Dokumentationsraster ist im Anhang abgebildet.

Um eine größere Öffentlichkeit für die Praxisprojekte zu erzielen, wurden diese im Rahmen der Bilanzveranstaltung von den Fortbildungsteilnehmer/innen präsentiert. Die Teilnehmer/innen gestalteten dafür kreative Stellwände (u. a. mit Fotos und Dokumentationsmaterialien). Als Beispiele für die hieraus entstandenen Praxisprojekte können genannt werden: die partizipative Einrichtung eines Elterncafés an einer Schule, thematische Elternabende in einem Stadtteilzentrum in Kooperation von Migrations- und Familienberatung sowie die Durchführung einer Bedarfsabfrage an allen Saalfelder Schulen, die mit Eltern zuvor im Rahmen einer Elternwerkstatt (vgl. Kap. 5.1) erarbeitet wurde.

Praxisbeispiel: „Partizipative Planung und Umsetzung einer Freizeitanlage im Stadtteil Beulwitz" (Mobile Jugendarbeit/Begegnungsstätte Beulwitz)

Das Wohngebiet Beulwitz, angesiedelt auf einem ehemaligen Kasernengelände am Stadtrand von Saalfeld, ist durch verschiedene soziale Problemlagen gekennzeichnet. Insbesondere wohnen hier viele Menschen, die auf staatliche Transferleistungen angewiesen sind; darunter sind auch Flüchtlinge, die über keinen gesicherten Aufenthaltsstatus verfügen und für die der Zugang zum Arbeitsmarkt faktisch unmöglich ist. Auf dem Gelände befindet sich auch eine Gemeinschaftsunterkunft für Flüchtlinge. Zahlreiche Bewohner/innen klagen über eine deutliche Beeinträchtigung der Wohnqualität (z. B. durch herumliegenden Müll). Um die Identifikation der Bewohner/innen mit ihrem Wohnumfeld zu stärken und insbesondere migrantische und nichtmigrantische sowie alleinerziehende Eltern miteinander ins Gespräch zu bringen, die sonst wenig Kontakt zueinander haben und relativ isoliert leben, wurde ein Selbstbauprojekt entwickelt. Eltern unterschiedlicher Herkunft können so planerisch tätig werden, ihre eigenen Ideen und Wünsche einbringen sowie ihr Wohnumfeld nach ihren Bedürfnissen selbst gestalten. An dem Praxisprojekt beteiligten sich etwa zehn Eltern und Kinder aus dem Wohngebiet unterschiedlicher sozialer und ethnischer Herkunft. Eine erste Bedarfserhebung für interessierte Eltern fand am Tag der offenen Tür in der Begegnungsstätte statt. Eltern äußerten hier ihr Interesse an der Mitgestaltung der Freifläche. Daraufhin wurde eine erste Planungsrunde mit Eltern und Vertreter/innen des städtischen Grünflächenamtes einberufen. Hier wurden Vorschläge für die Gestaltung einer Freifläche gesammelt und die finanziellen Rahmenbedingungen abgesteckt. Für die Gestaltung der Freifläche standen im städtischen Haushalt 6.000 Euro zur Verfügung. In einer zweiten Planungsrunde mit dem Grünflächenamt entschieden sich die Eltern für ein bestimmtes Freiflächenmodell, nämlich den Bau einer neuen Hütte auf dem Gelände. Außerdem wurde gemeinsam ein genauer Zeit- und Maßnahmenplan entwickelt. Daraufhin erfolgte der gemeinsame Abriss der alten baufälligen Holzhütte. Der Bau der neuen Hütte ist im Frühjahr geplant. Um den Bau- und Gestaltungsprozess langfristig zu begleiten, hat sich nun eigenständig eine Elterninitiative im Stadtteil gegründet, der es gelang auch weitere Eltern zu motivieren, die sich mit ihren Ideen und ihrem Engagement einbringen. Als erstes Ergebnis des noch nicht abgeschlossenen Prozesses kann festgehalten werden, dass hier Bedarfe von „schwer erreichbaren" Eltern aufgegriffen und Beteiligungsprozesse in einem Stadtteil initiiert wurden, die nun weitere Kreise ziehen, so dass noch mehr Eltern angeregt werden, sich an der Gestaltung des Stadtteils zu beteiligen und Kontaktbarrieren zwischen Eltern unterschiedlicher Herkunft zu überwinden.

Die Fortbildung wurde mittels eines standardisierten Fragebogens für die Teilnehmenden evaluiert. Ausschnitte aus den Evaluationsergebnissen wurden ebenfalls auf der Bilanzveranstaltung präsentiert. Außerdem erhielten die Teilnehmer/innen der Fortbildung in dieser öffentlichen Veranstaltung, an der Vertreter/innen der kommunalen Bildungs- und Erziehungslandschaft aus verschiedenen lokalen Einrichtungen und Trägern teilnahmen, ihr Zertifikat, das ihnen vom Bürgermeister der Stadt Saalfeld feierlich überreicht wurde.

5.14.6 Hinweise für die Übertragbarkeit

Im Folgenden sollen aufgrund der Erfahrungen, die in Saalfeld mit der Umsetzung des Curriculums gemacht wurden, einige Hinweise für die Übertragbarkeit formuliert werden:

- Die Verknüpfung der Themenbereiche Elternbeteiligung und Gewaltprävention im Rahmen der Fortbildung hat sich bewährt und kann für weitere Bildungs- und Erziehungslandschaften empfohlen werden. Die Fortbildung sollte dabei vor allem die Erweiterung der praktischen Handlungskompetenzen in den beiden Themenfeldern anstreben, aber auch die theoretische Wissenserweiterung in angemessenem Maße berücksichtigen.
- Voraussetzung für die Zielerreichung ist die Integration der Fortbildung und der daraus resultierenden Praxisprojekte in die Gesamtstrategie der Kommune. Zu empfehlen ist, dass die Bildungs- und Erziehungslandschaft einen allgemeinen Projektauftrag für die Praxisvorhaben kommuniziert und diesen den Teilnehmenden zu Beginn der Fortbildung vorstellt.
- Es ist zu empfehlen, im Rahmen der Anmeldung für die Fortbildung auch ein Motivationsschreiben der Teilnehmer/innen zu verlangen. Praxisprojekte benötigen Ressourcen, deswegen muss die Bewerbung der Teilnehmer/in von der jeweiligen Institution getragen werden (z. B. durch Freistellung der Mitarbeiter/in, durch die Bereitstellung von Sachmitteln, durch die Bereitschaft, Beteiligungsprozesse in der Institution umzusetzen und dafür auch „neue" Wege zu gehen). Die Möglichkeit, weitere finanzielle Ressourcen für Sachmittel bei der Kommune für die Umsetzung der Praxisprojekte zu beantragen, ist ebenfalls zu empfehlen.
- Die Fortbildung hat sich als sehr voraussetzungsvoll erwiesen. Die umfangreichen Inhalte können nur dann sinnvoll vermittelt werden, wenn die Teilnehmer/innen bereits über ausreichende Moderations- und Partizipationserfahrungen verfügen. Sollte dies nicht der Fall sein, ist eine Aufstockung der Seminarzeit unbedingt zu empfehlen, damit diese methodischen Kenntnisse erworben werden können.
- Das Coaching der Praxisprojekte war sehr hilfreich für die Fortbildungsteilnehmer/innen, wie das schriftliche und mündliche Feedback zeigte. Dafür standen zwei Beratungstage zur Verfügung, die jedoch je nach Bedarf noch aufgestockt werden sollten. Als „Knackpunkt" der Beratung hat sich zum einen die konsequente <u>aktive</u> Einbeziehung von Eltern in das Praxisprojekt erwiesen. Zum anderen spielte auch die Ermutigung von Fortbildungsteilnehmer/innen, mit Rückschlägen und Misserfolgen konstruktiv umzugehen, kleine Schritte zu gehen und die eigenen Ziele mit Hartnäckigkeit zu verfolgen, eine wichtige Rolle.
- Ein intensiver Austausch zwischen Auftrag gebender Kommune und Trainer/innen ist zu empfehlen. Dafür sind zeitliche Ressourcen einzuplanen.
- Es ist sinnvoll, die einzelnen Fortbildungsseminare anhand eines Fragebogens für die Fortbildungsteilnehmer/innen zu evaluieren, um eventuelle Umsteuerungen aufgrund der Evaluationsergebnisse vornehmen zu können. Die

Evaluationsergebnisse sollten auch Grundlage des Auswertungsgespräches zwischen Trainer/innen und Auftrag gebender Kommune sein.
- Beteiligungsprozesse sind langfristige Prozesse, die sehr zeitintensiv sind. Es hat sich gezeigt, dass die wenigsten der Praxisprojekte zum Abschluss der wissenschaftlichen Begleitung bereits vollständig umgesetzt werden konnten. Dies muss bei der Gesamtplanung berücksichtigt werden.
- Die Wertschätzung des Engagements der Fortbildungsteilnehmer/innen ist von großer Bedeutung. Hier ist zu empfehlen, dass dieses Engagement entsprechend gewürdigt wird, z. B. im Rahmen einer öffentlichen Veranstaltung mit Zertifikatsübergabe, im besten Fall durch den Bürgermeister persönlich.

5.15 Das „ideale" Elterncafé

Das Konzept des Elterncafés an bzw. in Institutionen der Erziehung, Bildung und Betreuung hat das Potenzial, ein besonders niedrigschwelliges Angebot für Eltern und Familien zu sein, indem es einen Zugang für Menschen schafft, die sonst nur schwer von Bildungsinstitutionen erreicht werden bzw. diese erreichen können. In einem Elterncafé finden sich Eltern zusammen, können sich austauschen und erhalten Informationen über Unterstützungsleistungen in der Bildungs- und Erziehungslandschaft. Gleichzeitig erreichen sie in diesem niedrigschwelligen und nicht problemorientierten Rahmen auch Professionelle – aus der Institution bzw. der kommunalen Bildungs- und Erziehungslandschaft. Das Elterncafé ist eine vielversprechende Möglichkeit, Eltern auf unkomplizierte Weise zu beteiligen und miteinander zu vernetzen.

Das vermeintlich „einfache" Modell des Elterncafés als Begegnungs- und Beteiligungsort beinhaltet jedoch einige Tücken, die schnell zu einem Scheitern solcher Angebote führen können. Damit ein Elterncafé gelingt, sind einige wichtige Aspekte zu beachten. Es stellt sich die Frage, welches die zentralen Bedingungen sind, damit ein Elterncafé erfolgreich ist und ein wertvolles Angebot für Eltern und Familien sowie für die Landschaft und/oder Institutionen sein kann. Hierzu wurden an einigen Modellstandorten im Rahmen des Praxisforschungsprojektes Erfahrungen gesammelt, die im folgenden Beitrag verdichtet dargestellt werden – als „das ideale Elterncafé".

Das „ideale" Elterncafé

5.15.1 Rahmenbedingungen und organisatorische Einbindung

Zunächst ist anzumerken, dass grundsätzlich die Finanzierung des Angebotes für einen längeren Zeitraum sichergestellt werden muss, da a) mit einer längeren Phase der Konsolidierung zu rechnen ist und damit es b) dauerhaft Bestand haben kann. Der anbietenden Institution fällt die Aufgabe zu, sich mit anderen Anbietern der Bildungs- und Erziehungslandschaft abzustimmen.

Die Erfahrungen an den Modellstandorten zeigen, dass es für das Gelingen eines Elterncafés von zentraler Bedeutung ist, dass es an eine Institution angebunden ist, die das Angebot explizit unterstützt. Der mögliche Erfolg dieses Angebotes erhöht sich, wenn die Initiierung eines Elterncafés von Professionellen einer oder mehrerer Institutionen im Stadtteil ausgeht und Eltern stringent und gleichberechtigt am Aufbau des Cafés beteiligt werden. Dies gewährleistet eine höhere Legitimation des Angebotes als ein von einer der beiden Gruppen – Professionelle oder Eltern alleine – initiiertes und betriebenes Elterncafé. Die gemeinsame Verantwortung für den Aufbau und den Betrieb trägt zentral zum Gelingen von Elterncafés bei.

Denkbar ist eine Anbindung eines Elterncafés an eine Schule oder eine Jugendhilfeeinrichtung im Stadtteil. Für die Arbeit des Cafés werden von der Institution spezielle Räumlichkeiten zur Verfügung gestellt. Die Betreuung geschieht durch eine Fachkraft, die auch in die Institution selbst eingebunden ist.

Das „ideale" Elterncafé sollte einerseits intern vernetzt sein, also mit verschiedenen Bereichen der Institution, an die es angegliedert ist. Dies wären im Fall der Schule beispielsweise der Hort, die Schulsozialarbeit und das Lehrerkollegium. Darüber hinaus ist die externe Vernetzung des Elterncafés für dessen Gelingen von großer Bedeutung. Hierzu zählen die Vernetzung mit anderen Elterninitiativen, mit Institutionen, mit Stadtteilgremien und mit weiteren Kooperationspartnern.

Dadurch wird die Verortung des Cafés in der Bildungs- und Erziehungslandschaft gewährleistet und gestärkt. Außerdem können so auch übergreifende Themen (wie die Gewaltprävention) in Abstimmung mit der Institution und anderen Initiativen im Stadtteil im Elterncafé aufgegriffen und bearbeitet werden.

Die Räume eines Elterncafés sollten mit öffentlichen Verkehrsmitteln erreichbar sein. Dies ist insbesondere für die Nutzung des Angebotes gerade von „schwer erreichbaren" Eltern essenziell. Des Weiteren sollte ein „ideales" Elterncafé in den Räumlichkeiten selbstverständlich die Möglichkeit vorhalten, Getränke anzubieten und/oder beispielsweise Kochveranstaltungen durchzuführen. Durch Angebote dieser Art (und hier sind der Fantasie keine Grenzen gesetzt) kann eine Atmosphäre entstehen, in der sich Eltern wohlfühlen und austauschen möchten.

Ein ganz zentraler Faktor, der ein „ideales" Elterncafé ausmacht, sind adäquate Öffnungszeiten. An einem der Modellstandorte wurde ein Elterncafé im Rahmen einer Kindertagesstätte und Schule eingerichtet, das vormittags geöffnet hatte. Für die meisten Eltern war das Café auf Grund dieser Öffnungszeiten nicht nutzbar, weshalb das Angebot auch nur wenig Anklang fand. Ein weiteres Elterncafé, welches am Freitagnachmittag geöffnet war, wurde deutlich besser besucht. Die Öffnung des Elterncafés am Nachmittag und am Abend macht es berufstätigen Eltern möglich, das Angebot zu besuchen und sich gestaltend und planerisch zu beteiligen. Ein „ideales" Elterncafé ist darüber hinaus täglich geöffnet, so dass die Eltern im Stadtteil sich die Öffnungszeiten nicht merken müssen, sondern bei Bedarf einfach spontan das Café besuchen können. Damit wird das Elterncafé der Idee eines niedrigschwelligen Orts der Begegnung in hohem Maße gerecht.

5.15.2 Inhaltliche Ausgestaltung

Die Arbeit an den Modellstandorten hat gezeigt, dass ein Elterncafé nicht erfolgreich ist, wenn es lediglich die Räumlichkeiten zur Verfügung stellt, in denen sich Eltern zusammenfinden können. Auch das Vorhalten bestimmter Möglichkeiten (z. B. Kochen) reicht nicht aus, um das Elterncafé zu einem attraktiven Angebot zu machen, das Beteiligungsprozesse von Eltern ermöglicht und unterstützt. Das Elterncafé benötigt Anlässe, um von Eltern besucht zu werden. Es muss attraktiv sein. Nur wenn Eltern einen Grund für sich identifizieren können, weshalb sie das Elterncafé besuchen sollen, kann es einen Anlauf- und Treffpunkt für Familien darstellen.

Diesen Anlass können beispielsweise (und zunächst nur) Bastel-, Lese-, Film- oder zunächst Spielnachmittage bieten, die eine lockere Atmosphäre schaffen, in der sich Eltern wohlfühlen und durch die ein Vertrauensklima hergestellt werden kann. Auch hier ist es wichtig, dass die Vorbereitung und die Nachmittage von einer Fachkraft begleitet werden, die neben den Eltern, die aktiv am Betreiben des Elterncafés mitwirken, die Rolle eines/r Ansprechpartners/in einnimmt. Die aktive Gestaltung des Elterncafés beispielsweise über Spielenachmittage und die daraus entstehende vertrauensvolle Atmosphäre tragen dazu bei, dass sich Eltern im Café nicht „verloren" fühlen und bereit sind, auch heikle Themen oder Probleme anzusprechen.

Dies geschieht dann gewissermaßen „im Nebenbei"; das Beratungsangebot ist bewusst nicht explizit und problemorientiert. Im Idealfall gelingen beratende

Gespräche, ohne explizit als solche qualifiziert oder von den Beratenen als solche empfunden zu werden. Diese „Beratung im Nebenbei" kann sowohl durch Fachkräfte als auch durch andere Eltern erfolgen. Die Beratung „im Nebenbei" ist ein wesentliches Element und eine zentrale Funktion: auf diese Weise können Schwellen, die Institutionen für Eltern darstellen, abgebaut werden. Daher sind im „idealen" Elterncafé die Professionellen (Lehrer/innen, Soziale Dienste usw.) aber auch kommunalpolitisch Verantwortliche gelegentliche Gäste.

Ausgehend vom formulierten Zugang und darüber hinaus werden in einem „idealen" Elterncafé auch thematische Einheiten veranstaltet. So können etwa Aktivitäten zur Konfliktbearbeitung durchgeführt werden und damit Themen aufgegriffen werden, die unabhängig von einzelnen Institutionen in der Bildungs- und Erziehungslandschaft eine Rolle spielen und somit die Vernetzung fördern.

Die Themen, die im Elterncafé beispielsweise durch Vorträge oder Projekte behandelt werden, sollten jedoch in erster Linie von den Eltern selbst bestimmt worden sein, denn das macht sie interessant. So können erste thematische Inputs von Seiten der Fachkraft für die Eltern einen Anlass darstellen, das Elterncafé zu besuchen und miteinander ins Gespräch zu kommen. Die hierbei deutlich werdenden Interessen und Bedarfe der Eltern sollten dann aufgegriffen und im Rahmen des Elterncafés umgesetzt werden. An der Ausgestaltung dieser Themen und der Umsetzung entsprechender Aktivitäten sind die Eltern selbstverständlich beteiligt. Damit kann das Elterncafé die Basis für Beteiligungsprozesse bieten und Initiativen von Eltern aktiv unterstützen. Das Café sollte sich zum Ziel machen, sich zu einer Art Eltern-Aktiv-Zentrum weiterzuentwickeln, indem es Eltern darin befähigt und unterstützt, selbst aktiv zu werden. Dies kann beispielsweise in Form von Eltern-AGs und Aktionstagen geschehen. Dahinter steht das Selbstverständnis des „idealen" Elterncafés, eine Plattform für Elterninteressen zu sein – in der Institution und im Stadtteil.

Die Aktivitäten werden mit anderen Institutionen der Bildungs- und Erziehungslandschaft abgestimmt, damit sich diese als ein Ganzes weiterentwickeln kann. In einem „idealen" Elterncafé werden außerdem Aktivitäten in unterschiedlichen Sprachen angeboten, um auch Eltern mit Übersetzungsbedarf und Menschen, die Unterstützung bei der Kommunikation benötigen, am Café beteiligen zu können.

5.15.3 Personelle Ausstattung

Es ist bereits mehrfach erwähnt worden, dass ein „ideales" Elterncafé einer kontinuierlichen personellen Betreuung durch eine oder mehrere Fachkräfte bedarf.

Nur so ist gewährleistet, dass sich Eltern in ihnen ernst genommen fühlen und das Café einen wirklichen Ort für Beteiligungsprozesse darstellt. Die Fachkraft muss ein/e Ansprechpartner/in für die Eltern darstellen, an die sie sich in Fragen und Problemen wenden können. Dies ist nur möglich, wenn die Fachkraft selbst in eine Institution und/oder die Gremienstruktur der Bildungs- und Erziehungslandschaft eingebunden ist. Nur so hat sie, wenn Eltern mit Fragen und Problemen auf sie zukommen, die nicht im Rahmen der eigenen Tätigkeit bearbeitet werden können, das entsprechende Verweisungswissen. Zudem ist es wichtig, dass Personen mit der Fähigkeit zur Netzwerkbildung, also der Bereitschaft, auch andere Akteure in der Bildungs- und Erziehungslandschaft anzusprechen, im Elterncafé eingebunden werden. Diese Schlüsselpersonen können dazu beitragen, dass das Elterncafé zu einem festen Baustein in der Bildungs- und Erziehungslandschaft wird und es ein Forum bietet, in dem Belange von Eltern aufgegriffen werden.

Durch die vertrauensvolle Atmosphäre, die im „idealen" Elterncafé über die entsprechende Ausstattung und die entsprechenden Aktivitäten hergestellt wurde, ist es möglich, dass sich auch Eltern mit Fragen an die Fachkraft wenden, die sonst nur schwer Zugang zu Bildungs- und sozialen Institutionen finden. Umgesetzt werden konnte dies im „Café Familie" an einem der Modellstandorte, das von einem Mitarbeiter des Dienstes geleitet wurde. Durch die Niedrigschwelligkeit des Elterncafés und die dort vorherrschende akzeptierende Grundhaltung wenden sich auch Eltern an das Café, die von den Sozialen Diensten in der Regel erst viel später erreicht werden. Die Fachkräfte konnten bei Bedarf frühe Hilfeangebote einleiten und hierüber das Zusammenleben in Familie und Gemeinwesen stärken.

6. Fazit und Perspektiven

Das Praxisforschungsprojekt „Elternbeteiligung und Gewaltprävention in kommunalen Bildungs- und Erziehungslandschaften" hat in einem Zeitraum von drei Jahren untersucht, wie kommunale Bildungs- und Erziehungslandschaften im Zusammenspiel unterschiedlicher Akteure, insbesondere der Jugendhilfe, der Schule, Eltern und jungen Menschen gestaltet werden. Es hat sich insbesondere mit Fragen der stärkeren Beteiligung von Eltern sowie dem Potenzial von Bildungs- und Erziehungslandschaften im Hinblick auf einen gewaltpräventiven Beitrag, auch und vor allem mit dem Fokus einer stärkeren Einbeziehung von Eltern, befasst.

In der vorliegenden Handreichung sind insbesondere Modelle, Verfahren und Instrumente aus der Praxis der begleiteten Modellstandorte dargestellt, die in andere Bildungs- und Erziehungslandschaften übertragen werden können. Damit werden die Erkenntnisse aus den Bestandsaufnahmen[179] und dem Zwischenbericht[180], in dem es u. a. um die Einbettung in den fachpolitischen Dialog geht, ergänzt.

Eine zentrale Frage des Praxisforschungsprojekts war, inwiefern der Rahmen der kommunalen Bildungs- und Erziehungslandschaft mit den beiden Schwerpunktthemen Elternbeteiligung und Gewaltprävention verbunden ist bzw. werden kann und welche Möglichkeiten und Grenzen in der Verknüpfung dieses Rahmens mit den Schwerpunktthemen liegen. Die initiierten, begleiteten und evaluierten Prozesse verweisen darauf, dass die Fokussierung auf die Schwerpunktthemen und deren Verknüpfung für und in kommunalen Bildungs- und Erziehungslandschaften die Beteiligung von Eltern stärken und ihre Einbeziehung in gewaltpräventive Angeboten befördern kann.

Die beiden – qualitativ und im Hinblick auf ihre Reichweite – durchaus unterschiedlichen Themenfelder Elternbeteiligung und Gewaltprävention haben erst auf den zweiten Blick etwas miteinander zu tun. Ihr möglicher Zusammenhang und ihr innovatives Potenzial in und für Bildungs- und Erziehungslandschaften und die Frage, inwiefern eine Verknüpfung sinnvoll ist, werden im Folgenden

---

[179] Vgl. Bestandsaufnahmen Süd, Ost und Nord 2009.
[180] Vgl. Zwischenbericht 2010.

dargestellt und damit die zentralen Ergebnisse des Begleitungs- und Evaluationsprozesses zu dieser Frage markiert:

1. Beteiligung ist das konstitutive Element für die gelingende und innovative Gestaltung von Bildungs- und Erziehungslandschaften.
2. Elternbeteiligung und Gewaltprävention sind Schlüsselthemen für die beteiligten Akteure und können als Querschnittsthemen in Bildungs- und Erziehungslandschaften profiliert werden.
3. Bildungs- und Erziehungslandschaften ermöglichen eine neue Einbettung von Gewaltprävention sowie eine neue Verknüpfung von gewaltpräventiven Angeboten mit Elternbeteiligung.

6.1 Partizipation als konstitutives Element

Konzeptionell müssen in und an der Gestaltung von Bildungs- und Erziehungslandschaften alle Akteure beteiligt sein, die innerhalb einer Kommune mit Kindern, Jugendlichen und Familien arbeiten bzw. mit Erziehung, Bildung und Betreuung zu tun haben. Dieser grundsätzliche Anspruch beinhaltet die Beteiligung von Eltern bzw. Familien auf allen Ebenen und an allen Prozessen, da sie eine, wenn nicht die zentrale Sozialisationsinstanz von Kindern darstellen.

Nimmt man diese Forderung nach Beteiligung ernst, ist es unabdingbar, Eltern stärker an den Bildungsprozessen ihrer Kinder und an deren Gestaltung zu beteiligen. Damit sind Eltern ein zentraler Akteur innerhalb der Bildungs- und Erziehungslandschaft, ohne den eine bedeutende Perspektive auf die Kinder und Jugendlichen fehlen würde. Nur mit der Partizipation von Eltern ist es möglich, die Lebenswelt der jungen Menschen und Familien angemessen in den Blick zu nehmen. Damit können Themen und Handlungsfelder gemeinsam identifiziert und die subjektiven Bedürfnisse von Familien zuverlässiger als bisher mit dem professionell definierten Bedarf abgeglichen bzw. konfrontiert werden. So ist mit der Beteiligung von Eltern (und jungen Menschen) auf Augenhöhe, oder konkreter mit Stimme, ein notwendiges Korrektiv bei der Themensetzung und Richtungsentscheidung in einer Bildungs- und Erziehungslandschaft vorhanden

Das bedeutet weiterhin, dann auch alle Eltern in das Gesamtkonstrukt einzubinden, auch die „schwer erreichbaren", und sie über verschiedene Beteiligungsangebote, -formen und -stufen für die Gestaltung der Bildungs- und Erziehungslandschaft zu gewinnen.

Dieser grundsätzliche Anspruch läuft in der Praxis Gefahr, dass seitens der Professionellen und der Administration Partizipation zwar als zwingend notwendig artikuliert wird, die Angebote jedoch – auch auf Grund der hohen Anforderungen, die diesem Anspruch immanent sind – nicht über eine Alibibeteiligung hinaus gehen (z. B. eine Befragung von Eltern zu einem bestimmten Thema oder die Einladung des städtischen Gesamtelternbeirates, also der „superengagierten" Eltern, in eine Sitzung der Steuerungsgruppe). Die Machtasymmetrie zwischen Professionellen mit dienstlichem Auftrag und engagierten Eltern oder Bürger/innen mit persönlichem Interesse lässt sich nicht gänzlich überwinden. Auch gesetzliche Aufträge und Zuständigkeiten sind zu bedenken und produzieren Hürden.

Gleichwohl hat die Arbeit an den Modellstandorten gezeigt, dass viel mehr gemeinsame Gestaltung möglich ist, als oft angenommen, wahrgenommen und zugegeben wird: z. B. über Elternvereine, die als ebenbürtige Partner in Bildungs- und Erziehungslandschaften fungieren, oder über die regelmäßige Beteiligung von Eltern bei der Auswahl und Formulierung, aber auch bei der (Aus-)Gestaltung von Handlungsfeldern.

6.2 Elternbeteiligung und Gewaltprävention als Querschnittsthemen

Als Querschnittsthemen tragen Elternbeteiligung und Gewaltprävention dazu bei, Barrieren zwischen den Institutionen abzubauen und damit die Vernetzung im Sinne eines partizipativen, gemeinsam gestalteten und auch bewusst voneinander abgegrenzten Zusammenwirkens zu befördern. Beide Themen eignen sich dafür, weil sie für alle Institutionen und Nutzer/innen einer Bildungs- und Erziehungslandschaft relevant sind. Sie stellen damit Querschnittsthemen dar, die nicht von der einen Institution (etwa der Schule) oder der anderen (etwa der Jugendhilfe) dominiert bzw. besetzt sind.

Darüber hinaus erfordern beide Themen, dass sie in geteilter, also gemeinsamer, Verantwortung der Akteure bearbeitet werden. Sie stellen damit ein „gemeinsames Drittes" in der Bildungs- und Erziehungslandschaft dar, das Kooperation erfordert und ermöglicht: neue Zugänge zu Akteuren, neue Kooperationen zwischen unterschiedlichen Akteuren und eine neue Abstimmung von Konzepten und Angeboten. Gleichzeitig benötigen sie für die Entfaltung dieses Potenzials eine vernetzte, feste Struktur. Diesen konzeptionellen Rahmen bietet die kommunale Bildungs- und Erziehungslandschaft.

Über eine solche gemeinsame Bearbeitung von Themen werden zum Teil die Zuständigkeiten einzelner Säulen des Systems zur Disposition gestellt. Diese Infragestellung der Versäulung birgt neben dem innovativen Potenzial auch zentrale Konfliktfelder in gestalteten Bildungs- und Erziehungslandschaften, denn die Säulen stehen nicht nur inhaltlich und mit Blick auf Verantwortungszuweisungen unverbunden nebeneinander, vielmehr liegen sie auch formal in unterschiedlichen Zuständigkeitsbereichen, insbesondere die zentralen Akteure Schule und Jugendhilfe. In Städten liegt die Zuständigkeit für die Kinder- und Jugendhilfe und die für die äußeren Schulangelegenheiten zumindest noch bei einem Träger, nämlich der Kommune. In Landkreisen gibt es dagegen schon zwei Ebenen, die der Einzel-Gemeinde und die des Landkreises. Blickt man darüber hinaus auf die inneren Schulangelegenheiten, also die zentralen pädagogisch relevanten Angelegenheiten (Gestaltung von Unterricht und Ausbildung des Personals), kommt noch eine dritte Ebene hinzu, die der Bundesländer. Hier werden zentrale Herausforderungen für kommunale Bildungs- und Erziehungslandschaften deutlich.

Die Themen Elternbeteiligung und Gewaltprävention ermöglichen Inhalte, über die verschiedene Akteure einen gemeinsamen Dialog einleiten können und über die sich die Akteure auch einen Nutzen aus der gemeinsamen Bearbeitung erhoffen können.

6.3 Neue Einbettung von Gewaltprävention und Elternbeteiligung

Beim zweiten Schwerpunktthema des Praxisforschungsprojekts, der Gewaltprävention, liegt dieses Innovationspotenzial auch für die Akteure nicht so offenkundig auf der Hand wie bei der Partizipation, die konstitutiv für Bildungs- und Erziehungslandschaften ist.

Gewaltprävention ist nicht nur bei professionellen Akteuren ein diskutierter und zum Teil sehr umstrittener Begriff, der zudem nicht klar definiert ist. Auch und gerade bei den Zielgruppen und Nutzer/innen erzeugt der Begriff Gewaltprävention unterschiedliche Reaktionen. Gleichwohl zeigen die Ergebnisse des Praxisforschungsprojektes, dass Gewaltprävention – im weiten Sinn, also Verhältnisprävention und friedliche Konfliktregulierung, aber auch im engen Sinn, also mit dem Ziel der direkten Reduktion von Gewalt, – ein Querschnitts- oder Brückenthema ist, das in den Bildungs- und Erziehungslandschaften alle betrifft und bewegt, und das als Entwicklungsaufgabe aller Akteure verstanden werden kann.

Kommunale Bildungs- und Erziehungslandschaften ermöglichen eine neue Einbettung des Themas Gewaltprävention. Wesentlich dafür ist die Thematisierung von Gewaltprävention als integrale Aufgabe einer Kultur des Aufwachsens. Dies erfordert die bereits angesprochene partizipativ gestaltete Auseinandersetzung zwischen Eltern und Bürger/innen sowie professionellen Akteuren und der Verwaltung. Letztere formulieren aus der Draufsicht Bedarfe und Anliegen, die unbedingt mit den subjektiven und individuellen Bedürfnissen der Eltern und Bürger/innen konfrontiert und ausgehandelt werden müssen. Durch diese – keineswegs widerspruchs- und konfliktfreie – gemeinsame Gestaltung werden Angebote und auch das Etikett Gewaltprävention selbstverständlicher, alltäglicher und „normaler". Dies geschieht, indem das positiv formulierte Ziel, das Zusammenleben und -arbeiten, aber auch die notwendigen Konflikte friedlich zu gestalten, von allen an Erziehung, Bildung und Betreuung beteiligten Institutionen als ein koproduktiver Prozess verstanden und unter Beteiligung von Eltern in der Struktur kommunaler Bildungs- und Erziehungslandschaften verankert wird.

Dabei sind zunächst Vertrauen und Beziehungen zwischen Eltern bzw. Menschen und den Institutionen zentral: also niedrigschwellige Angebote mit gemeinsamen Handlungsoptionen im partnerschaftlichem Zusammenwirken mit bzw. für Eltern. Es geht dabei primär um angebotsorientierte, nicht zielgruppenspezifische Formen und Maßnahmen, etwa Elterncafés, Foren für die Gestaltung von Institutionen im Zusammenwirken von unterschiedlichen Professionen, Nutzer/innen, Eltern usw. Diese Angebote verschreiben sich dem dialogischen Prinzip (Verstehen, Verständigung, Aushandeln).

Mit diesem Ansatz, der einen gemeinsamen Nenner für die versäulten Zuständigkeiten bilden kann, kommt der kommunalen Bildungs- und Erziehungslandschaft erstens die Chance zu, alle zu erreichen und zu beteiligen. Zweitens ermöglicht dies, durch die zielgruppenübergreifende bzw. nicht zielgruppenspezifische Ausrichtung und das kooperative Zusammenwirken von informellen, non-formalen und formalen Bildungsangeboten gerade auch Kinder und Jugendliche in benachteiligten Lebenslagen sowie deren Eltern zu erreichen und zu unterstützen. Auf diese Weise können ein gewaltpräventiver Beitrag geleistet werden sowie die gezielte Vermittlung in spezifische Angebote erfolgen.

So vermeiden die Prozesse den stigmatisierenden Blick auf sogenannte Risikogruppen und schaffen stattdessen eine breitere Ausrichtung. Dabei ist unbedingt zu berücksichtigen, dass darin die Gefahr liegt, alle Adressat/innen unter den Generalverdacht zu stellen, präventiv behandelt werden zu müssen. Dies erfordert eine hohe Reflexivität, die insbesondere danach fragen muss, ob die Bedürfnisse und Bedarfe tatsächlich ernst genommen und ausgehandelt werden. Wird Partizipation nicht „vorgeschoben", sondern herrscht – auf allen Ebenen – eine positive Haltung und Umsetzung echter Beteiligung vor, kann weniger belastend und belastet, weniger stigmatisierend und stigmatisiert ein gemeinsamer Prozess eingeleitet und weitergeführt werden.

Auf den Punkt gebracht: Beide Schwerpunktthemen, Elternbeteiligung und Gewaltprävention weisen qualitative Unterschiede auf: Beteiligung, nicht nur von Eltern, ist konstitutiv, also eine Bedingung für kommunale Bildungs- und Erziehungslandschaften. Gleichzeitig sind Elternbeteiligung sowie Gewaltprävention Schlüssel- oder Querschnittsthemen, die das Durchbrechen von versäulten Aufgaben und Zuständigkeiten ermöglichen können, da sie alle angehen. Das unterscheidet sie qualitativ deutlich von immanent steuernden Themen, die (wie z. B. Ganztagsschule oder Schulöffnung) institutionenzentriert sind und damit Asymmetrien zwischen den Säulen einer Bildungslandschaft konstituieren und aufrecht erhalten.

In der Verknüpfung der Schwerpunktthemen Elternbeteiligung und Gewaltprävention miteinander und mit dem Rahmen der kommunalen Bildungs- und Erziehungslandschaft liegt ein innovatives Potenzial, das über eine reine Reform des Bestehenden hinausgeht. Die Schwerpunktthemen sind grenzüberschreitende und für zahlreiche Beteiligte (auch und insbesondere für Eltern) der kommunalen Bildungs- und Erziehungslandschaft zentrale Schlüsselthemen. Sie befördern, dass die Bildungs- und Erziehungslandschaft ins Arbeiten kommt, und dass die Akteure zusammen kommen. Gleichzeitig ermöglicht der Rahmen der kommunalen Bildungs- und Erziehungslandschaft, diese (und andere) Themen neu und/oder anders zu verorten, einzubetten, zu diskutieren und zu bearbeiten.

Literatur

Aachener Erklärung des Deutschen Städtetages anlässlich des Kongresses „Bildung in der Stadt" am 22./23. November 2007, S. 2. Internet: http://ec.europa.eu/education/migration/germany9_de.pdf, letzter Zugriff: 28.12.2011.

Ahrens, Frank: Kooperation und Netzwerke zwischen Jugendarbeit und Schule – Grundlagen, Rahmenbedingungen und Beispiele der Jugendverbandsarbeit in Niedersachsen, 2009. Internet: http://www.jugendserver-niedersachsen.de/uploads/tx_sgfilelist/02660-Ahrens_Kooperation_Jugendarbeit_und_Schule.pdf; 03.12.2011.

Arbeitsstelle Kinder- und Jugendkriminalitätsprävention des DJI: „Das Logische Modell als Instrument der Evaluation in der Kriminalitätsprävention im Kindes- und Jugendalter" (2009-2010) – Erträge und Nutzen, ohne Jahr. Internet: http://www.dji.de/bibs/jugendkriminalitaet/Logisches_Modell-Zentrale_Ergebnisse.pdf, letzter Zugriff: 05.12.2011.

Arbeitsstelle Kinder- und Jugendkriminalitätsprävention des DJI: Strategien der Gewaltprävention im Kindes- und Jugendalter. Eine Zwischenbilanz in sechs Handlungsfeldern, München 2007, S. 281-284.

Behn, Sabine/Bischof, Christine/Koch, Liv-Berit: Evaluation des Modellprojektes „Stadtteilmütter gehen in die Schule (2009-2010)". Abschlussbericht, Berlin 2010.

Bernitzke, Fred/Schlegel, Peter: Das Handbuch der Elternarbeit, Troisdorf 2004.

Bertelsmann-Stiftung (Hg.): Kommunen schaffen Zukunft. Grundsätze und Strategien für eine zeitgemäße Kommunalpolitik, Gütersloh 2008.

Bestandsaufnahme Region Süd: Bestandsaufnahme Baden-Württemberg, Bayern, Hessen, Rheinland-Pfalz, Saarland, 2009. Internet: http://kommunale-bildungslandschaften.de/_dopwnload/Bestandsaufnahme1.pdf, letzter Zugriff: 16.01.2012.

Bestandsaufnahme Region Ost: Bestandsaufnahme Berlin, Brandenburg, Mecklenburg-Vorpommern, Sachsen, Sachsen-Anhalt, Thüringen, 2009. Internet: http://kommunale-bildungslandschaften.de/_download/Bestandsaufnahme2.pdf, letzter Zugriff: 16.01.2012.

Bestandsaufnahme Region Nord: Bestandsaufnahme Bremen, Hamburg, Niedersachsen, Nordrhein-Westfalen, Schleswig-Holstein, 2009. Internet: http://kommunale-bildungslandschaften.de/_download/Bestandsaufnahme3.pdf, letzter Zugriff: 16.01.2012.

Bleckmann, Peter/Durdel, Anja (Hg.): Lokale Bildungs- und Erziehungslandschaften. Perspektiven für Ganztagsschulen und Kommunen, Wiesbaden 2009, S. 12-13.

Bliesener, Thomas: Resilienz in der Entwicklung antisozialen Verhaltens, in: Steller, M./Volbert, R. (Hg.), Handbuch der Rechtspsychologie, Göttingen 2008, S. 78-86.

Brondies, Marc: Gewalt in der Schule. Internet: http://krimlex.de/artikel.php? BUCHSTABE=G&KL_ID=79, letzter Zugriff 17.12.2011.
Bundesministerium für Familie, Senioren, Frauen und Jugend (Hg.): Zwölfter Kinder- und Jugendbericht. Bericht über die Lebenssituation junger Menschen und die Leistungen der Kinder- und Jugendhilfe in Deutschland, Berlin 2005.
Cierpka, Manfred: Gewaltprävention – Unterstützung der Familien und Förderung der Kinder, sowie: Ansätze der Prävention der Langzeitfolgen früher Stresserfahrungen, in: Egle, Ulrich Tiber, Hoffman, Sven Olaf/Joraschky, Peter (Hg.): Sexueller Missbrauch, Misshandlung, Vernachlässigung. Erkennung, Therapie und Prävention der Folgen früher Stresserfahrungen, Stuttgart 2005, S. 636-659.
Coelen, Thomas: Kommunale Jugendbildung. Raumbezogene Identitätsbildung zwischen Schule und Jugendarbeit. Hessische „Landesservicestelle Jugendhilfe - Schule", Fachtagung: „Jugendhilfe und Schule im Sozialen Raum", 04.-05.12.2003 in Marburg.
Coelen, Thomas: Zur Produktivität der Bildungsdebatte": AG 62 „Jugendhilfe und Schule / Jugendhilfe – Bildung" in Münster Bundeskongress Soziale Arbeit 2005.
Deinet, Ulrich: Von der schulzentrierten zur sozialräumlichen Bildungslandschaft, in: sozialraum.de, Ausgabe 1/2010. Internet: http://www.sozialraum.de/von-der-schulzentrierten-zur-sozialraeumlichen-bildungslandschaft.php, letzter Zugriff: 17.12.2011.
Deutscher Verein für öffentliche und private Fürsorge e.V.: Niedrigschwelliger Zugang zu familienunterstützenden Angeboten in Kommunen. Handlungsempehlungen des Deutschen Vereins (7.12.2005). Internet: http://www.deutscher-verein.de/05-empfehlungen/pdf/empfehlung-niedrigschwelliger-angebote.pdf, letzter Zugriff: 14.9.11.
Deutscher Verein für Öffentliche und Private Fürsorge e.V.: Diskussionspapier des Deutschen Vereins zum Aufbau Kommunaler Bildungslandschaften, Berlin 2007.
Deutscher Verein für Öffentliche und Private Fürsorge e.V.: Empfehlungen des Deutschen Vereins zur Weiterentwicklung kommunaler Bildungslandschaften, Berlin 2009.
Deutsches Jugendinstitut: Unterrichtung über den Stand der Gewaltprävention in der Bundesrepublik Deutschland sowie über zentrale Handlungserfordernisse zu ihrer nachhaltigen Gestaltung Bericht zur Besprechung der Chefs der Staats- und Senatskanzleien der Länder am 20. und 21. September 2006. Internet: http://www.dji.de/ju gendkriminalitaet/MPK-Unterrichtungspapier.pdf, letzter Zugriff 15.12.2011.
Dexheimer, Andreas: Forschung in der Sozialen Arbeit. Ein Beitrag zu einem mehrdimensionalen methodologischen Fundament, Bad Heilbrunn 2011, S. 78-80.
Fürstenau, Sara/Gomolla, Mechthild: Migration und schulischer Wandel: Elternbeteiligung, Wiesbaden 2009.
Furman, Ben: Ich schaffs! Spielerisch und praktisch Lösungen mit Kindern finden – das 15-Schritte-Programm für Eltern, Erzieher und Therapeuten, Heidelberg 2005.
Gomolla, Mechthild: Elternbeteiligung in der Schule, in: Fürstenau, Sara/Gomolla, Mechthild: Migration und schulischer Wandel: Elternbeteiligung, Wiesbaden 2009, S. 21-49.

Literatur 181

Grunwald, Klaus/Thiersch, Hans (Hg.): Praxis lebensweltorientierter Sozialer Arbeit. Handlungszugänge und Methoden in unterschiedlichen Arbeitsfeldern, Weinheim/München 2004.

Hansbauer, Peter/Spiegel, Hiltrud von/Kriener, Martina/Müller, Katja: Zwischenbericht zumModellprojekt: Implementation und Evaluation von „Family Group Conference (FGC)" – Konzepten. Ein Instrument zur Förderung von mehr Partizipation und Gemeinwesenorientierung bei der Planung von Hilfen?, Fachhochschule Münster und Internationale Gesellschaft für erzieherische Hilfen 2007.

Hartmann, Mirjam: Frühe Hilfen für Schwangere und Familien – Anforderungen an Angebotsgestaltung, niedrigschwellige Zugänge und interdisziplinäre Kooperation. Internet: http://www.fes.de/integration/pdf/080626_Hartmann.pdf, letzter Zugriff 14.9.11.

Hartnuß, Birger / Maykus; Stephan (Hg.): Handbuch Kooperation von Jugendhilfe und Schule. Ein Leitfaden, Gelsenkirchen 2004.

Heitmeyer, Wilhelm/Schröttle, Monika (Hg.): Gewalt. Beschreibungen – Analysen – Prävention, Bonn 2006.

Henschel, Angelika / Krüger, Rolf / Schmitt, Christof / Stange, Waldemar (Hg.): Jugendhilfe und Schule. Handbuch für eine gelingende Kooperation, Wiesbaden 2009.

Karliczek, Kari-Maria/Behn, Sabine: Handreichung zur Entwicklung komplexer Logischer Modelle für Lokale Aktionspläne, Berlin 2010.

Knauer, Raingard/Sturzenhecker, Benedikt: Partizipation im Jugendalter. In: Hafeneger, Benno/Jansen, Mechtild M./Niebling, Torsten (Hg.): Kinder- und Jugendpartizipation im Spannungsfeld von Akteuren und Interessen, Opladen 2005, S. 63-94.

Koch, Liv-Berit: Evaluation des Pilotprojektes „Stadtteilmütter in Neukölln". Abschlussbericht, Berlin 2009.

Koch, Liv-Berit/Bischof, Christine: Interkulturelle Öffnungsprozesse ambulanter Pflegedienste in Theorie und Praxis. Dokumentation des Modellprojektes „Interkulturelle Öffnung der Diakonie-Stationen in Berlin", Berlin 2005.

Koch, Liv-Berit/Schwenzer, Victoria: Impulse zu Elternbeteiligung und Gewaltprävention in Bildungs- und Erziehungslandschaften. Ergebnisse der wissenschaftlichen Evaluation und Begleitung des Modellstandortes „Lokaler Bildungsverbund Reuterkiez" in Berlin-Neukölln, Berlin 2011.

Kreft, Dieter/Mielenz, Ingrid (Hg.): Wörterbuch Soziale Arbeit, Weinheim/München 2008.

Landeskooperationsstelle Schule – Jugendhilfe (Hg.): Bildung lokal gestalten. Rahmenbedingungen und Ansätze für die Gestaltung lokaler Bildungslandschaften in Brandenburg, Potsdam Dezember 2009, S. 8-11.

Landtag Nordrhein-Westfalen (Hg.): Bericht der Enquete Kommission zur Erarbeitung von Vorschlägen für eine effektive Präventionspolitik in Nordrhein-Westfalen 2010. Zur Erarbeitung von Vorschlägen für eine effektive Präventionspolitik in Nordrhein-Westfalen 2010, Landtagsdrucksache 14/10700.

Langhanky; Michael/Frieß, Cornelia/Hußmann, Marcus/Kunstreich, Timm: Erfolgreich sozialräumlich handeln. Die Evaluation der Hamburger Kinder- und Familienhilfezentren, Bielefeld 2004.

Lebert, Karin et al.: Moderationsmethode: Gestaltung der Meinungs- und Willensbildung in Gruppen, die miteinander lernen und leben, arbeiten und spielen, Hamburg 1985.
Lipp, Ulrich/Will, Hermann: Das große Workshop-Buch. Konzeption, Inszenierung und Moderation von Klausuren, Besprechungen und Seminaren, 5. erweiterte Aufl., Weinheim und Basel 2001.
Lüders, Christian: Prävention und „Kinder stark machen" – Zauberworte oder fachliche Prinzipien?, in: Bundesministerium für Familie, Senioren, Frauen und Jugend (Hg.) „Bevor es zu spät ist..." Präventiver Kinder- und Jugendschutz in sozialen Brennpunkten. Fachtagung im Rahmen des Aktionsprogramms „Entwicklung und Chancen junger Menschen in sozialen Brennpunkten", Berlin 1999, S. 15.
Luthe, Ernst-Wilhelm: Kommunale Bildungslandschaften – Bildung als Integrationswert der örtlichen Gemeinschaft, in: Der Landkreis: Bildungsrepublik Deutschland. Landkreise mit den Kernkompetenzen für Bildung, Zeitschrift für kommunale Selbstverwaltung, 79. Jahrgang, Stuttgart 2009, S. 613-619.
Maykus, Stephan: Ganztagsschule und Jugendhilfe – Kooperation als Herausforderung und Chance für die Gestaltung von Bildungsbedingungen junger Menschen. Die offene Ganztagsschule in NRW – Beiträge zur Qualitätsentwicklung – Heft 1, Münster 2005.
Mayring, Philipp: Qualitative Inhaltsanalyse. Grundlagen und Techniken, 10. Auflage, Weinheim und Basel 2008.
Miller, Tilly: Die Störungsanfälligkeit organisierter Netzwerke und die Frage nach Netzwerkmanagement und Netzwerksteuerung, in: Bauer, Petra; Ulrich, Otto (Hrsg.): Mit Netzwerken professionell zusammenarbeiten. Band II: Institutionelle Netzwerke in Steuerungs- und Kooperationsperspektive, Tübingen 2005, S. 105-125.
Möllers, Jutta / Schone, Reinhold / Thoring, Wolfgang 2010: Was bleibt vom sozialpädagogischen Auftrag der Tagesgruppen und der Sozialen Gruppenarbeit? – Die Integration von Erziehungshilfen in die offene Ganztagsschule. In: Forum Erziehungshilfen Heft 1/2010, S. 24-29.
Pädagogische Werkstatt (Hrsg.): Audit Förderqualität. Einführung und Kriterienkatalog. Arbeitsmaterial für Auditgruppen. Berlin 2009. Internet: http://www.ein-quadratkilometer-bildung.org/wp-content/uploads/2010/05/Audit-Foerderqualitaet.pdf (letzter Zugriff 14.11.2011).
Pluto, Liane: Partizipation in den Hilfen zur Erziehung. Eine empirische Studie, Wiesbaden 2007.
RAA Berlin (Hrsg.): Das Auditverfahren im Projekt „Ein Quadratkilometer Bildung". Materialien zur Qualitätsentwicklung im Projekt „Ein Quadratkilometer Bildung": Selbstbewertungsverfahren und Kriterienkatalog. Überarbeitete Fassung vom 7. Oktober 2008. Berlin 2008. Internet: http://www.raa-berlin.de/PDF-Daten/Audit%20Foerderqualitaet%20im%20Quadratkilometer%202008.pdf, letzter Zugriff: 12.12.2011.
Rappaport, Julien et al. (Hg.): Studies in empowerment. Steps towards understanding and action, New York 1984.
Reutlinger, Christian: Bildungslandschaften raumtheoretisch betrachtet, in: sozialraum.de, Ausgabe 1/2010.Internet: http://www.sozialraum.de/bildungslandschaften-raumtheoretisch-betrachtet.php, letzter Zugriff: 17.12.2011.

Sacher, Werner: Elternarbeit. Gestaltungsmöglichkeiten und Grundlagen für alle Schularten, Bad Heilbrunn 2008.
Santen, Eric van/Seckinger, Mike: Fallstricke im Beziehungsgeflecht: die Doppelleben interinstitutioneller Netzwerke, in: Bauer, Petra/Otto, Ulrich (Hg.): Mit Netzwerken Professionell zusammenarbeiten, Band II: Institutionelle Netzwerke in Steuerungs- und Kooperationsperspektive, Tübingen 2005, S. 201-219.
Sass, Erich: „Schule ist ja mehr als Theorie…". Lernen im freiwilligen Enagagement und in der Schule aus Sicht freiwillig engagierter Jugendlicher. In: Rauschenbach, Thomas/Düx, Wiebken/Sass, Erich (Hg.): Informelles Lernen im Jugendalter. Vernachlässigte Dimensionen der Bildungsdebatte. Weinheim und München 2006, S. 241-270.
Senatsverwaltung für Bildung, Wissenschaft und Forschung: Bericht zur Inspektion der Elbe-Schule 08G05 Grundschule). Januar 2011, S. 15. Internet: http://www.elbeschule.de/downloads/bericht-08g05.pdf (letzter Zugriff: 24.06.2011).
Senatsverwaltung für Bildung, Wissenschaft und Forschung (Hrsg.): Gemeinsam im Interesse der Kinder. Erziehungspartnerschaften von Elternhaus und Schule. Ein Praxisbaustein. Materialien zur durchgängigen Sprachbildung des Modellprogramms „Förderung von Kindern und Jugendlichen mit Migrationshintergrund". Berlin 2009. Internet: http://www.foermig-berlin.de/materialien/Gemeinsam.pdf, letzter Zugriff: 20.11.2011.
Scherr, Albert: Gesellschaftspolitische Bildung – Kernaufgabe oder Zusatzleistung der Jugendarbeit?, in: Otto, Hans-Uwe/Rauschenbach, Thomas (Hg.): Die andere Seite der Bildung. Zum Verhältnis von formellen und informellen Bildungsprozessen, Wiesbaden 2004, S. 167-179.
Schmitt, Christof: Prävention – Zauberformel oder Irrweg für die Kooperation?, in: Henschel, Angelika/Krüger, Rolf/Schmitt, Christof/Stange, Waldemar (Hg.): Jugendhilfe und Schule. Handbuch für eine gelingende Kooperation, Wiesbaden 2009, S. 227-244.
Schütze, Dorothea: Aushandlungsprozesse als Instrument Demokratischer Schulentwicklung, in der Zeitschriftenreihe: Forum „GanzGut", S. 38-45, Potsdam 2008. Internet: http://www.kobranet.de/kobranet/freitext/824/GanzGut_5_Partizipation.pdf, letzter Zugriff: 27.10.2011.
Schütze, Dorothea/ Hildebrandt, Dr. Marcus: Partizipations- und Aushandlungsansätze im Berliner BLK-Vorhaben „Demokratie lernen und leben". Begleitheft zum Praxisbaukasten mit CD-ROM, RAA Berlin 2006.
Schubert, Herbert: Interinstitutionelle Kooperation und Vernetzung in der sozialen Arbeit: Eckpunkte und Rahmenbedingungen, in: Archiv für Wissenschaft und Praxis der sozialen Arbeit (Hg. Deutscher Verein), Ausgabe Nr. 3/2008, S. 4-20.
Schröder, Richard: Kinder reden mit! Beteiligung an Politik, Stadtplanung und -gestaltung, Weinheim/Basel 1995.
Schwenzer, Victoria/Koch, Liv-Berit: Migrantische Eltern als Zielgruppe in sozialraumorientierten Bildungs- und Erziehungslandschaften. Ausgewählte Ergebnisse eines Praxisforschungsprojektes, in: unsere Jugend 11/12/2011, S. 463-474.
Siebert, Ingo/Hilgers, Silke: Selbstevaluation: eine Handreichung, Berlin 2005.

SozialExtra: „Letzte Auffahrt Bildung..." – Jugendsozialarbeit als Bildungsort. Heft 9/10 2009.

Stadt Saalfeld Saale (Hg.): „Hier passieren merkwürdige Dinge!" Kommunale Bildungslandschaft und Partizipation verändern eine Stadt, Saalfeld/Saale 2010.

Stange, Waldemar: Was ist Partizipation? Ohne Jahresangabe. Internet: http://www.kinderpolitik.de/ beteiligungsbausteine/pdf/a/Baustein_A_1_1.pdf, letzter Zugriff 27.06.2011.

Steffen, Wiebke: „Bildung – Prävention – Zukunft". Lern- und Lebensräume von Kindern und Jugendlichen als Orte von Bildung und Gewaltprävention. Gutachten für den 15. Deutschen Präventionstag am 10. und 11. Mai 2010 in Berlin, Baden/München 2010.

Stern, Cornelia/Ebel, Christian/Schönstein, Veronika/Vorndran, Oliver (Hg.): Bildungsregionen gemeinsam gestalten. Erfahrungen, Erfolge, Chancen, Gütersloh 2008.

Sturzenhecker, Benedikt: Begründungen und Qualitätsstandards von Partizipation – auch für Ganztagsschule. Internet: http://politikundpartizipation.de/uploads/File/material/Aktuelles/Sturzenhecker_Partizipation_Ganztagsschule.pdf.pdf, letzter Zugriff: 30.03.2010.

Thier, Judith: Gewaltkriminalität (einschl. Gewaltbegriff). Internet: http://krimlex.de/ artikel.php?BUCHSTABE=G&KL_ID=80, letzter Zugriff: 17.12.2011.

Thiersch, Hans: Bildung und Soziale Arbeit, in: Otto, Hans-Uwe/Rauschenbach, Thomas (Hg.): Die andere Seite der Bildung. Zum Verhältnis von formellen und informellen Bildungsprozessen, Wiesbaden 2004, S. 237-252.

Thiersch, Hans: Bildung und Sozialpädagogik. In: Henschel, Angelika / Krüger, Rolf / Schmitt, Christof / Stange, Waldemar (Hg.): Jugendhilfe und Schule. Handbuch für eine gelingende Kooperation, Wiesbaden 2009, S. 25-38.

Thiersch, Hans/Grunwald, Klaus/Köngeter, Stefan: Lebensweltorientierte Soziale Arbeit. In: Thole, Werner (Hg.): Grundriss Soziale Arbeit. Ein einführendes Handbuch, Wiesbaden 2010, S. 175-196.

Thole, Werner: Bildung und Soziale Gerechtigkeit. Soziale Arbeit als Feld nonformaler Bildungspraxis, in: SozialExtra 7/8 2009, S. 20-23.

Winkler, Michael: Bildung mag zwar die Antwort sein – das Problem aber ist Erziehung. Drei Thesen, in: Zeitschrift für Sozialpädagogik, 2/2006, S. 187.

Zwischenbericht: Elternbeteiligung und Gewaltprävention in kommunalen Bildungs- und Erziehungslandschaften. Neue Formen im Zusammenspiel von Jugendhilfe, Schule, jungen Menschen und Eltern. Zwischenbericht, 2010. Internet: http://kommunale-bildungslandschaften.de/_download/Zwischenbericht.pdf, letzter Zugriff 16.01.2012.

Anhang

Elternwerkstätten – Elternfragebogen

„Von Eltern gemacht – für Eltern gedacht!"

Liebe Eltern,

im Rahmen einer im Herbst 2010 von der Stadt Saalfeld und der Camino gGmbH durchgeführten Elternwerkstatt kam zur Sprache, dass Eltern zu bestimmten Themen der Erziehung, Bildung und Gesundheit von Kindern und Jugendlichen einen Informations- und Redebedarf haben.

Mit Hilfe dieses Fragebogens soll ermittelt werden, welche Themen und Veranstaltungsformen von Eltern gewünscht werden.

a) Bitte kreuzen Sie an, zu welchen Themen Sie eine Veranstaltung besuchen würden:			b) Aus meiner Sicht	
	ja	nein	auch interessant für mein Kind	nur interessant für mein Kind
Thema 1: Erziehungsprobleme, Grenzen setzen	☐	☐	☐	☐
Thema 2: Fragen rund um das Thema Pubertät Was brauchen Jungs/Mädchen für eine gute Entwicklung?	☐	☐	☐	☐
Thema 3: Suchtvorbeugung, Alkohol/Drogen	☐	☐	☐	☐
Thema 4: Umgang mit Medien, Missbrauch und Gefahren im Internet und dessen Folgen	☐	☐	☐	☐

Thema 5: Gesunde Ernährung	☐	☐	☐	☐
Thema 6: Umgang mit Mobbing in der Schule/im Freundeskreis/in der Familie	☐	☐	☐	☐
Thema 7: Umgang mit Stress und Konfliktsituationen in der Familie/ Schule, Bewältigungsstrategien	☐	☐	☐	☐

c) Weitere gewünschte Themen:

_____

_____

_____

d) Welche Form sollten die Themenveranstaltungen haben?

☐ Vortrag mit Diskussionsmöglichkeit

☐ Gesprächsrunde

☐ eine andere Form, und zwar: _____

e) Welcher Veranstaltungsort wäre für Sie günstig?

☐ eine Schule der Stadt Saalfeld

☐ ein Jugendzentrum/eine Begegnungsstätte in Saalfeld

☐ ein anderer Ort, und zwar: _____

f) Wann sollten die Veranstaltungen stattfinden?

☐ vormittags ☐ nachmittags ☐ abends

Elternwerkstätten – Elternfragebogen

g) Benötigen Sie für den Besuch der Veranstaltungen eine Kinderbetreuung?

☐ ja ☐ nein

h) Haben Sie weitere Anregungen, Wünsche zu den geplanten Veranstaltungen?

_____

_____

_____

i) Hätten Sie auch über die Themenveranstaltungen hinaus ein Interesse daran, sich regelmäßig mit anderen Eltern auszutauschen, beispielsweise in Form eines Elterntreffs?

☐ ja ☐ nein

j) Bitte geben Sie zum Schluss noch folgendes an:

Name der Schule: _____ Klassenstufe: _____

☐ Ich bin eine Mutter. ☐ Ich bin ein Vater.

Vielen Dank für Ihre Mitarbeit!

Bildungslandkarte – Bestandsaufnahme

Kommunale Bildungslandschaft Itzehoe - Bestandsaufnahme

Basisdaten

- Standort: _____
- Träger: _____
- Verantwortliche: _____

- Anzahl MitarbeiterInnen: _____
- Qualifikation (primär): _____

Angebote für Menschen im Alter von (Mehrfachnennung möglich)

- ☐ 0-6 Jahren:(Angebot(e) benennen) _____

- ☐ 6 – 10 Jahren:(Angebot(e) benennen) _____

- ☐ 11 – 14 Jahren:(Angebot(e) benennen) _____

- ☐ 15 – 18 Jahren:(Angebot(e) benennen) _____

- ☐ 18 – 26 Jahren:(Angebot(e) benennen) _____

- ☐ Erwachsene bis 65 Jahren:(Angebot(e) benennen) _____

- ☐ Senioren ab 65 Jahren:(Angebot(e) benennen) _____

Räumliche Orientierung:
- Quartier ☐   Benennen: _____
- Stadtweit ☐
- Über Stadt hinaus ☐

Kooperationsbeziehungen zu anderen Bildungsanbietern

Wie fest sind die Kooperationen mit anderen Bildungsanbietern? Bitte schätzen Sie die Intensität der Kooperationen im Allgemeinen auf der folgenden Skala ein:

punktuell und anlassbezogen ☐ ☐ ☐ ☐ regelmäßig und verbindlich

Mit welchen Bildungsanbietern bestehen Kooperationen, die als fest und dauerhaft bezeichnet werden können?

_____
_____
_____

Mit welchen Bildungsanbietern wäre eine festere Kooperation wünschenswert? (konkret Nennung ebenso möglich wie Bereiche)?

_____
_____
_____

Beteiligungs- und Mitbestimmungsstrukturen
- Zielgruppen (Mehrfachnennung möglich)
    - Eltern ☐
    - Kinder, Jugendliche ☐
    - BürgerInnen ☐ (welche genau?_____)
- Formen (Mehrfachnennungen möglich)
    - punktuell und anlass-bezogen ☐
    - regelmäßig und verbindlich ☐
    - Befragungen ☐
    - Mitsprache (ohne Stimmrecht) ☐
    - Mitbestimmung (mit Stimmrecht) ☐
    - Selbstbestimmung ☐

Platz für Kommentare und Spezifikationen der Beteiligungsformen:

_____
_____
_____
_____

Gewaltprävention

Werden gewaltpräventive Angebote vorgehalten und wenn ja, welche?

Nein ☐   Ja ☐: _____

An welchen dieser Angebote sind Eltern beteiligt und in welcher Form??

_____
_____
_____

Stadtteilbildungskonferenzen – Einladungsschreiben

Einladung zu Stadtteilbildungskonferenzen

An alle Eltern, Vertreter/innen von Schule, Jugendarbeit und Jugendhilfe, von Vereinen und anderen Trägern

Bildungs- und Erziehungslandschaft Itzehoe

In diesem Vorhaben wird die Stadt Itzehoe vom Hamburger Institut für Soziale Praxis (isp) unterstützt. Das isp begleitet die Entwicklung in Itzehoe im Rahmen des bundesweiten Forschungsprojektes Elternbeteiligung und Gewaltprävention in kommunalen Bildungs- und Erziehungslandschaften. Neue Formen im Zusammenspiel von Jugendhilfe, Schule, jungen Menschen und Eltern'. Herr Lembeck und Herr Lutz vom isp werden die Veranstaltungen für Sie und uns moderieren und dafür sorgen, dass Ihre Meinung und Ihre Anliegen festgehalten und in den weiteren noch zu planenden Veranstaltungen zum Tragen kommen.

isp Institut des Rauhen Hauses für Soziale Praxis – Horner Weg 170 22111 Hamburg

Anmeldungen an: Stadt Itzehoe, Kinder- und Jugendbüro, Reichenstraße 23, 25524 Itzehoe – Telefon 04821/603243, Telefax 04821/603379 E-Mail carsten.roeder@itzehoe.de

☐ **16.02.2011, Begegnungsstätte Wellenkamp**

☐ **19.02.2011, Grundschule Edendorf**

☐ **23.02.2011, Fehrs-Schule**

Ich benötige Kinderbetreuung
ja☐   nein☐
Alter des Kindes: _____

Name:
Adresse:
Institution:

Außenseite

Stadtteilbildungskonferenzen – Einladungsschreiben

Innenseite

Liebe Bürgerinnen und Bürger,

wir laden Sie herzlich zu einer von drei Stadtteilbildungskonferenzen ein!

Was ist der Anlass?

Die Stadt Itzehoe will ihre kommunale Bildungs- und Erziehungslandschaft entwickeln! Das geht nur mit Ihnen als Bürgerinnen und Bürgern und mit Ihnen als Bildungs-, Betreuungs- und Erziehungsanbietern.

Darum sprechen wir Sie als Expertinnen und Experten an, z. B. als

- Eltern,
- Vertreter/innen von Schule, von Jugendarbeit und Jugendhilfe,
- Vertreter/innen von Vereinen und anderen Trägern.

Um was soll es gehen?

Wir möchten Ihnen die Gelegenheit bieten, als Nutzerinnen und Nutzer sowie als Anbieterinnen und Anbieter miteinander ins Gespräch zu kommen. Dabei soll es um folgende Themen gehen:

- Wie sehen Sie die derzeitigen Angebote der Erziehung, Bildung und Betreuung?
- Was sind Ihre Interessen und Anliegen?
- Was soll sich Ihrer Meinung nach verändern?

Was ist das Ziel?

Am Ende dieser Stadtteilbildungskonferenz möchten wir Sie dazu einladen, die von Ihnen erarbeiteten Themen im Rahmen weiterer Zusammenkünfte (Projektwerkstätten und der Stadtbildungskonferenz am 04.05.2011) weiter mitzubestimmen und zu gestalten.

Termine

- Mittwoch, den 16.02.2011 von 18:30 bis 22:00 Uhr
  Begegnungsstätte Wellenkamp, deVos-Str. 7, Itzehoe

- Samstag, den 19.02.2011 von 09:00 bis 13:00 Uhr
  Grundschule Edendorf, Obere Dorfstraße, Itzehoe
  (mit Kinderbetreuung)

- Mittwoch, 23.02.2011 von 15:00 bis 19:00 Uhr
  Fehrsschule, Fehrstraße 9, Itzehoe (mit Kinderbetreuung)

Es erleichtert uns die Planung, wenn Sie sich zu einem dieser Termine anmelden:

Gleichzeitig möchten wir Sie nachdrücklich dazu einladen, sich auch ohne Anmeldung an einer dieser gemeinsamen Stadtteilbildungskonferenzen zu beteiligen.

Wir freuen uns auf diese gemeinsame Veranstaltung und stehen für Fragen im Vorfeld gerne zur Verfügung!

Mit freundlichen Grüßen

Dr. Andreas Koeppen
Bürgermeister

Qualitätsentwicklung für gewaltpräventive Maßnahmen – Leitfaden

Leitfaden für das Qualitätsfeld Gewaltprävention[181]

Ein respektvoller Umgang im Quartier ist eine Voraussetzung dafür, dass Kinder und Jugendliche sich positiv – im Sinne der Ziele des Lokalen Bildungsverbundes Reuterquartier – entwickeln können. Insofern stellt Gewaltprävention eine Querschnittsaufgabe des Lokalen Bildungsverbundes dar.

Fachkräfte, Eltern sowie die Kinder und Jugendlichen der Einrichtung sind sensibilisiert für das Thema Gewaltprävention und arbeiten gemeinsam daran, Gewaltvorfälle zu verhindern und ein respektvolles Miteinander in der Einrichtung zu gewährleisten.

Dies bedeutet:

- Es gibt eine Verständigung darüber, was Gewalt ist und wo sie anfängt. Dieser Dialog wird regelmäßig in der Einrichtung mit Fachkräften, Kindern und Eltern geführt.

- In der Einrichtung existieren Regeln des respektvollen Miteinanders, die unter Einbeziehung von Fachkräften, Kindern und Eltern entwickelt wurden.

- In der Einrichtung werden Maßnahmen ergriffen, die grundsätzliche soziale Kompetenzen von Kindern, Jugendlichen und Eltern fördern.

- Die Beteiligung von Eltern wird von der Einrichtung als Bereicherung betrachtet, deswegen arbeitet die Einrichtung aktiv mit den Eltern zusammen.

- Die Einrichtung fördert das Engagement und die Eigenverantwortung von Kindern, Jugendlichen, Eltern und Fachkräften.

- Mehrsprachigkeit in der Einrichtung wird als eine Ressource betrachtet und auch bei Bedarf eingesetzt.

---

[181] Dies ist der von Camino und der AG Gewaltprävention des LBV Reuterkiez entwickelte Qualitätsleitfaden zur Selbstbewertung gewaltpräventiver Aktivitäten in Bildungseinrichtungen. Der Leitfaden wurde analog zum bereits bestehenden Auditverfahren des Projektes „Ein Quadratkilometer Bildung" der Freudenbergstiftung entwickelt und im August im Rahmen eines Selbstbewertungsworkshops an der Elbe-Grundschule erfolgreich erprobt.

Qualitätsentwicklung für gewaltpräventive Maßnahmen – Leitfaden 193

- Eltern werden in die gewaltpräventiven Vorhaben der Einrichtung systematisch einbezogen. Die Einrichtung bietet spezielle Veranstaltungen zum Thema Gewaltprävention für Eltern an.

- Die Angebote von Schule und Jugendhilfe sind aufeinander abgestimmt. Die Fachkräfte der beiden Bereiche sind miteinander vernetzt, ein regelmäßiger Austausch findet statt.

- Die Einrichtung gewährleistet eine schnelle Hilfe für Opfer von Gewalt. Die Fachkräfte wissen um entsprechende Hilfsangebote innerhalb und außerhalb des Bildungsverbundes.

- Die Einrichtung kooperiert mit relevanten Partnern wie Polizei, Jugendamt, MSO, Trägern der Straßensozialarbeit etc.

- Fort- und Weiterbildungen zum Thema Gewaltprävention werden von den Fachkräften genutzt.

- Die Einrichtung stimmt ihre gewaltpräventiven Aktivitäten mit dem Bildungsverbund ab, so dass das Thema Gewaltprävention strategisch auf Verbundsebene weiter entwickelt und verfolgt werden kann.

- Die Einrichtung meldet die Erfahrungen, die mit gewaltpräventiven Maßnahmen gemacht wurden, regelmäßig der AG Gewaltprävention, damit auch andere Einrichtungen von den gemachten Erfahrungen profitieren können.

Mögliche Nachweise:

Leitbild bzw. pädagogisches Konzept der Einrichtung zum Thema Gewaltprävention, Rückgang von Gewaltvorfällen an der Einrichtung, Präsenz/Engagement von Eltern an der Schule, Einrichtung einer Steuerungsrunde mit Fachkräften, Eltern und Schüler/innen zum Thema Gewaltprävention, Inanspruchnahme der Angebote von Eltern bzw. Schüler/innen, Feedback-Bögen von Eltern/Schüler/innen, Gewaltprävention als regelmäßiges Thema von Teamsitzungen/Schulkonferenzen, Bekanntheit von wichtigen Institutionen und Programmen im Bereich Gewaltprävention, Kooperationsverträge mit Polizei, Jugendamt etc., Zertifikate zu relevanten Fort- und Weiterbildungen, Teilnahme an der AG Gewaltprävention, Zielvereinbarungen/Kontrakte mit Eltern und Kindern/Jugendlichen.

Arrangements, Methoden und Maßnahmen zur Förderung:

Regelmäßige Elternthemenabende zum Thema Gewalt an Schulen/Kindertagesstätten, Elternkurse zur Stärkung der Erziehungskompetenz, Einrichtung von Elternaktivzentren/Elterncafés, Eltern-Lehrer-Fortbildungen, Einsatz von Interkulturellen Moderatoren und Stadtteilmüttern, Arbeit mit Aushandlungsrunden, Projekte der Schulsozialarbeit, Ausbildung und Einsatz von Konfliktlotsen und Pausen-Buddys in Schulen, Fach Soziales Lernen in Schulen, Schulung von Eltern- und Klassensprecher/innen, Fort- und Weiterbildungen für Fachkräfte, Veranstaltungen der Polizei für Kinder/Jugendliche und/oder Eltern, Feste und thematische Aktionstage an der Einrichtung bzw. im Verbund.

„Moderator/innen für Elternbeteiligung" – Leitfaden Praxisprojekte

Leitfaden für die Planung und Durchführung der Praxisprojekte für die Teilnehmenden der Fortbildung „Moderator/innen für Elternbeteiligung" in Saalfeld

1. Bestandteil der Fortbildung ist die Planung und Durchführung von **niedrigschwelligen Praxisprojekten** durch die Teilnehmenden der Fortbildung. Beispiele hierfür sind die Initiierung von Elterncafés, Elternforen, Elternschulungen sowie Aushandlungs- und Steuerungsrunden unter Beteiligung von Eltern.

2. Der **inhaltliche Fokus** des Praxisprojektes liegt auf den Themen „Elternbeteiligung" und/oder „Gewaltprävention".

3. Die Praxisprojekte können in unterschiedlichen **Settings** stattfinden, d. h. einrichtungsbezogen an den beteiligten Kindertagesstätten, Schulen, Jugend-, Familien-, Bildungs- und Stadtteilzentren oder aber einrichtungsübergreifend im Sinne der Zusammenführung vorhandener Ressourcen und Synergien in der Bildungslandschaft.

4. Die Praxisprojekte werden in **Teams**, dem mindestens ein/e Prozessmoderator/in bzw. ein/e Netzwerkverantwortliche/r sowie ein/e Elternbotschafter/in angehören, durchgeführt.

5. Die Praxisprojekte bestehen nicht aus der bloßen Bereitstellung von Angeboten für Eltern; **Eltern** werden vielmehr als **aktive Partner** betrachtet, die bei der Planung und Durchführung eine entscheidende Rolle spielen.

6. Die **Heterogenität der Eltern** wird von den Teilnehmenden berücksichtigt; eine besondere Aufmerksamkeit liegt auf sozial benachteiligten Eltern.

7. Das jeweilige Praxisprojekt wird von den Teilnehmenden mit der **Leitung der beteiligten Einrichtung** abgesprochen und erhält die notwendige Unterstützung durch die Einrichtung.

8. Die für die Projekte notwendigen fachlichen, personellen und finanziellen **Ressourcen** sind in der Planung der Teilnehmenden berücksichtigt, d. h. der Umfang ist vorab geklärt und sichergestellt.

9. Das Projekt ist in das **Konzept der Einrichtung** und in das **Stadtentwicklungskonzept** eingebunden und wird mit anderen Maßnahmen abgestimmt.

10. Bestandteil des Projektes ist auch eine Reflexion der jeweiligen Beteiligungskultur in der beteiligten Einrichtung. Die Herstellung einer **Willkommens- und Anerkennungskultur** ist eine wichtige Gelingensbedingung für Elternbeteiligung.

11. Das Praxisprojekt ist auf **Nachhaltigkeit** angelegt. Das heißt z. B. ein Elterncafé, ein Vätertreff etc. wird nicht als einmalige Veranstaltung geplant, sondern in den vorhandenen Strukturen verankert.

12. Die Teams werden durch ein **Projektcoaching** von Camino begleitet und in ihrer Arbeit unterstützt.

13. Die Teilnehmenden machen eine **Dokumentation** des Projektes mit dem Ziel der Beschreibung der Projektdurchführung, der Ergebnissicherung, der Selbstbewertung der Projektergebnisse sowie der Schilderung der Erfahrungen, Schwierigkeiten und Erfolge.

14. Die zukünftige **Übertragbarkeit** der Projekte auf andere Einrichtungen in Saalfeld ist gewünscht. Neben der Ergebnissicherung spielt auch die mögliche Übertragbarkeit des jeweiligen Projektes auf andere Einrichtungen in der Dokumentation eine Rolle.

15. Aus den bisherigen Kriterien ergibt sich, dass die Projekte der Teilnehmenden **realistisch** – gemessen an den vorhandenen Ressourcen – geplant werden: Nicht die Größe des Projektes ist entscheidend, sondern seine (partizipatorische) Qualität und die nachhaltige Verankerung in der Einrichtung.

16. **Laufzeit:** Die Projekte können bereits nach dem ersten Modul beginnen und sollten bis Ende Oktober 2011 zu einem (vorläufigen) Abschluss kommen

"Moderator/innen für Elternbeteiligung" – Planungs- und Bewertungsraster

Planungs- und Bewertungsraster für zukünftige Praxisprojekte im Rahmen der Fortbildung für Fachkräfte zu „Moderator/innen für Elternbeteiligung in Saalfeld"

Titel des Praxisprojektes:

Daten zur Kontaktaufnahme:

Vorüberlegungen (ca. 1 Seite, im Mai 2011)

- Besteht ein fachlich begründeter Handlungsbedarf für das Praxisprojekt?
- Welchen inhaltlichen Schwerpunkt soll das Praxisprojekt haben (Elternbeteiligung und/oder Gewaltprävention)?
- Welche finanziellen, personellen, zeitlichen und kooperativen Ressourcen sind vorhanden? Welche müssen erst noch akquiriert werden?
- Wie sind die Vorerfahrungen, Kompetenzen und Qualifikationen der beteiligten Fachkräfte und Eltern? Sind diese ausreichend?
- Wie passt sich das geplante Praxisprojekt in die vorhandene „Angebots- bzw. Elternbeteiligungslandschaft" in Saalfeld ein?

Planung (ca. 3 Seiten, im Mai/Juni 2011 als Basis für die Projektbegleitung)

Zielgruppen- und Bedarfsanalyse

- Wie sieht die Zielgruppe des Praxisprojektes aus? (Alter, Geschlecht, Herkunftssprache, Anzahl Kinder, Bildungshintergrund...)
- Welche Interessen und Bedürfnisse hat die Zielgruppe?
- Welche Eltern muss ich gewinnen, um diese Zielgruppe zu erreichen?

Zielbestimmung

- Welche (kurz-, mittel- und langfristigen) Ziele sollen mit dem Praxisprojekt erreicht werden?
- Welche aktive Rolle können Eltern zur Erreichung der Ziele übernehmen?

Praktisches Vorgehen

- Wie sollen die Ziele erreicht werden? (detaillierte Beschreibung des Praxisprojektes)
- Welche Fachkräfte und Eltern sollen in welcher Form für die praktische Umsetzung sorgen? (Beschreibung der Team-Konstellation und der Aufgaben der jeweiligen Teammitglieder)
- Welche Rahmenbedingungen werden für die Umsetzung des Praxisprojektes benötigt (Räumlichkeiten, zeitlicher Rahmen/Stundenpool, Materialien...)?

Nachhaltigkeit

- Wie kann das zukünftige Praxisprojekt in der Einrichtung bzw. in der Bildungslandschaft nachhaltig verankert werden?

Bewertung (ca. 6 Seiten, im Oktober 2011)

Zielgruppen- und Bedarfsanalyse

- Welche Zielgruppen wurden bislang erreicht? Welche sollen zukünftig noch erreicht werden?
- Wie war bzw. ist das Praxisprojekt in der Angebots- bzw. Elternbeteiligungslandschaft in Saalfeld platziert? Schließt es eine Lücke?
- Konnten ausreichend Eltern an der Planung und Umsetzung des Praxisprojektes beteiligt werden?

Zielbestimmung

- Welche formulierten Ziele wurden bislang erreicht? Welche sollen zukünftig noch erreicht werden?
- Welche Rolle haben Eltern bei der Erreichung der Ziele gespielt (aktive /passive Rolle)?

Praktisches Vorgehen

• Wie ist das Vorgehen (Projektansatz, Team-Konstellation, Rahmenbedingungen) zu beurteilen?

• Welche Schwierigkeiten und bisherige Lösungsansätze können genannt werden?

Nachhaltigkeit

• Wird das Praxisprojekt fortgeführt?

Inwiefern konnte bzw. kann das Praxisprojekt in die Strukturen der Einrichtung bzw. Bildungslandschaft verankert werden?

Gesamtfazit

• Welche Vorschläge zur projektinternen Optimierung können gemacht werden?

• Hat das Praxisprojekt zur Förderung der Akzeptanz von Elternbeteiligung und/oder Gewaltprävention in der Einrichtung bzw. in der Bildungslandschaft beigetragen?

• Konnten durch das Praxisprojekt in der Einrichtung bzw. in der Bildungslandschaft die Themenschwerpunkte Elternbeteiligung und/oder Gewaltprävention weiterentwickelt werden?

• Sind Schlussfolgerungen für eine mögliche Übertragung des Projektansatzes auf andere Einrichtungen bzw. Bildungslandschaften möglich?

Viel Erfolg und besten Dank im Voraus für die Zusammenarbeit!

GPSR Compliance
The European Union's (EU) General Product Safety Regulation (GPSR) is a set of rules that requires consumer products to be safe and our obligations to ensure this.

If you have any concerns about our products, you can contact us on

ProductSafety@springernature.com

In case Publisher is established outside the EU, the EU authorized representative is:

Springer Nature Customer Service Center GmbH
Europaplatz 3
69115 Heidelberg, Germany

www.ingramcontent.com/pod-product-compliance
Lightning Source LLC
Chambersburg PA
CBHW031521100426

42873CB00013B/154